Philipp Ruch

ES IST 5 vor 1933

Philipp Ruch

ES IST 5 vor 1933

Was die AfD vorhat und wie wir sie stoppen

LUDWIG

Cradle to Cradle Certified® ist eine eingetragene Marke des Cradle to Cradle Products Innovation Institute. Das Etikett ist kein Bestandteil der erlangten Cradle to Cradle Zertifizierung bei GGP Media.

Penguin Random House Verlagsgruppe FSC® N001967

9. Auflage
Originalausgabe 2024

Redaktion: Ulrike Strerath-Bolz, Hinnerk Höfling, Peter Köpf
Umschlaggestaltung: wilhelm typo grafisch, Zürich,
unter Verwendung einer Abbildung von
Shutterstock.com (picoStudio, Alexandr Rozov)
Satz: satz-bau Leingärtner, Nabburg
Druck und Bindung: GGP Media GmbH, Pößneck
Printed in Germany
ISBN: 978-3-453-28175-2

www.ludwig-verlag.de

Inhalt

TEIL EINS

Vom Untergang der AfD

»Sie werden weiter für Ihr Deutschland kämpfen.
Und wir werden weiter für unser Deutschland kämpfen.
Ich sage Ihnen: Sie haben Ihren Kampf vor 76 Jahren verloren!«

Charlotte Knobloch im Jahr 2021

»Zum großen Bösen kamen die Menschen nie mit
einem großen Schritt, sondern mit vielen kleinen, von denen
jeder zu klein schien für eine große Empörung.«

Michael Köhlmeier

1

Wie die Dinge enden werden

Die AfD hämmert seit elf Jahren unablässig auf die Bevölkerung ein. Wie deformiert das Hämmern diese Gesellschaft? Befördert die Partei Hass und Hetze? Schürt sie Ängste? Träufelt sie Gift? Will sie Faschismus? Worin besteht das Ziel der AfD? Oder besser: Wozu der ganze Aufwand? Der Schriftsteller Stefan Zweig wirft mitten in die im Holocaust versinkende Welt eine Kerndiagnose über seine *Welt von Gestern*: »Nie bis zu unserer Stunde hat sich die Menschheit als Gesamtheit teuflischer gebärdet und nie so Gottähnliches geleistet.«

Was ist *unser* Schicksal? Beim Anblick der vergangenen 80 Jahre zeichnet sich die Bundesrepublik durch eine gewisse Friedfertigkeit aus. Sie blieb von Bürgerkrieg verschont. Die Begründungen dafür liegen auf der Hand. Schwieriger ist es beim Gegenteil. Mit Stefan Zweig müssen wir unsere »Welt von Heute« fragen: *Was sind eigentlich die Bedingungen dafür, dass die Menschheit sich durch die Zeiten mal teuflisch, mal friedfertig gebärdet?* Warum scheinen sich die Menschen unterschiedlicher Epochen teils teuflischer, mal göttlicher zu verhalten?

Letztlich ist das dieselbe Frage wie die nach unserem Schicksal. Wer oder was führt zu einer Welt, die Zweig noch hinterherhetzt, »um mir mein Leben bis ins letzte Fundament zu zerschlagen«? Was führt dazu, dass sie der Schriftsteller nicht mehr erträgt und sich das

Leben nimmt? Warum war es den Bundesbürgern im Westen fast acht Jahrzehnte und denen im Osten immerhin dreieinhalb Jahrzehnte lang vergönnt, sich im Schutze des höchsten Guts, des Friedens und einer gewissen Friedfertigkeit, zu erholen?

Um die Frage wirklich zu verstehen, müssen wir unseren Hochmut über Bord werfen, der uns vorgaukelt, die Menschen in der Weimarer Republik seien in irgendeiner Weise dümmer oder bornierter gewesen. Wir müssen uns von dem Vorurteil befreien, sie seien vor der Machtübergabe an die NSDAP weniger an der Wirtschaft interessiert gewesen. Derartige Fata Morganen lassen sich widerlegen. Die Deutschen befanden sich auf dem Zenit ihres Könnens. Die Weimarer Republik versammelte den Gipfel der gebildetsten Geistes- und Naturwissenschaftler.

Erst durch den Druck der AfD lässt sich überhaupt ermessen, was für ein stolzer Staat Weimar war! Beeindruckend geistesgegenwärtige Politiker saßen an den Schlüsselstellen der Republik, um die damalige AfD zu verhindern. Nehmen wir einen Mann wie Walther Rathenau. Oder den Reichspräsidenten Friedrich Ebert. Selbst ein Kanzler wie Heinrich Brüning, der sich als eiserner Sparer inszenierte und in zwei möblierten Zimmern zur Untermiete wohnte, bevor er ins damalige Kanzleramt umzog (der »Hungerkanzler«), lässt nichts, aber auch gar nichts unversucht gegen die NSDAP. Selbst er *unternimmt* viel mehr als wir heute.

Brünings Kabinett erneuert 1930 beispielsweise das »Gesetz zum Schutze der Republik« gegen die NSDAP (nachdem es 1929 nicht verlängert worden war, was zu neuer »Gewalt« geführt hatte). Es richtet sich gegen alle, die die Republik ablehnen, und gegen deren demokratiefeindliche Druckerzeugnisse, Versammlungen und Vereinigungen. Die SPD unterstützt ihn, denn: »Ein Staat, der seinen Schutz aufgibt, gibt sich selbst auf«, so der Innenminister Carl Severing.

Die NSDAP wird in Preußen sogar nachrichtendienstlich überwacht. Weil die NS-Propaganda dezentral operiert, werden mehr als 80 NS-Tageszeitungen immer wieder verboten. Uniformverbote, Auftrittsverbote, auch für Hitler, selbst die SA wird verboten (und von einer Folgeregierung als glorreiche Erstmaßnahme wieder freigeschaltet). Fritz Schäffer, nach dem Krieg Ministerpräsident von Bayern, schreibt die Anweisung, es gelte, unter allen Umständen die »größer werdende Erregung wegen Untätigkeit unserer Behörde gegen die Nationalsozialisten« zu vermeiden. Er schreibt nicht, dass er den Anschein von Untätigkeit vermeiden will, sondern ihm geht es um die Untätigkeit selbst. Er fragt seine Beamtenschar: Was können wir tun?

Was wäre geschehen, wäre nur ein einziger dieser wehrhaften Politiker aus der Weimarer Republik, beispielsweise Walther Rathenau oder Matthias Erzberger, nicht von Rechtsextremen in der Operation Consul hingerichtet worden? Wie wäre die Geschichte mit Stresemann weiterverlaufen, der sich in seiner letzten Reichstagsrede am 30. September 1929 wahrhaft prophetisch über »die Situation, in der wir stehen« äußert? Er wendet sich gegen die Propaganda der »Kriegsschuldlüge« von gewissen »rechtsstehenden und rechteststehenden Organisationen«, die den »Luxus und Wohlstand« der Demokratie kleinreden. Eine Wirtschaftsleistung, für die amerikanische Staatsgäste ihm »die größten Komplimente« machen. Stattdessen hämmern diese Organisationen unablässig mit Lügendresche auf die Bevölkerung ein. Stresemann fragt: »Nimmt das denn jemand ernst? Es ist doch wirklich eine Zumutung an ein Volk, das nicht ein Volk der Analphabeten ist, mit einer derartigen Torheit sich beschäftigen zu müssen. Und doch, man sieht, wie viele darauf hereinfallen … welche Verrohung wird dadurch ins Volk getragen.«

Es sei ein solcher »Verhetzungston« im Umlauf, dass das nur zu »Mordhetze« führen könne. An dem Attentat sei dann nicht »der arme junge Mann« schuld, der die Waffe betätigt, sondern die volksverhetzenden Kreise mit ihrer skrupellosen »Demagogie«. »Früher hat man von der Masse gesprochen«, so Stresemann, »der man die

Autorität gegenübersetzen müsse. Heute appelliert man an den Mob auf der Straße.« Dadurch werde »Verhetzung in alle diese Kreise hineingetragen« und jede Koalition des Bürgertums unmöglich. Der Geist der Zeit gehe dahin, »dass das Volk überhaupt keine Einheit mehr ist, dass es sich gegenseitig nur noch verachtet oder sich gegenseitig anspuckt, anstatt gegenseitig miteinander zu leben ... Ich habe das Empfinden, dass wir, vermögende Leute und andere, geradezu hineinleben in den Tag, ohne uns irgendwie klarzumachen, wie diese ganzen Dinge einmal enden sollen.«

Falls Sie das Gefühl beschleicht, Stresemann kämpfe mit denselben Problemen wie wir heute, dann liegt das daran, dass er mit denselben Problemen kämpfte wie wir heute. Stresemann fragt die Abgeordneten im Reichstag, »ob sie wirklich mit sehenden Augen das Volk in den Abgrund führen wollen«. Wenn sich alle verfassungsfeindlichen Kräfte zusammenrotten »für den nächsten Bürgerkrieg«, so ruft Stresemann den Abgeordneten zu: »Stellen Sie sich doch vor, dass diese Gesellschaft Deutschland regierte!« Genau das konnte sich wirklich niemand vorstellen. Stresemann schon! Sie würden das Land »kaputtwirtschaften«, prophezeite er. Ungünstig, denn »sie wirtschaften ja nicht nur sich kaputt, sie wirtschaften unser Vaterland kaputt«. Es folgt ein Ratschlag, den Stresemann tatsächlich 1929 so aussprach: »Ich sehe nur, dass wir mit der Linken gehen müssen, weil Teile von rechts in Deutschland verrückt geworden sind.«

Allzu gern hätte man diese Koalitionswilligkeit verwirklicht gesehen. Aber Stresemann ereilt der Schlag. Und die Republik ihr Schicksal. Stresemann stirbt unmittelbar nach dieser Rede. Mich überrascht immer aufs Neue, welche Anstrengungen führende Politiker der Weimarer Republik gegen die Propaganda und den Terror, gegen das »Gift« und die »Mordhetze« der NSDAP unternommen haben. Wie klar sie nicht nur das Problem der verschwörerischen Verfassungs- und Demokratiefeinde sehen, sondern wie unerbittlich sie es anpacken!

Der bayerische Innenminister Karl Stützel allein *tut* gegen die NSDAP mehr als alle Politiker der Bundesrepublik gegen die AfD zusammen. Er setzt ein Versammlungsverbot durch. Ihm stößt »die aggressive Art« auf, mit der die Parteianhänger ihre »Sache von Anfang an verfolgten«. Die NSDAP wende Mittel an, »die man früher auch im schärfsten politischen Kampf nicht gekannt« habe. Wie heute. Als kämen die Sätze aus dem Mund führender Koalitionspolitiker. Allerdings nur bis hierhin.

Denn Stützel stellt das »passive Verhalten diensthabender Beamter« bloß. Die »rednerischen Exzesse übelster Art«, die nur dem Ziel dienen, »die politischen Leidenschaften aufzupeitschen und die Unruhe in der Bevölkerung zu erhöhen«, müssen verboten werden, fordert er. In der »unflätigsten Weise« habe sich die NSDAP »nicht nur gegen Reichs- und Staatsregierung, sondern auch gegen Vertreter anderer politischer Parteien« geäußert. Sie habe »Gewalttätigkeiten« angedroht und angekündigt. Nach Stützels Überzeugung ist »die NSDAP staatsfeindlich«. Sie will »nicht nur die Regierungen, sondern den gegenwärtigen Staat beseitigen«. Der »terrorisierte ruhige Teil der Bevölkerung« lebe dagegen schon als »Bürger 2. Klasse« im eigenen Land. Hatte er übertrieben?

Stützel verspricht: Die Polizeidirektion München wird NSDAP-Demonstrationen »mit allen polizeilichen Mitteln, die notwendig sind, rücksichtslos verhindern und unterdrücken«. Darunter versteht er nicht nur deren Auflösung, sondern Festnahmen und sogar die »Verhängung der Schutzhaft«! Wer die Schutzhaft für ein antiquiertes repressives Mittel hält, sollte bedenken, dass der bayerische Landtag es vor Kurzem eingeführt hat und die Polizeidirektion München es auch maßlos anwendet. Aber nicht gegen die AfD. Gegen die *Letzte Generation*. Niemand wird uns später glauben, dass die Komplizen der AfD, die Gewaltbeschwörer von Pegida und die tatsächlichen Verschwörer aus dem »Hannibal«-Netzwerk, nicht einmal ansatzweise Vergleichbares zu fürchten hatten wie ein paar junge Klimaaktivisten.

Stützel war – anders als wir – bereit, die staatliche Ordnung mit allen erdenklichen Mitteln zu verteidigen: »Verlassen Sie sich darauf, gegen die Nazis werden wir schießen, wenn es eines Tages erforderlich sein wird.« Das ist wehrhafte Demokratie. Das ist bayerischer Freiheitssinn. Der bayerische Freistaat sollte Stützels aggressivem Humanismus ein Denkmal setzen und ihn als Demokraten verehren.

Was wäre geschehen, wäre der Faschismusgegner Friedrich Ebert nicht gestorben? Die Bürger, die angeblich nie richtig warm wurden mit der Republik, trauern und treten am 1. März 1925 in Massen ehrfürchtig auf die Straßen. Wie wäre die Weltgeschichte verlaufen, hätte es nur einen dieser »Schicksalsschläge« weniger gegeben? Was wäre geschehen, wäre Reichspräsident Ebert am Leben geblieben und sein Platz nicht für den diabolischen Paul von Hindenburg frei geworden? Wäre Hitler je an die Macht gekommen? Die Geschichte – sie steht immer auf Messers Schneide.

Misslich, gewiss. Aber bei uns braucht es gar keine Schläge gegen einen Außen- oder Innenminister von Format, der vom Schicksal weggemerzt werden müsste. Weder die Polizeidirektion München noch der Innenminister Bayerns, weder die Außenministerin noch der Vizekanzler stellen sich der AfD in den Weg.

Die Weimarer Demokratie hat, was sie wesentlich von uns unterscheidet, gegen die NSDAP gekämpft. Trotzdem ging sie unter. Dieses Fanal sollte unser Superioritätsgefühl beunruhigen, statt es zu unterfüttern. Weimar leistete erbittert Widerstand. Trotzdem stürzte die Republik in den Abgrund, und Deutschland gelangte schließlich lange vor Francis Fukuyamas Metaphysik mit dem Holocaust ans Ende der Geschichte. Wir sind *um nichts* besser als diese Menschen 1932. Wir sind sogar noch schlechter dran. Wir sind niemandem überlegen, nur weil wir iPhones bedienen, manche zum Mond fliegen und leuchtende Weihnachtsbaumbilder von unseren Gehirnaktivitäten kreieren können. Je tiefer wir in die Zeit hinabsteigen, desto heftiger gerät der Schock, dass die Menschheit sich damals wie heute kaum wirklich unterscheidet – außer durch politisch ruhiges oder raueres Fahrwasser.

Haben uns die Fortschritte unserer Wissenschaft besser darauf vorbereitet, das Böse, wie es im Projekt und in Gestalt des Nationalsozialismus von Zeit zu Zeit auftritt, zu erkennen? Durchschauen wir teuflische Pläne jetzt rascher, wenn sie in Form einer neuen NSDAP direkt vor uns stehen? Vor dem Hintergrund beeindruckender politischer Handlungsoptionen wie dem Holocaust, den Atombomben und der Vernichtung ganzer Kontinente hat uns unsere Wissenschaft mit den gängigen politischen Theorien überraschend schlecht vor Diktatoren wie Putin gewarnt. Ist das nicht so wichtig? Was hält die Politikwissenschaft an Erkenntnissen über die AfD bereit, die nicht von den Einsichten jeder drittklassigen Dissertationsschrift zur Weimarer Republik noch überboten werden?

* * *

Ist die AfD eine Gefahr für Deutschland? Wie radikal ist sie? Diese Fragen genießen mittlerweile Verfassungsrang. Der Partei droht die Auflösung, sollten sich ihre Bestrebungen vom Boden des Grundgesetzes gelöst haben. Tun sie das? Das zweite Kapitel bietet dazu eine kleine Orientierungshilfe: *Wer will was in der AfD?*

Was Sie hier erfahren werden, entspricht womöglich nicht dem Bild, das Sie von der Partei aus den Medien gewonnen haben. Manche verharmlosen die AfD als »Protestpartei«, andere feiern den »Ehrenvorsitzenden« Gauland als Konservativen. Dieses Buch zeichnet ein vollkommen neues Bild. Zu Wort kommen dabei nicht die Spinner aus den hinteren Reihen, sondern die oberste Parteiprominenz, die für das Bundesverfassungsgericht in Karlsruhe zentral ist, weil das Verbotsverfahren sich auf die Verantwortlichen konzentriert, die die Partei lenken und steuern. Hier treten diejenigen auf, die in einer AfD-Regierung Ministerposten übernehmen und die

Geschicke des Landes leiten würden. Was ich hier ausführe, stammt nicht von verpeilten Hinterbänklern, sondern von den Anführern, den Verführern, den Volksverführern, die in der AfD das Sagen haben. Diejenigen, die bei der Machtübergabe (erneut durch den Konservatismus) zum Zuge kommen, weil sie schon jetzt an den Schlüsselpositionen in den Parteigremien sitzen.

Die erste Garde wird Ihnen auf den folgenden Seiten persönlich darlegen, warum der Partei ein Strick gedreht gehört. Sie werden einen fundierten Eindruck gewinnen von dem, was die AfD umtreibt, denkt und politisch will.

Ich hoffe, dass dieses Buch nicht zu spät kommt. Aus meinen Recherchen, den öffentlichen Quellen, der Forschungsliteratur und den Geheimgutachten des Verfassungsschutzes, die der Öffentlichkeit nur in Teilen zugänglich sind, ergibt sich, dass die Partei längst hätte verboten werden müssen. Ich bin zuversichtlich, dass die Richter in Karlsruhe in diesem Sinne urteilen. Die Absichten der Partei sind unzweideutig. Sie verstecken sie nicht einmal. Das Verfahren wird kommen.

Noch hat niemand vor, die Verfassungsmäßigkeit der Partei gerichtlich zu »prüfen«. Der Kanzler blockiert die Examination sogar. Aber die AfD drängt den Verantwortlichen diesen Machtkampf auf, ob sie ihn nun wollen oder nicht. Sie haben es nur noch nicht begriffen. Unsere politischen Entscheidungsträger haben lediglich die Wahl, sich zuvor noch gehörig selbst zu erniedrigen. Und mit ihnen und ihren Institutionen unsere Demokratie. Wollen sie die Verfassung preisgeben? Sich in den Staub werfen vor einer Partei, die im Osten des Landes stärkste Kraft ist? Wollen sie ihre Komplizen um sozialen Frieden anflehen? Wollen sie denen freie Hand lassen, die die Freiheit in Deutschland für immer beseitigen wollen? Den idealistischen Versuch wagen, unseren Feinden die Freiheit einzuräumen, alles abzureißen?

Wir können die Gutgläubigen spielen, die sich mit dem Teufel verständigen wollen. Oder wir können kämpfen. Wir können uns wehren. Wir können die Vorkämpfer der Verständigung mit der

AfD beiseiteschieben, denn sie haben abgespielt. Sie haben mit ihrer Strategie nichts erreicht. Sie haben sich in den letzten elf Jahren bis auf die Knochen blamiert. So empfindlich unsere Zeit auch geworden sein soll, gegen die rechtsextreme Partei bleiben sie seltsam unempfindlich. Was wollen sie tun? Sich vertraglich zusichern lassen, dass die AfD niemals die Macht anstreben wird?

Je mehr Zeit durch die politische Blockade des Bundesverfassungsgerichts verstreicht, je länger das Verbot hinausgezögert wird, desto länger erlauben wir der AfD, die Gesellschaft in Brand zu stecken und tiefer zu zerstören. Wir haben die Wahl, vor ihr zu Kreuze zu kriechen oder uns gut gerüstet mit den Waffen der Demokratie in den Weg zu stellen. Wir haben die Wahl zwischen Wehrhaftigkeit und Schande. Wenn wir die Schande wählen, legt die Zukunft den Krieg trotzdem obendrauf. Alles hat seinen Preis.

Wie können wir das ganze Ausmaß dessen, was ein AfD-Staat anrichten würde, auf irgendeine Weise schon sehen? Können wir die Hölle, die da von Neuem zu brennen begonnen hat, schon erkennen? Wirft sie nicht längst einen dämonischen Schein in unsere Welt? Auf viel zu viele? Was die AfD verbreitet, ist das Grauen einer hitlerischen Welt. Wann hat dieses Grauen angefangen? Der hitlerische Waldbrand ist zurück. Der NSDAP gelang es, das Land, einen ganzen Kontinent, in den Hades zu verwandeln. Wird es erneut Hekatomben von Toten geben? Wie komme ich überhaupt dazu, das Ungeheuerlichste als selbstverständlich zu erwarten?

Ich hätte diesen Bericht, meine Anklage, nicht ohne einen Freund verfassen können, den Schriftsteller Stefan Zweig. Von ihm habe ich mir die Augen geliehen, um auf die »Welt von Heute« zu blicken. Damit lässt sich sehen, wie weit unsere politische Kapitulation vor der Partei des Rassenwahns, des Ausländerhasses und der menschenverachtenden Parolen und Ideen der NSDAP bereits geht. Wie schmählich wir die Lehren der Geschichte preisgeben und auf das Erbe der Opfer des Holocaust spucken.

Zweig hält es für ein unumstößliches Gesetz der Geschichte, »dass sie gerade den Zeitgenossen versagt, die großen Bewegungen, die ihre Zeit bestimmen, schon in ihren ersten Anfängen zu erkennen«. Wir können nicht ahnen. Wir können nicht wissen, was kommen wird. Manche ziehen daraus den Schluss, es noch einmal auf sich zukommen lassen zu wollen. Gewiss, wir leben noch im Davor. Bevor wir der ganzen Dimension ihrer Absichten und Barbarei gewahr werden können. Aber später werden dieselben Leute erzählen: Hätten wir doch etwas gesehen. Hätten wir die barbarischen Absichten nur durchschaut!

Dieses Buch macht Sie, macht unser Land zu *Sehenden.* Es lädt dazu ein, jetzt schon zu ahnen. Jetzt schon zu wissen. Was sehen wir von den Plänen, die das Antlitz der Welt und unser aller Leben verändern könnten? Werden wir eines Morgens aufwachen und aus den Nachrichten des *Deutschlandfunks* erfahren: Das Land ist jetzt in Beelzebubs Händen?

Nein, wir können die Pläne jetzt schon enthüllen. Die AfD sieht mich als Rädelsführer eines Aufstands gegen sich, den wir im Zentrum für Politische Schönheit seit 2017 führen, damals mit einem Holocaust-Mahnmal vor dem Haus von Björn Höcke. Sie will mich zerschmettern. Aber an Ihr Leben will sie auch ran. Falls Sie denken, die »sinnlose Wut« könne nicht lange dauern, bedenken Sie: Beim Vorgänger hat sie ausgesprochen lange gehalten. Zwölf ganze Jahre. Die Partei mag ordinär klingen. Aber gerade durch ihre Vulgarität kann der Feuersturm umso länger anhalten. Noch können wir die AfD ganz leicht loswerden. Mit einem Verbotsverfahren. Aber dieses Zeitfenster schließt sich. Wenn es nicht kommt, enden wir in der Katastrophe, von der ich hier ausführlich handeln werde.

Zwei letzte Punkte: Ich setze die Bezeichnung »Bundestagsabgeordneter« in Anführungszeichen, sofern es sich um Vertreter der AfD handelt. Ich möchte demokratische Bundestagsabgeordnete von den Politik-Schaustellern der Partei trennen. Weil zudem laut

Meinungsumfragen die meisten Deutschen keine fünf Namen des NS-Regimes benennen können, halte ich es für ebenso unnötig, alle AfD-Parteimitglieder namentlich zu kennen. Wen es aus Gründen der Neugier, des investigativen Journalismus, der Strafverfolgung oder des Parteiverbots drängt, die Vornamen zu erfahren, sei auf Suchmaschinen im Internet verwiesen. Dort finden Sie die Parteioberen mit vollem Namen aufgeschlüsselt. Doch zunächst zu deren Ende. Und damit zu einem Gedankenspiel.

* * *

Was wäre, wenn? In Deutschland geht ein Gespenst um, das sich von der NSDAP kaum unterscheidet. Ein besorgter Journalist fragt: »Wann wacht die Bundesregierung auf?« Wenn die Partei mitsamt ihren rechtsextremen Fanatikern in großer Zahl in den Parlamenten sitzt? Wenn sie die Bühne nutzt, um dem Volk die nationalsozialistischen Parolen in Augen und Ohren zu reiben? Unter Vertretern der konservativen Parteien geht schon wieder die »innere Kapitulationsbereitschaft des Bürgertums« gegenüber den Rechtsextremen um, stellt ein Kommentator fest. Es gebe »bündnispolitische Avancen der bürgerlichen Parteien«. Erliegt Deutschland erneut dem Ruf der Faschisten?

Noch aber ist die weiße Fahne nicht gehisst. Noch gibt es Menschen mit Prinzipien. Die Polizei muss die Parteiveranstaltungen sogar schützen, weil aufrechte Menschen, die aus der Geschichte gelernt haben, sich wehren. Und es gibt das Bundesinnenministerium, das eine Entwicklung befürchtet, »wie wir sie bereits nach 1932 erlebt haben«. Die Nazi-Wiedergänger treten mit denselben Parolen an wie damals: gegen »Landesverräter«, »Systemparteien« und die »Erschöpfungspolitiker« des Volkes. Das Ministerium weiß: Diese Partei ist keine Alternative. Sie gehört verboten. Der Bundesinnenminister ist entschlossen, das Bundesverfassungsgericht anzurufen.

Das jedoch geht in einer Demokratie nicht ohne Debatte. Und die dauert. Dabei ist Gefahr im Verzug!

Da sind die Bremser und Bedenkenträger. Die Anhänger der Partei seien doch in ihrer Mehrzahl »schlichte und echte Konservative«, glauben sie. Sie wählten die Partei, weil es an einem echten »konservativen Tanzplatz« mangle. Die Partei zu verbieten, könne gefährliche Märtyrer schaffen, ist in den Zeitungen zu lesen. Freie Radikale wären dann nicht mehr durch eine Partei greif- und kontrollierbar.

Auch die Beweise könnten nicht ausreichen. Und dann? Freispruch für Extremisten? Unter den führenden Politikern sind Skepsis und Nachsicht groß. Der Bundesjustizminister stellt sich quer: Wer eine Partei verbieten lässt, muss nachweisen, dass sie die freiheitlich-demokratische Grundordnung beseitigen will. Der Justizminister sieht das nicht. Er schlägt vor, sich die führenden Kader einzeln vorzuknöpfen. Einen Beschluss der Bundesregierung, wonach Mitglieder der Partei nicht im öffentlichen Dienst angestellt sein dürfen, sieht er kritisch.

Doch dann das: Die Rechtsextremen erreichen bei Kommunal- und Landtagswahlen teilweise mehr als 30 Prozent. Bei einer Gemeinderatswahl in einem Wahlbezirk sogar alle Stimmen – 100 Prozent. Nach deftigen, sorgenvollen Kommentaren schaltet sich der Bundeskanzler ein. Man solle Material sammeln, um es dem Bundesverfassungsgericht vorzulegen: »Es darf nicht noch einmal dazu kommen, dass die Demokratie, wie 1933 geschehen, an den demokratischen Grundsätzen stirbt.«

Von da an geht alles ganz schnell. Die Bundesregierung stellt einen Antrag auf Verbot. Die Verhandlung dauert nur zehn Tage. Dann verbietet das Verfassungsgericht die Partei. – Geht doch.

Ging doch. Diese Geschichte spielt nicht in der Gegenwart. Sie ereignete sich Anfang der 1950er-Jahre. Dahinter steht ein Politiker, der das Verbotsverfahren gegen die Sozialistische Reichspartei (SRP) mit aller Vehemenz vorantrieb: Bundesinnenminister Robert

Lehr (CDU). Er ist der unbesungene Held, der die Glut des deutschen Rechtsextremismus erstickte. Nicht alle wollten diese Gefahr sehen. Die Landesregierung von Niedersachsen, wo die »rechtsradikalen Strolche« (Lehr) am lautesten schrien, war auf beiden Augen blind. Die Landesregierung verhalte sich »gänzlich ablehnend«, berichtete Lehr dem Kanzler. Und das, »obwohl gerade die Verhältnisse in Niedersachsen so weit gediehen« sind, dass die »Voraussetzungen des Artikels 91 Grundgesetz« in ganzen Landstrichen »als bestehend angenommen werden könnten«. Damit bot Robert Lehr Bundeshilfe zur Abwehr einer drohenden Gefahr für den Bestand der Bundesrepublik durch die Polizeikräfte anderer Länder an. Ministerpräsident Hinrich Wilhelm Kopf (SPD) meinte dagegen, es bestehe keine Gefahr. Und sollte sich das ändern, verfüge Niedersachsen über genügend Polizeikräfte. Lehr war empört: »Wenn das Land Niedersachsen nichts unternimmt, dann handle ich.«

Vor den Landtagswahlen im April 1951 reist Lehr in das Kriegsgebiet. Am 1. Mai berichtet er Adenauer seine Eindrücke. Er erzählt ihm, dass die Partei »sich gegen die verfassungsmäßige Ordnung richtet und bereits in hohem Maße in Nord-Niedersachsen die Bevölkerung beeindruckt und gegen den Staat mit Erfolg aufgewühlt« hat. Zu welchem Zweck die Partei die Öffentlichkeit aufwühlt, steht dann im Urteil gegen sie. Es sei ihr darum gegangen, »das Vertrauen zu den Repräsentanten der Bundesrepublik in der Bevölkerung von Grund auf zu erschüttern, damit ihr zugleich die freiheitliche demokratische Grundordnung als Ganzes fragwürdig erscheine. Diese Methode hat Hitler angewandt.« Die Partei werfe der Bundesregierung vor, das deutsche Volk »an fremde Mächte zu verraten«, sie spreche »den anderen Parteien die Daseinsberechtigung« ab und behaupte damit, »als einzige Partei eine wahrhaft deutsche Politik zu betreiben«.

Drei Tage später informiert Lehr das Kabinett. Seine Botschaft: Es muss sofort zugegriffen werden, um nicht eine Entwicklung aufkommen zu lassen, wie wir sie bereits nach 1932 erlebt haben. Lehr sieht mit eigenen Augen, wie enttäuscht und wie beunruhigt viele darüber sind, »dass erneut eine politische Richtung totalitären Charakters unter uns das Haupt erheben kann«. Dass sich eine rechtsextreme Partei »zur Propagierung ihrer Ziele der gleichen Methoden wie die NSDAP« bedient, zeige sich »in einer brutalen, verlogenen Hetze oder einer heuchlerischen Tarnung«. Im Ausland habe »das Vertrauen auf eine stetige demokratische Entwicklung des deutschen Volkes einen schweren Stoß erlitten«.

So ist es. Der amerikanische Hochkommissar John McCloy verkündet im *Bayerischen Rundfunk*: »In manchen Gegenden Deutschlands versuchen wieder kleine Gruppen die Irrlehren, die alten Schlagworte und Taktiken zu vertreten, die Deutschland in Trümmer gelegt haben. Das deutsche Volk sollte diese Versuche nicht übersehen und durch seine demokratische Regierung wirksam gegen sie einschreiten.« Gegenüber Adenauer wird er noch deutlicher: Er verlangt vom Kanzler energische Gegenmaßnahmen, andernfalls würden die Alliierten »eingreifen« und die Nazis auf deutschem Boden selbst verhaften.

Drei Tage zuvor, am 6. Mai 1951, hat die SPD fast 10 Prozent verloren, das konservative Lager 14 Prozent. Die SRP zog mit 16 Abgeordneten in den Landtag ein. In 35 Gemeinden errang sie die absolute, in 375 Gemeinden relative Stimmenmehrheit. Adenauer ist alarmiert. Jetzt vertritt er die Meinung, »dass mit allen Mitteln versucht werden muss, das Umsichgreifen derartiger Organisationen zu verhindern«.

Die Bundesregierung erklärt die SRP für »staatsfeindlich«. Die Partei dagegen sieht sich als Volksbewegung: »Wo Regierungssprecher vor 20 oder 30 Besuchern reden, stellen sich bei SRP-Kundgebungen 1000 Zuhörer ein«, jubelt ein Mitglied. »Man hat das Gefühl, dass die SRP die einzige Partei ist, die heute in den kleineren Städten Niedersachsens und auf dem flachen Land ihre Versammlungslokale zu füllen versteht.« Vize-Parteichef Otto Ernst Remer ist euphorisiert: »Auch der Harz brennt schon.« Der Björn Höcke der SRP dient sich bei den Wählern als »das allerletzte Aufgebot« an: »Wenn wir versagen, ist alles verloren.« Dafür bekennt er sich sogar zum Antifaschismus: »Es ist den Offizieren des Dritten Reiches immer zum Vorwurf gemacht worden, sie hätten Hitler nicht rechtzeitig umgebracht. Um nicht noch einmal schuldig zu werden, müssen wir nach Bonn und unsere Pflicht tun.«

In Bremen verkündet ein Redner, es würden »Listen angelegt für später«. Er erntet begeisterten Beifall. In einer Postille der Partei (FRBrief 3536/51) ist zu lesen: »Das Jahr 1951 hat uns Erfolge gebracht, die den Nutznießern des Zusammenbruches und Handlangern der Alliierten einen panischen Schrecken einjagen und sie erkennen lassen, dass das Jahr 1945 nicht ewig währen kann und die Stunde der Abrechnung früher schlagen kann, als sie es für möglich halten.«

Der Antrag auf Verbot der Partei wird am 19. November 1951 aus dem Bundesinnenministerium abgeschickt. Manche Parteien wollten nur die Demokratie beseitigen. Die SRP erweise sich »nach ihren führenden Persönlichkeiten, nach ihrer inneren Organisation, nach ihrem Programm, nach ihrer Propaganda und nach dem Verhalten ihrer Anhänger als eine solche Partei«.

Das Verfassungsgericht stellt »die Gleichartigkeit der Propaganda« zwischen NSDAP und SRP fest. Ihre Redner hätten »an dumpfe Massengefühle« appelliert und eine Stimmung geschaffen, »die das kritische Denken ausschaltet«. Dem Publikum würden »schlagwortartige Sentenzen« eingehämmert, »die nüchterner Überlegung nicht standhalten, ja, sogar Stimme, Tonfall und Sprechweise der Redner und der hysterische Beifall einer in Taumel versetzten Menge, alles erschien als Wiederholung gleichartiger nationalsozialistischer Veranstaltungen«.

Dem Verfassungsgericht reicht allerdings die dürftige Beweislage nicht. Ende Januar 1952 klingeln Polizisten an den Türen von SRP-Funktionären und Parteibüros. Zehn Richter und eine Richterin schicken die Polizei vor, um Beweismaterial zu beschaffen.

Besonders in Schleswig-Holstein werden wichtige Unterlagen sichergestellt. Von der Polizei. Auf Wunsch des Verfassungsgerichts! Die Partei scheint mit einer solchen Aktion nicht gerechnet zu haben.

Am 1. Juli 1952 eröffnet der ehemalige preußische Finanzminister Hermann Höpker-Aschoff die Verhandlung. Weil der Sitzungssaal überfüllt ist, lässt er den Prozess per Lautsprecher in die Vorhalle übertragen. Tonbandaufnahmen der Reden führender SRP-Politiker werden abgespielt. Nach drei Tagen steht die Partei ohne Anwälte da. Weil der Staat die Prozesskosten der SRP nicht übernimmt und sie selbst nicht dazu in der Lage ist, legen ihre Anwälte das Mandat nieder. Nach zehn Tagen wird die SRP verboten. Begründung: Missachtung der Menschenrechte, Abschaffung des Mehrparteiensystems als Ziel, Antisemitismus.

Diese Geschichte um Robert Lehr hat uns viel zu erzählen. Sein Beispiel zeigt, wie wehrhafte Demokratie aussieht. Wir müssen nicht in Parallelwelten blicken, um die Handlungsspielräume im Umgang mit dem Rechtsextremismus zu erkennen, der sich derzeit als »Alternative für Deutschland« anbietet. Es genügt der Blick ins Jahr 1952. Worauf warten wir? Darauf, dass bürgerliche Parteien darüber philosophieren, ob und bei welcher Gelegenheit sie mit dem deutschen Rechtsextremismus kollaborieren könnten – oder gar müssten? Der Philosoph Karl Popper rät uns, wir sollten »im Namen der Toleranz das Recht für uns in Anspruch nehmen, die Unduldsamen nicht zu dulden«, und »geltend machen, dass sich jede Bewegung, die die Intoleranz predigt, außerhalb des Gesetzes stellt«. Popper geht sogar noch weiter: »Wir sollten eine Aufforderung zur Intoleranz und Verfolgung als ebenso verbrecherisch behandeln wie eine Aufforderung zum Mord, zum Raub oder zur Wiedereinführung des Sklavenhandels.«

2

Abgrund für Deutschland

Die AfD – eine Neonazibande? Hans-Olaf Henkel war neben seiner Wirtschaftskarriere einmal Mitglied und Sponsor von *Amnesty International*. Von 2001 bis 2005 führte er die Leibniz-Gesellschaft, die einen indonesischen Nachtfalter nach ihm benannte: *Bracca olafhenkeli* (aus der Gattung der Spanner). Doch 2014 verdunkelt die AfD seine Sinne. Er tritt ihr bei, finanziert sie und wird sogar ihr Sprecher. Als es ihm wieder dämmert, erkennt Henkel die AfD als »NPD light«, tritt aus und gibt sich reumütig: »Wenn ich gewusst hätte, wie das ausgeht, hätte ich das damals nicht gemacht.« Ein »Monster« habe er erschaffen. Ist sie das, die AfD? Ein Monster?

Dass das Etikett »NPD light« den Tatbestand verharmlosen könnte, sah Henkel wohl, weshalb er nachschob: »Vielleicht sogar identisch mit der NPD.« Führende Parteikader kokettieren öffentlich mit der NPD, die vom Verfassungsgericht als verfassungsfeindlich eingestuft wurde. Der »Bundestagsabgeordnete« Maier, ein ehemaliger Richter aus Sachsen, der sich nichts sehnlicher wünscht, als dass eine gewisse Form von »Deutschland wiederaufersteht«, lobt, dass die NPD »die einzige Partei war, die immer geschlossen zu Deutschland stand«. Ihn störe nur die »Rückwärtsgewandtheit«, die »Nazi-Nostalgie«. Maier nennt die NPD deshalb »nicht zukunftsfähig«. Aber es gäbe ja Ersatz: »Nun sind wir da. Wir sind die neue Rechte.«

Maiers Vorstellung von progressiver Politik richtet sich gegen die »Herstellung von Mischvölkern«. Aus diesem Abwehrkampf heraus zeigt er Verständnis für Anders Breivik, der 2011 in Oslo eine Autobombe zündete und auf der Ferieninsel Utoya 77 Menschen niedermetzelte. Für Maier war der Rechtsterrorist »aus Verzweiflung heraus zum Massenmörder geworden«. Aus Verzweiflung über den Versuch der norwegischen Regierung, Mischvölker herzustellen und damit »die nationalen Identitäten auszulöschen«. Der Multikulturalismus westlicher Gesellschaften durch die Einwanderung von »Kulturfremden« – dazu stellt Maier nur eine rhetorische Frage: »Ist das nicht alles zum Wahnsinnigwerden?«

Für den Verfassungsschutz ist Maier ein Rechtsextremist. Der Bundesgerichtshof bestätigte letztinstanzlich, dass er nach seinem Ausscheiden aus dem Bundestag nie wieder als Richter arbeiten darf. Zum »Bundestagsabgeordneten« reicht es allemal.

Einer der Sachverständigen im NPD-Verbotsverfahren, der Politikwissenschaftler Steffen Kailitz, veröffentlichte 2016 einen Artikel in der *Zeit*, in der er ein Verbot der NPD forderte. Er warnte, die NPD wolle Millionen Menschen aus Deutschland vertreiben, darunter deutsche Staatsbürger. Ihr politisches Ziel sei eine »herbeigesehnte ›nationale und soziale Volksgemeinschaft‹«. Die NPD klagte gegen den Autor auf Unterlassung. Der Richter gab ihr im Eilverfahren recht, ohne Kailitz anzuhören. Wer war dieser Richter? Der »Bundestagsabgeordnete« Maier von der AfD.

Als ehemaliger »Fraktionsvorsitzender« verschickte Poggenburg fleißig den NPD-Slogan »Deutschland den Deutschen«. Als Reaktion fantasieren die Parteikollegen im Chat von einer »Machtergreifung« und dem »Sieben« von Journalisten. Die NPD ist für die AfD nicht einfach braun und weiß: »Ich gehe nicht davon aus«, bezweifelte Höcke im Mai 2014, »dass man jedes einzelne NPD-Mitglied als extremistisch einstufen kann.« Als Schenkelklopfer schob er nach, dass schließlich genügend Verfassungsschützer in deren Reihen sitzen.

Unter dem Pseudonym Landolf Ladig hatte Höcke die NPD in den höchsten Tönen gelobt: als »die einzige politische Kraft, die sich gegen alle Widerstände für das Lebensrecht unseres Volkes« einsetzt. Als »Landesvorsitzender« greift er nun bei seinen Kampfveranstaltungen gegen die Demokratie direkt zum SA-Slogan: »Alles für Deutschland.« Und was hält Gauland davon? »Herr Höcke ist die Mitte der Partei.«

Gauland wolle »nicht bewahren, sondern zerstören«, warnt der Journalist Olaf Sundermeyer in seiner Biografie *Gauland: Die Rache des alten Mannes.* Die AfD habe ihn schmerzfrei gemacht, im wörtlichen Sinne: Den alten Mann plagen mitunter wochenlange Depressionen und Albträume, von denen ihn nur Wahlerfolge »seiner« AfD kurierten. Sein Aktenkoffer wird von den anderen »Bundestagsabgeordneten« als »Gauland-Apotheke« bezeichnet. Gegenüber Sundermeyer behauptet Gauland, sich die »Leute« (vermutlich Wähler) »von den Linken« zu holen. In Wirklichkeit beschafft er sich »die Leute« bei der NPD und anderen Splitterorganisationen. Etwa aus dem Pool des vorbestraften Neonazis Lutz Bachmann, in dem eine Hooligan-Mischszene aus militanten Neonazis, Kampfsportlern und Fußballhooligans herumplanscht. Bachmann, der eine menschenfeindliche Bewegung »Pegida« (Patriotische Europäer gegen die Islamisierung des Abendlandes) taufte, bezeichnete Ausländer als »Gelumpe«, »Dreckspack« und »Viehzeug«. Er wurde rechtskräftig verurteilt. Der »Ehrenvorsitzende« Gauland erkennt in solchen Menschenfeinden »natürliche Verbündete« seiner Partei. »Landesvorstand« Tillschneider fordert für Bachmanns Verdienste um die AfD sogar das Bundesverdienstkreuz.

Ein Aussteiger bezeichnet die AfD-»Bundestagsfraktion« als »Rettungsboot der Rechtsextremen«. Der »Bundestagsabgeordnete« Ziegler beschließt noch in seiner Paraderolle als »Landesvize«, eine Gedenkrede am Mauerstreifen mit der Losung der SA zu krönen: »Alles für Deutschland«. Der »Spitzenkandidat« Marco Trauten postet auf Facebook die SA-Parole – »Alles für Deutschland«. Der ehemalige »Abgeordnete« Oehme (von 2017 bis 2021 als Schläfer im Bundestag) plakatiert mit dem beliebten SA-Slogan gleich seinen ganzen Wahlkreis: »Alles für Deutschland« steht auf den Wahlplakaten zur Bundestagswahl. Es ist natürlich blöd, wenn sich die Losung der SA so gut auf AfD abkürzen lässt. Viele trauen sich, den alten NS-Schlachtruf voll auszusprechen, statt ihn mit »AfD« abzukürzen.

Die von der NPD gekaperte Kernwählerschaft liebt es. Aber die NPD-Kader rennen der Partei selbst die Bude ein. Sie ist ihre ganze Hoffnung. Von Sachsen bis Berlin sitzen Mitglieder 2013 in den Gründungstreffen und verkünden fröhlich: »Ich bin von der NPD!« Einer unserer Informanten berichtet von Zusammenkünften in Berlin, bei denen überwiegend NPD-Mitglieder zusammensitzen. Man ist nicht wählerisch, um der Öffentlichkeit ein reges Parteileben vorzulügen und möglichst große (Schatten-)Wirkung zu entfalten.

»Parteivorsitzender« Chrupalla überrascht seine Zuhörer mit der philosophischen Einsicht: »Auch das Grundgesetz ist nicht in Stein gemeißelt.« »Bundestagsabgeordneter« Renner, wie Chrupalla seit 2017 im Bundestag, fordert gar den Sturz der Regierung: »Das gesamte linke Systemkonstrukt des bedeutungsdominierenden Establishments muss weg.« Wer einen Verdacht hegt, wie das »Systemkonstrukt« beseitigt werden könnte, findet in einem geheimen WhatsApp-Chat der Bundestagsuntergraber Bestätigung: »Wir brauchen die totale Revolution. So nimmt das kein Ende mehr, den totalen Systemwechsel. Anzünden müsste man diese ganze ›Politik‹ samt ihren Schreiberlingen.« Das schreibt ein »Bundestagsabgeordneter«.

Das Grundgesetz? So etwas ist nichts für diese Abgeordneten. »Spitzenkandidat« und »Bundesvorstand« Krah, der erst spät von der CDU zur Partei rübermacht, hält es für »unbedingt notwendig, schleunigst die Rechtsgrundlagen zu ändern«, und meint damit die Europäische Menschenrechtskonvention und die Genfer Flüchtlingskonvention, immerhin weltweit von 143 Staaten ratifiziert. Ziel sei die hermetische Abriegelung Europas. Weshalb? – Der Kontinent muss ausländerfrei werden.

Der »Parlamentarische Geschäftsführer« der Bundestagsfraktion Komning gibt nicht viel auf Parlamentarismus. In einem Mitschnitt sagt er: »Parlamentarischer Staat, oder wie auch immer diese Demokratie heißt, ... die wollen wir ja aber gar nicht. Die wollen wir doch abschaffen.« Komning, der sich 1989 freiwillig auf drei Jahre in einem DDR-Grenzschutzregiment verpflichtete, sitzt seit 2017 als »Abgeordneter« zum Wohl des Volkes im Bundestag.

Die »Basis« der AfD signalisiert ebenfalls Zustimmung zur Systemfrage. »Landesvorstand« Hock bittet seine Getreuen im politischen Berlin: »Bekämpft bitte (oder auch gefälligst) mit dem vielen Geld, das ihr vier lange, weitere Jahre egal, in welcher Partei bekommt, das Deutschland meuchelnde System. Das erwarten unsere Wähler.« Die Mitglieder der AfD Salzgitter sehen beim Einzug in den Bundestag gar eine neue Phase angebrochen »im Krieg gegen dieses widerwärtigste System«. Der »Bezirksverordnete« Pachal erläutert, dass er das politische Anliegen der AfD den ganzen »GG-Liebhabern« jeweils so umreiße: »Es ist ganz einfach, nur ein paar Grundgesetzänderungen ... Erstens: Das Amt des Bu[ndes]-Prä[sidenten] wird auf Lebenszeit vergeben. Das spart dem Steuerzahler immense Kosten. Zweitens: Das Amt wird umbenannt in ›Kaiser‹.«

Das klingt witzig. Nur ist es der Parteibasis ernst damit – sowohl mit dem Kaiser, den sie gewiss anders nennen würde, als auch mit ein paar zackigen Korrekturen des Grundgesetzes. Die Politikwissenschaft ist sich deshalb in ihrem Urteil zur AfD weitgehend einig. Es sei »heute wenig umstritten, dass es sich bei der AfD um eine rechtsextreme Partei handelt«, schreibt der Politologe Eric Linhart. Astrid Bötticher, Christoph Kopke und Alexander Lorenz halten die AfD für ein »Sammelbecken rechtsextremer Strömungen«. Für den bereits erwähnten Steffen Kailitz läuft die »Remigrations«-Forderung der Partei auf groß angelegte »rassistisch motivierte Staatsverbrechen« hinaus. Aber das ist noch nicht alles. Längst nicht.

»Bundesvorstand« Jongen kann uns erläutern, weshalb der Systemsturz unvermeidlich ist: »Nur durch einen weitgehenden Austausch der ›Eliten‹ ist unser schwer geschundenes Deutschland noch zu retten!« Auch der »Landesvorsitzende« Höcke möchte den Staat, gütig wie er ist, vor den »verbrauchten politischen Alteliten« schützen. Sein Knecht, der »Abgeordnete« Pohl, droht da schon unmissverständlicher: »Noch sitzt ihr da oben, ihr feigen Gestalten ... Doch einst wird wieder Gerechtigkeit walten, dann richtet das Volk. Dann gnade euch Gott!«

Wenn Sie sich fragen: Wie verfassungsfeindlich ist das? Dann gibt Ihnen die von mir entwickelte Hugenberg-Skala zur offiziellen Fiebermessung des Faschismus in Deutschland die Antwort. Darauf kommt Pohl auf eine 10. Volltreffer. Die Skala gleicht heutige Aussagen mit Alfred Hugenbergs Kampfansage an den Parlamentarismus in Weimar ab und misst nur die Deckungsgleichheit: »Es wird einmal der Tag kommen, wo dieses Volk sich aufrafft, um all diesen Plunder von sich zu schütteln. Aber vorher müssen wir als Partei all den Plunder von uns schütteln, der durch das heutige System auch über uns geworfen wird.« – Womöglich liegt Pohls Wortwahl noch über der von Hugenberg. Die AfD überbietet gar nicht so selten den parlamentarisierten Faschismus aus den Jahren vor 1933.

Wie würde das aussehen, was ein »Bundesvorstand« wie Jongen, ein »Bundestagsabgeordneter« wie Pohl und ein »Landesvorsitzender« wie Höcke fordern? Einer der »Bundestagsabgeordneten« spricht im Mai 2020 in einer WhatsApp-Nachricht Klartext. Er schreibt, er wolle Parteien wie die CDU nicht »konservativ reformierbar« machen, nein: »Ich will die vernichtet sehen.«

Die Eliten müssen weichen, so die Forderung. Ganz gewaltfrei wird das wohl nicht ablaufen. Der »Landtagskandidat« Gebhardt malt sich schon aus, dass seine Partei für das standrechtliche Erschießen von Vertretern der Altparteien »längere Wände als 1989 in Rumänien« brauche. An die Wände des Spreeufers scheint er bereits den Zollstock gehalten zu haben. Eine gute Nachricht hat er für uns dennoch: Die Rekrutierungen der Freiwilligen für die Massenerschießungen »dürften aber kein Problem sein«. »Landesvorstand« Böhm will es mit der Handkante bewerkstelligen: »Wir müssen den Karnickeln in den Parlamenten den verdienten Nackenschlag versetzen.« Böhm war immerhin »Spitzenkandidat« seiner Partei, nicht Großmeister im Taekwondo. Tiere bevölkern die Parteifantasie auffallend oft und zeugen von einem befremdlichen Verhältnis zum nichtmenschlichen Teil der Schöpfung.

Die AfD schreit nach Rache für das Verbrechen der Volksdurchmischung. Das Volk denkt und spricht im Weltbild der AfD ohnehin nur rechtsradikal. Lange vor ihrer Zeit als Parteichefin, Co-Vorsitzende und Spitzenkandidatin äußerte Deiwel sich in der Sache dazu noch ungewöhnlich unverblümt: »Diese Schweine sind nichts anderes als Marionetten der Siegermächte des 2ten Weltkriegs und haben die Aufgabe, das deutsche Volk kleinzuhalten, indem molekulare Bürgerkriege in den Ballungszentren durch Überfremdung induziert werden sollen.« Seit einer Ewigkeit spielt sie für die Öffentlichkeit die »Liberale«. 2022 schlüpft sie in die Rolle »Parteichefin«. Das grundsätzliche Problem ihrer Aussage ist nicht der Vorwurf an die »Schweine«, multiple Bürgerkriege durch Einwanderung in den Ballungsgebieten zu induzieren. Weidel wird immer unterstellt, die Formelsprache der Rechtsextremisten nur zu bedienen. *Der Spiegel* grub mit diesem Fund aber eine glühende Nationalsozialistin im Jahr 2013 aus – aus einer Zeit, als sie nichts und niemanden zu bedienen hatte.

Der »Landesvorsitzende« Springer gibt zur Landtagswahl 2024 gleich das Ziel aus, die ganze »Parteienherrschaft« abzuschaffen. Der »Spitzenkandidat« seines Landesverbandes, Berndt, verspricht die »Remigration«, die Abschaffung des Verfassungsschutzes und die »Aufarbeitung des Corona-Unrechts«. Der Verfassungsschutz revanchiert sich und stuft ihn als »erwiesenen Rechtsextremisten« ein. Berndt wird trotzdem »Spitzenkandidat« in der von der AfD weitgehend praktizierten Form von Demokratie: ohne Gegenkandidaten.

Auf dem Parteitag demonstriert der rechtsextreme »Spitzenkandidat« eindrucksvoll, wie eine Billigung verfassungsfeindlicher Aussagen einfacher Parteimitglieder durch die Parteioberen in der Praxis aussieht, die das Verfassungsgericht sehen möchte, um eine Partei zu verbieten: Der »Landtagsabgeordnete« Hünich, der die »Marionetten der Siegermächte« loswerden will, hatte sich zu Jahresbeginn 2024 von einem ZDF-Team erwischen lassen, wie er einer johlenden Anhängerschar zurief: »Wenn wir morgen Regierungsverantwortung haben, ... müssen wir diesen Parteienstaat abschaffen.«

Der »Spitzenkandidat«, sichtlich bemüht, seinem Titel alle Ehre zu machen, sieht sich in seiner Rede genötigt, »dem Abgeordneten Lars Hünich« recht zu geben: Der Parteienstaat müsse weg! Die »Staatsparteien« würden »zum Kampf gegen die AfD mobilisieren und zu einem geistigen Bürgerkrieg gegen die AfD eskalieren«. Danach tritt der »Schriftführer« im Bundesvorstand Hohloch auf die Rednertribüne: »Wir sagen Nein zum Parteienstaat und Ja zur Demokratie!« Hohloch wird direkt auf Listenplatz 2 gewählt.

Wozu braucht es den Verfassungsschutz noch? Der »Landesvorsitzende« und der »Spitzenkandidat« verkünden freudestrahlend die Abschaffung des Parteienstaats. Nicht im Keller, sondern auf dem Landesparteitag. Die AfD führt damit jede Arbeit des Inlandsgeheimdienstes *ad absurdum*. Niemand muss sie observieren. Die AfD liefert die Beweise frei Haus. Deutlicher als mit der Ansage »Wir sagen Nein zum Parteienstaat« kann man in einer Demokratie nicht artikulieren, dass man die Diktatur will. Die »Parteienherrschaft« ist eine feste Größe des Grundgesetzes. Wer die Parteien abschaffen will, legt die Axt an Artikel 21. Dem Landesverband Brandenburg müssen mit Blick auf seine unverhohlen verfassungsfeindliche Ausrichtung große Verdienste um das Verbot der AfD bescheinigt werden. Für den Verfassungsschutz ist der Landesverband zu dem Zeitpunkt noch nicht einmal »gesichert rechtsextrem«.

Vielleicht sagen Sie jetzt: Spinner gibt es überall. Wer weiß schon so genau, was die SPD im Saarland treibt. Ich habe nachgesehen. Deren Spitzenkandidatin fordert im Wahlkampf 2022: »Bestehende Arbeitsplätze erhalten und neue schaffen.« Klingt schon eher nach Grundgesetz, oder? Die Ankündigungen der AfD folgen einem Plan, den sie mit dem Slogan »Vollende die Wende!« in den Landtagswahlkämpfen 2019 auf sämtliche Plakatwände anschlug. Sie machte sich stark für eine »Wende 2.0«. Die Revolution von 1989 sei nie »vollendet« worden. Das will die AfD jetzt nachholen. Wie das Volk 1989 die SED-Obrigkeit kurzerhand absetzte, so soll auch das aktuelle »Regime« in Form der »Altparteien« abgesetzt werden. Die AfD will – in Goebbels' Diktion – »ausmisten«. Der »Landesvorsitzende« Urban erläutert dieses oberste Parteiziel im Sommer 2019: »In Sachsen begann bereits 1989 die friedliche Revolution, die ein verrottetes Regime zum Einsturz brachte. Es sieht derzeit ganz so aus, als wäre Geschichte mit einer starken Volkspartei AfD wiederholbar.«

Unsere Zeit mit den politischen Verhältnissen der DDR gleichzusetzen, zeugt nicht gerade von einer Anerkennung der Verfassungsordnung der Bundesrepublik. Gemäß Bundestagswahlprogramm 2021 besteht sogar das Parteiziel darin, »die nationale Einheit in Freiheit zu vollenden«. Der Satz wird gerne übersehen. Was meint die AfD mit der Freiheit? NPD-Eingeweihte verstehen die Anspielung sofort: Damit ist Ausländerfreiheit und Freiheit von anderen Parteien gemeint. Die Altparteien haben nach uralter NPD-Lesart mit ihren Flüchtlingen das Volk jahrzehntelang geknechtet. Jetzt wird abgerechnet! Es geht um nichts weniger als die Errichtung einer »ausländerfreien« Zone –nicht nur im Osten, sondern im ganzen

Bundesgebiet. Für dieses Projekt muss man sich erst einmal der Fesseln, bestehend aus Parlament, Rechtsstaat, Demokratie, Verfassung und allen hinderlichen Parteien, entledigen. Erst wenn das Volk *davon* befreit ist, besteht (Ausländer-)Freiheit, und die Wende ist vollendet.

Steht so im Wahlprogramm. Man muss nur die Bezüge lesen können. Der NSDAP ging es darum, Deutschland »judenfrei« zu machen. Der AfD geht es ganz originell darum, die Republik »ausländerfrei« zu machen.

Um diesen Plan umzusetzen, müssen zunächst die demokratischen Parteien dran glauben. Aus dem Bundesvorstand heißt es dazu: »Mülltrennung: erst FDP, dann SPD, dann CDU.« Das klingt derart absurd, dass es den Politiker:innen anderer Parteien oft schwerfällt zu glauben, wie ernst es der Partei damit ist und in welcher Lebensgefahr sie im AfD-Staat schweben. Die AfD will sich nicht am demokratischen Diskurs beteiligen. Sie will ihn zerstören.

• • •

Der »Landtagsabgeordnete« Stein lehrt den Landtag von Baden-Württemberg das Fürchten. Dessen Präsidentin Muhterem Aras verhängt im Juni 2023 ein Hausverbot gegen Stein. Er darf die Büros der AfD und den Plenarsaal nur betreten, wenn er sich zuvor an der Pforte anmeldet und durchsuchen lässt. Wie kommt es dazu? Stein hatte die Gäste einer Shisha-Bar mit der Waffe bedroht. In seinem Büro im Landtag findet die Polizei einen Rucksack voller Schussmunition und Messer, die er an allen Sicherheitsvorkehrungen vorbeigeschleust hatte. In seinem Haus hortet er illegale Waffen. Eine auf ihn registrierte Pistole ist spurlos verschwunden. Die Staatsanwaltschaft Stuttgart ermittelt gegen ihn wegen Hausfriedensbruchs, Verstoßes gegen das Waffengesetz, versuchter Körperverletzung und Bedrohung. Aus der psychiatrischen Klinik in Winnenden bricht er danach mehrfach aus, worauf die *BILD* berichtet: »Immer wieder kommt es zu Polizeieinsätzen in der Klinik, weil der Landtagsabgeordnete ausfällig wird und zum Teil Mitarbeiter der Klinik angegriffen haben soll. Stein muss immer wieder fixiert werden.«

Weder eine Anklage (dazu müsste erst seine Immunität aufgehoben werden) noch ein Urteil droht dem »Landtagsabgeordneten«. Psychiater bescheinigen ihm auf 48 Seiten Schuldunfähigkeit. Ohne Urteil behält er sein Mandat. In den Landtag will Stein zurückkehren, seine Fraktion scheint sich schon zu freuen. Der Rest des Hauses fürchtet sich. Irre.

Der »Landtagsabgeordnete« ist kein Einzelfall, sondern das perfekte Sinnbild für den Zynismus der AfD gegenüber der parlamentarischen Demokratie. Stein zeigt *par excellence*, welchen Menschenschlag die AfD für geeignet hält, in ein Parlament einzuziehen. Einen psychisch Gestörten mit der hohen Würde einer Mitgliedschaft in einem Landesparlament auszustatten, entspricht ungefähr dem, was die Partei von der Würde des Landtags insgesamt hält. Wer die demokratische Volksvertretung für einen Käfig voller Narren hält, steckt da Irre auch rein. Die AfD will die Würde des Parlaments mit Steins Füßen treten.

Wie die »Abgeordneten«, so die Spender. Mit einem Nachlass aus Gold, Patenten und Grundstücken im Wert von mindestens sieben Millionen Euro wird die Partei von einem 79-jährigen Ingenieur aus Bückeburg überschüttet. Der Mann, der mit Erfindungen wie WC-Spülungen reich geworden war, hatte sich an einer Autobahnauffahrt mit Benzin übergossen und angezündet. Aus Verzweiflung über die Herstellung von Mischvölkern. Nicht alle werden mit ihrer Spende selig. Nachdem sein Name in einem Rechenschaftsbericht veröffentlicht wird, verlangt ein Großspender im Frühjahr 2022 von Höcke per Klage sein Geld zurück. Als digitale Sturmtruppen den Mann mit einer Hetz- und Rufmordkampagne überziehen, beeindruckt das den armen Großspender so sehr, dass er restlos vom kleineren Übel überzeugt ist, fortan im Rechenschaftsbericht aufzutauchen. Er zieht seine Klage zurück.

Dem Landtagsabgeordneten Christopher Emden reicht es im Sommer 2022 mit den ganzen Aufgewiegelten, Revanchisten, Gewalt- und Bürgerkriegsbereiten. Er tritt aus der Partei aus und bezeichnet sie als »Sammelbecken für Versager, Gangster und Minderbemittelte«. Er weiß, wovon er spricht. Und nicht nur er: Der ehemalige Bundesvorsitzende Meuthen bescheinigt der AfD am Tag seines Austritts in der ARD »totalitäre Züge« und warnt die Bevölkerung davor, wie gefährlich seine Partei urplötzlich geworden sein soll. Der ehemalige »Geschäftsführer« Ralf Özkara reicht seinen Rücktritt mit den Worten ein: »Diese Partei wird von Idioten geleitet.« Der »Fraktionsvorsitzende« in Bayern ist da ehrlicher. Er schmeißt hin mit der Begründung, er »habe es satt, die bürgerliche Fassade einer im Kern fremdenfeindlichen und extremistischen Partei zu sein«.

Dennoch hält sich hartnäckig die Legende, in der Partei gebe es ein Lager von »Gemäßigten«. Als »gemäßigt« gilt die gesamte Ahnengalerie geköpfter Parteivorsitzender. Aber Parteigründer Lucke greift nach der Bundestagswahl 2013 ganz bewusst zur Formel von »Entartungen von Demokratie und Parlamentarismus«, die er jahrzehntelang in Deutschland (wohlgemerkt ohne seine Partei) miterlebt haben will. Die meisten erinnern sich eher an die an NS-Sprache angelehnten Entartungen danach. Lucke sprach auch vom »sozialen Bodensatz« der Gesellschaft – und meinte damit keineswegs Parteimitglieder.

Als »gemäßigt« gilt auch Meuthen, der sich über ein »ungeheures Maß an wie auch immer in unser Land gekommenen Migranten« beschwert, die Deutschland anzünden, ja – man muss es so drastisch formulieren, weil es im Wortsinne so gemeint war: *entarten*. Als »gemäßigt« gilt der langjährige »Landesvorsitzende« Pazderski. Kritischen Journalisten droht er schon mal damit, sie aus dem öffentlich-rechtlichen Rundfunk zu »entfernen«, wenn es so weit ist. Wer solche »Gemäßigten« hat, braucht keine Radikalen mehr. Auf zehn Funktionäre kommt vielleicht einer, der die brutale Sprache der Gewalt lieber flüstern will. Abstufungen in braunen Farbtönen.

In Sachsen gingen bei der »gemäßigten« Parteivorsitzenden Harut die Mitglieder der rechtsextremistischen »Die Freiheit« ein und aus, so enthüllt es ein Blogbeitrag. Der Plan lautete: »Der sächsische Landesverband sollte möglichst geschlossen in die AfD übertreten, überwiegend im Erzgebirgskreis. Zu diesem Zweck traf man sich am 31.08.2013 zu einem ›Grillfest‹.« Einer der Kandidaten, die von der »Freiheit« in die AfD rübermachten, ist Bundesantichrist Oehme. Der, der mit gespielter Harmlosigkeit rein zufällig die SA-Parole »Alles für Deutschland« in seinem Bundestagswahlkampf plakatierte – für die AfD.

Der Öffentlichkeit spielt die Partei immer wieder das Märchen vom Kampf der Guten (»Gemäßigten«) gegen die bösen »Radikalen« vor. Die Standarderzählung zur inneren Entwicklung lautet: Am Anfang war sie nicht radikal, aber dann übernahmen die falschen Kräfte. Die »Gemäßigten« seien in die Enge getrieben worden. In Wirklichkeit war die AfD von Anfang an attraktiv für die rechtsextreme Szene. Die sitzen in den Gründungsversammlungen und lassen sich wie Höcke und Poggenburg zu »Landesvorsitzenden« wählen. Und es bleibt nicht bei Betriebsausflügen der rechten Szene in der »Alternative für Deutschland«. Im Sommer 2020 schätzt der Verfassungsschutz die Zahl der Rechtsextremen in der AfD auf 8000 Personen (auch Pazderski rechnet es im Film *Eine deutsche Partei* seinen Parteikollegen so vor). 8000 Neonazis – verdichtet auf engstem Raum. Kann das gut ausgehen?

Das Märchen vom »gemäßigten« Lager verharmlost den *Kriegszustand*, in den die Partei eingetreten ist. In der AfD gibt es keine zwei Lager, die miteinander ringen, von denen das eine harmlose bürgerliche Politik treiben und das andere einen neuen Holocaust will. Niemand in der Partei verfolgt bürgerliche Politik. Alle führenden Köpfe wollen die Zerstörung der »Altparteien« und die Ausweisung von Ausländern. Diese staatsfeindliche Ausrichtung ist der Partei nicht irgendwann oder irgendwie »passiert«. Sie war von Anfang an da.

Was an der Erzählung stimmt, ist allein die Tatsache, dass ein Großteil der »gemäßigten« Hetzer kaltgestellt, bedroht oder aus der Partei geworfen wurde. Der weniger gemäßigte Höcke, der sich für meine Begriffe mitunter gemäßigter ausdrückt als die vielen »Gemäßigten«, lässt sich seine Kandidatur für den Parteivorsitz teuer abkaufen, wie wir noch sehen werden. Für die Medien überlebte das Spektakel nur ein Kandidat aus dem moderaten Lager. Auch bei diesem letzten Mohikaner lässt aber nichts auf seine gemäßigte Ausrichtung schließen: Merkel habe dem Land »längst den Kampf angesagt«, so der »Bundesschatzmeister« Hütter. Statt die Parteifinanzen zu ordnen, ermittelt er lieber Opferzahlen: 40 000 Deutsche seien allein 2017 durch »Merkels bunten Multikulti-Wahn« und »tatverdächtige Migranten« gestorben. Der »Bundesschatzmeister« begreift sich als Antifaschist: »Und dieses Mal kann niemand behaupten, er hätte von nichts gewusst. Wer in der Demokratie schläft, wacht in der Diktatur auf!« Hütter warnt vor der »Merkeldiktatur«. Wenn das gemäßigt ist, ginge in der AfD auch die Waffen-SS als gemäßigt durch. Aber in ihrer Propaganda gibt es ohnehin einen viel wirkmächtigeren *last man standing*, der den edlen »Konservativen« gibt.

• • •

Als Aushängeschild der »Bürgerlichkeit« dient der AfD seit jeher ein Beamter im Ruhestand, dessen Mutter ihn nach einem russischen Zaren benennt. Als Gauland aus dem Landtag von Brandenburg in den Bundestag umziehen muss, kürt er Luzifer zu seinem Nachfolger. Über Luzifer, der seine Partei für den »Defibrillator dieser am Boden liegenden entmerkelten Demokratur« hält, sagt Gauland mit Unschuldsmiene im »Sommerinterview« der ARD: »Er ist ein bürgerlicher Mensch. Ich kann nichts Rechtsextremes in ihm finden.« Dazu muss man wissen, dass Luzifer schon rein äußerlich wie die exakte Kopie von Heinrich Himmler aussieht und darauf Wert legt. Wie sein Idol ist er in München geboren. Sein Schwiegervater schreibt Bücher über Himmlers Wewelsburg, das Zentrum der SS. Auf dem Titelbild ist Himmlers Gesicht über die Strahlen einer aufgehenden Sonne montiert.

Die »Alteliten« überrascht der Gauland-Nachfolger mit der Ankündigung: »Wir werden auf ihren Gräbern tanzen!« Nicht nur Geflüchtete will er in eine »Never Come Back Airline« stopfen, sondern »das Flugzeug auch mit den Claudia Roths und den Cem Özdemirs und wie sie alle heißen« füllen. Dass deutsche Staatsbürger ausgeflogen werden, wenn sie nicht die AfD-Ideologie im Refrain singen – bürgerliche Leitkultur?

In einem früheren Leben betätigte sich Luzifer als »Filmproduzent«, allerdings nicht von Blockbustern wie *Der bewegte Mann* oder *Rossini*, sondern von *Hitler. The Unknown Soldier.* Darin feiert er Hitler für die Selbstlosigkeit, im Ersten Weltkrieg für seine Kameraden das Leben riskiert zu haben. Kopf und Kragen riskiert Luzifer, als Fotos von ihm auftauchen, die ihn in einer Kaderschmiede der militanten Neonaziszene zeigen. Daraufhin erklärt er, dort lediglich zu Gast gewesen zu sein und sich informiert zu haben. Die Kaderschmiede für Neonazis, in die der bürgerliche Mensch hineingeraten sein will, »mutmaßlich, um mir das mal anzuschauen«, wird vom Innenministerium aufgrund ihrer Wesensverwandtschaft mit dem Nationalsozialismus verboten. Luzifers Name findet sich sogar auf der Mitgliederliste (Nummer 01330). Bereits 1993 soll er sich aber laut Zeugen in einem rechtsextremen Sommercamp als »einer der Härtesten« entpuppt haben.

Dank Gauland setzt Luzifer sich in der AfD durch. Als SS-Connaisseur kritisiert er die Rede eines CDU-Politikers als »Goebbels für Arme«. In Elsterwerda brüllt er im Juni 2016 bei einer Kundgebung einen der bekanntesten Neonazi-Slogans in die Menge: »Wer Deutschland nicht liebt, soll Deutschland verlassen.« Im September 2016 informiert er die Menge in Erfurt: »Wir wollen kein Stück vom politischen Kuchen, wir wollen die Bäckerei.«

Mit dieser Episode wäre eigentlich alles gesagt über die gespielte Harmlosigkeit des »Ehrenvorsitzenden« Gauland, dem dieser Titel verliehen wird, nachdem er öffentlich den Holocaust relativierte. Luzifer zum Nachfolger im Landtag von Brandenburg zu machen – nur eine Handgranate auf Gaulands Sitz wäre als Botschaft noch deutlicher ausgefallen. Der gemäßigte »Ehrenvorsitzende« weiß aber nicht nur die Bürgerlichkeit von Neonazis zu schätzen und befördert sie zu »Landesvorsitzenden«: Gauland rollt das Sturmgeschütz Luzifer sogar bis in den »Bundesvorstand« – ins oberste Gremium der Partei! Einzig Meuthen wird beim steten Anblick von Heinrich Himmlers Raubkopie etwas mulmig zumute, weswegen er ihn nicht zuletzt wegen des drohenden Parteiverbots ausschließt. Wer jetzt denkt, Luzifer sei deswegen obdachlos geworden – weit gefehlt. Nachdem der Presserummel sich gelegt hat, setzt sich die Landtagsfraktion über den Beschluss des Bundesvorstands hinweg und ändert ihre Geschäftsordnung. Sie ernennt Luzifer trotz dessen (unfreiwilliger) Parteilosigkeit zu ihrem »Fraktionsvorsitzenden«. Er taucht auch weiter auf Landesparteitagen und Wahlkampfveranstaltungen auf. Re-Integration von Neonazis? Ein zentraler gesellschaftlicher Mehr-Wert für die AfD. Und wissen Sie, wer bei all diesen Umtrieben im Landesvorstand sitzt? Ein Mann mit Hundekrawatte – der Parteimephisto.

Die Verrenkung, für die Öffentlichkeit Mitglieder auszuschließen, um sie hinter den Kulissen in den fahrenden Zug zurückzuziehen, hat System. Auch andere, die wegen eines drohenden Verbotsverfahrens aus der Partei geworfen werden, der »Bundestagsabgeordnete« Pasemann etwa, werden als Mitarbeiter eingestellt. Nach seiner oscarreifen Leistung als »Bundestagsabgeordneter« spielt Pasemann derzeit den »Bundestagsmitarbeiter« von Höckes Gewaltandrohungsknecht Pohl. Nach dem Willen des Parteivorsitzenden Chrupalla soll er als Nächstes die AfD-Truppe im Europaparlament nach den Ausflügen zu den schönen Seiten des Faschismus durch »Bundesvorstand« Krah (mit Champagner und Austern) auf die dunkle Sehnsucht zurückketten. Wiedereingliederung in die braune Sturmgemeinschaft steht an erster Stelle. Niemand mit Treue und Ehre ist da verzichtbar. Die »Bundestagsabgeordnete« Malsack-Winkemann, die der Generalbundesanwalt mitsamt ihrer terroristischen Reichsbürgervereinigung festnehmen lässt, kandidiert trotzdem für den Bundestag. Obwohl sie wegen Terrorismus im Gefängnis sitzt, kann sie ihr Wahlergebnis um 0,2 Prozentpunkte noch verbessern.

Zur Causa Höcke liefert sich Gauland dasselbe Katz-und-Maus-Spiel mit den Medien wie bei Luzifer, indem er ihn abwechselnd als »Seele« und »Mitte der Partei« bezeichnet: »Herr Höcke rückt die Partei nicht nach rechts. Herr Höcke ist die Mitte der Partei.« Später rechtfertigt er seine Äußerung so: »Wenn jemand als Spitzenkandidat in Thüringen knapp 25 Prozent der Wähler hinter sich vereinigt, dann ist er bestimmt keine Randfigur.« Bemerkenswerte Logik. Demnach war auch Hitler kein Rechtsextremer, der wurde nämlich mit noch mehr Stimmen gewählt.

Nach Luzifers Rausschmiss zieht Gauland die Fäden für seinen zweiten Ziehsohn. Das ist der, der den Parteienstaat abschaffen will. Springer gibt bis dahin den »Bundestagsabgeordneten« und beschäftigt dort eine Reihe von Rechtsextremisten (wie Jean-Pascal Hohm). Als die Deportationspläne von Potsdam öffentlich werden, erscheint Springer die Vorwärtsverteidigung als gute Idee. Auf Twitter schreibt er: »Wir werden Ausländer in ihre Heimat zurückführen. Millionenfach. Das ist kein Geheimplan. Das ist ein Versprechen.«

Zweieinhalb Jahre ist er Gaulands engster Mitarbeiter. Von ihm lernt er das Spiel mit dem verfassungswidrigen Feuer. Auf Gaulands wenig gemäßigtes Einwirken hin ergattert Springer auf dem Landesparteitag Listenplatz 2 und zieht erneut in den Bundestag ein. In seiner Bewerbungsrede fordert er, die AfD müsse die »Machtfrage« stellen und dem öffentlich-rechtlichen Rundfunk »das Rückgrat brechen«. So spricht der Zögling, der sein Handwerk beim großen Konservativen der Partei gelernt hat. Wer Politik für eine Partei von Rechtsextremen macht, muss die Leute eben »abholen«. Vielleicht ist es nur eine Frage der Zeit (oder des Zufalls), bis Springer die Ausländer nicht mehr nur millionenfach in die Heimat zurückführen, sondern ihnen das Rückgrat brechen will.

Im März 2024 wird Springer »Landesvorsitzender«. In seiner neuen Rolle schreit er seine bürgerliche Agenda wie folgt in den Saal: »Wir werden uns dieses Land zurückholen. Diese Parteienherrschaft muss abgeschafft werden. Wir werden die Verantwortlichen zur Rechenschaft ziehen!«

Im Bundestag fällt Gauland durch weniger gemäßigte Parolen auf: »Wenn man Krieg haben will in diesem Bundestag, dann kann man auch Krieg kriegen.« So sagt er es am Rande einer Plenarsitzung mit sichtlich hohem Blutdruck. Der »Bevölkerungsaustausch« ist für ihn eine feststehende Größe. Auf dem Marktplatz Elsterwerda brüllt er seine bürgerliche Kernklientel so an: Die deutsche Asylpolitik sei der Versuch, »das deutsche Volk allmählich zu ersetzen durch eine aus allen Teilen dieser Erde herbeigekommene Bevölkerung«. Als Allheilmittel versammelt er nun Rechtsextreme aus allen Landesteilen. Am Horizont droht für Gauland wegen der vielen Einwanderer ein Desaster: »Wir landen im Bürgerkrieg, wenn wir nicht aufpassen. Die Menschen werden sich dagegen wehren. Sie wollen nicht, dass sie von Fremden so stark dominiert werden.«

Trotz Deckkrawatte will der »Publizist« die Integrationsbeauftragte Aydan Özoguz zu Höcke ins Eichsfeld einladen, um ihr darzulegen, »was spezifisch deutsche Kultur« ist. Gemeint sind offenbar hochspezifische Methoden der NS-Kultur, denn danach würden die Parteimitglieder sie »dann auch, Gott sei Dank, in Anatolien entsorgen können«. Gauland spricht einem Regierungsmitglied nicht nur das Recht auf ihre Meinung ab, er fordert, wie der Jurist Hendrik Cremer in einer Studie darlegt, »hier die grund- und menschenrechtswidrige Deportation einer deutschen Staatsbürgerin«.

Gaulands Bürgerlichkeit ist eine *Verkleidung*. Dahinter ist nichts zu greifen. Selbst die eigene Partei wirft ihn aufs Waffenlager der Extremisten. Auf Facebook macht der ehemalige Landesvorsitzende Uwe Junge seinem Ärger Luft: »Ich fürchte, wir haben die bürgerliche Mitte verloren, weil wir den Radikalen wie Gauland, Höcke und Kalbitz nicht rechtzeitig die Stirn geboten haben.«

Der *Elder Mephistopheles* besteht auf dem »Recht, uns nicht nur unser Land, sondern auch unsere Vergangenheit zurückzuholen«. Welcher Zeitabschnitt der Vergangenheit wäre das? Doch hoffentlich die ihm von Medienschaffenden immer wieder untergejubelte Traumwelt von Preußens Gloria? Gauland lässt niemanden im Ungewissen. Wir Deutschen, sagt er, haben »das Recht, stolz zu sein auf Leistungen deutscher Soldaten in zwei Weltkriegen«. Es geht doch nicht um Preußen. Es geht um Nazis.

Die Mär von der »sauberen Wehrmacht« gilt schon länger als widerlegt. Im »Vernichtungskrieg« in Osten töteten deutsche Soldaten mehr als drei Millionen sowjetische Kriegsgefangene. Hannes Heer zeigte von 1995 bis 2004 mit der Wehrmachtsausstellung, dass es einen »Holocaust auf freiem Feld« gab, an dem sich Hunderttausende Soldaten beteiligten. Selbst die Bundeswehr stellt für sich fest: »Für die Streitkräfte eines demokratischen Rechtsstaates ist die Wehrmacht als Institution nicht traditionswürdig.«

Herr Gauland sieht das anders. Es geht ihm aber immerhin um Soldaten aus »zwei« Weltkriegen. Mit Blick auf die Ereignisse in der Ukraine erscheint allerdings auch der Erste Weltkrieg in etwas aschfahlem Licht. Die deutschen Truppenverbände strampeln sich im

Matsch in der Nähe eines Städtchens namens Verdun ab, das nicht gerade in der Nähe des Deutschen Reichs liegt. Die Soldaten nehmen auch noch den Umweg über einen Drittstaat, um in Frankreich einzufallen. Heute würde man das glatt Angriffskrieg nennen. Warum wir den als »Schlachten«, »Gefechte« oder »Offensiven« verunklaren? Die Ukraine liegt näher am russischen Reich als Verdun am deutschen Imperium. Was Gaulands »deutsche Soldaten« in Frankreich trieben, sieht alles andere als nach Landesverteidigung aus.

Aber Gauland beabsichtigt auch nicht, darüber aufzuklären, dass die deutsche Armee in zwei Weltkriegen gleich in einer ganzen Reihe von Angriffskriegen stand. Die zwölfjährige Herrschaft der NSDAP ist für ihn ohnehin nur »ein Vogelschiss in über tausend Jahren erfolgreicher deutscher Geschichte«. Der 8. Mai 1945 sei nur für »KZ-Insassen … ein Tag der Befreiung gewesen«, belehrt er uns. Für Gauland aber war es »ein Tag der absoluten Niederlage, ein Tag des Verlusts von großen Teilen Deutschlands und des Verlusts von Gestaltungsmöglichkeiten«. Gestaltungsmöglichkeiten? – Wer würde angesichts von zwölf Jahren totalitärer Herrschaft und Völkervernichtung nicht von den Gestaltungsmöglichkeiten schwärmen?

Als die ersten Mitglieder den SA-Slogan »Alles für Deutschland« zu gebrauchen beginnen, entschuldigt sich die Partei noch mit den himmelblauen Worten: »Wir bitten alle unsere jüdischen Landsleute, vertreten durch den Zentralrat der Juden in Deutschland, um Entschuldigung und gleichzeitig um Nachsicht für Menschen, die unverschuldet – wie alle rund 20 000 Parteimitglieder – sich seit Wochen in einer sehr schwierigen Belastung befinden.«

Als Gauland sich vier Jahre später durchgesetzt hat, entschuldigt sich niemand mehr. Die AfD hat ein historisches Gedächtnis. Eines, das nach Leder, Kruppstahl und Kordit riecht. Eines, in dem die Verbrechen des deutschen Rechtsextremismus von 1933 bis 1945, in dem »alles nicht so schlimm« war, wie der Regisseur Falk Richter

Gaulands Lehre im Theaterstück *The Silence* zuspitzt. Wo verbrachte Gauland 80 Jahre demokratischer Entwicklung? Verdrängt? Vergessen? Wenn Höcke die »systematische Umerziehung« unseres Volkes beklagt, wird klar, welches geschichtsrevisionistische Projekt die Partei verfolgt. Fortwährend wird für den »Landesvorsitzenden« Thüringens »die Geschichte, die deutsche Geschichte, mies und lächerlich gemacht«. Solche Aussagen fallen in der AfD nie, um anschließend auf Preußens Glanz oder die Finsternis des Dreißigjährigen Krieges aufmerksam zu machen. Sie fallen wie in einer geheimen Obsession immer nur, damit die AfD ganz von selbst über die Nazizeit dozieren kann, obwohl sich gar niemand danach erkundigt hat.

Immer. Genau. Dann. Der »Spitzenkandidat« gibt im Europawahlkampf ein sechseinhalbstündiges Interview, in dem er den Journalisten Tilo Jung damit überrascht, dass sein Großvater trotz NSDAP-Mitgliedschaft »kein Nazi« gewesen sei. Jung staunt nicht schlecht über diesen Einfall – immerhin ist Krah Mitglied des »Bundesvorstands«: »Du willst mir sagen, dass NSDAP-Mitglieder keine Nazis waren?« Krah sieht in der großen Mehrheit der NSDAP-Anhänger ganz normale, anständige Leute. Die sollte niemand unter den Generalverdacht einer rechtsextremen Gesinnung stellen: »Du bist ein Nazi, wenn du eine Funktion übernimmst ... Du kannst doch nicht spontan und pauschal 8,5 Millionen Deutsche einfach abwerten in dieser Generation!« Vermutlich wollte sich Krahs Großvater in der Partei nur mal umsehen.

Im Ausland hat er weniger Glück mit seinen Bemühungen um Differenzierung. Als er halb Italien in einem Interview mit *La Repubblica* erklärt: »Ich würde nie jeden, der eine SS-Uniform trägt, als Kriminellen bezeichnen«, schmeißen Meloni und Le Pen die AfD kurzerhand aus dem Zusammenschluss rechtsextremer Parteien im Europaparlament.

Für den »Bundestagsabgeordneten« Protschka gab es in Deutschland »noch nie« Faschismus, sondern »zweimal Sozialismus. Wir hatten den braunen und wir hatten den roten Sozialismus.« Der »Bundesvorstand« Brandner, dem die Schläferzelle im Bundestag den ehrenwerten Titel eines »Parlamentarischen Geschäftsführers« gegeben hat, kostümiert sich mit etlichen Amts- und Würdentiteln, beispielsweise mit dem eines stellvertretenden »Bundessprechers« der Partei. Tucholsky hätte ihm hinterhergerufen, dass nur noch ein Titel zum vollkommenen Glück fehlt: Bundeswildschwein – von Höckes Gnaden. Mit seinen Titeln frisch dekoriert, weiß Brandner weitere Angaben zu unserem Sachverhalt zu erschnüffeln. Leicht hungrig referiert er: »Die Spitzel- und Drangsalierungstruppen der SED – vulgo Die Linke – rekrutierten sich aus den Spitzel- und Drangsalierungstruppen der NSDAP und der Gestapo.«

Dass die Nazis verkappte Sozialisten sind, ist in der Partei eine Art Allgemeinwissen. Der stellvertretende »Kreisvorsitzende« Görnert erklärt: »Die Nazis waren eine linke Partei.« Um es mit Gauland abzurunden: »Denken wir immer daran, dass ein deutscher Jude, Ernst Kantorowicz, den Ruhm des Staufenkaisers beschrieben hat.« Ich bin sicher, die Basis beherzigt diesen Rat und denkt täglich an den Juden Kantorowicz.

• • •

Die Verfassungsfeindlichkeit lässt sich an zahllosen Stellen besichtigen. Eine Gelegenheit ist die Wahl der »Parteivorsitzenden«. Beelzebub Höcke wird 2020 mit 83,6 Prozent der Stimmen gewählt, 2022 mit rund 90 Prozent. Im Umkehrschluss sind in Thüringen von der Legende der »Gemäßigten« noch 10 Prozent übrig. Der Anführer gibt sich bei seinem Ausländerfreiheitsdrang, den er für volksfreundlich hält, durchaus großzügig: »Wir werden auch ohne Probleme mit 20 bis 30 Prozent weniger Menschen in Deutschland leben können.« Das wären um die 25 Millionen. Die AfD will ein anderes Volk. Eines, das sie selbst nach dem deutschen Reinheitsgebot braut. Wie Höcke sagt: »Ohne Probleme.« Als er vom ehemaligen AfD-Funktionär Dubravko Mandic gefragt wird, was Merkel aus dem deutschen Volk gemacht habe, gibt der sich vielsagend: »Merkel ist nur der stinkende Kopf eines stinkenden Fisches.« Das Volk, ein stinkender Fisch?

Die Angaben zur Zahl der »Stinkenden« schwanken erheblich. Aber es müssen horrende Mengen allein an Regierungs- und sonstigen Beamten sein: »Mit Merkel zusammen müssen auch etwa 870 000 Kollaborateure aus den Ministerien, Fernsehstudios, Redaktionsstuben, Lehrkörpern, Sozialämtern und Gewerkschaften entsorgt werden«, rechnete Höckes Gesprächspartner einst vor. »Endlich wird in Deutschland aufgeräumt!« Wie sich die Luft verbessert, wenn erst die deutschen Beamten erledigt sind.

Niemand soll behaupten, der Faschismus hätte seine Pläne nicht öffentlich angekündigt. Aus diesem Grund haben wir *afd-verbot.de* gegründet, um die Beweislage zur Verfassungsfeindlichkeit aufzudecken, gegliedert in fünf Kernbereiche: Ausgrenzung, Demokratiefeindlichkeit, Freiheit & Individuum, Gewaltenteilung und Holocaust – mit zahllosen Unterkategorien (siehe Übersicht auf S. 222-223). Auf der Website können Beweise nach Schlagwörtern gefiltert werden wie: Angriff auf den Staat, totalitäre Tendenzen, Bekenntnis zum Nationalsozialismus, pauschale Agitation gegen Muslime. Und Zitate können sogar nach Schlagwörtern wie »Bürgerkrieg« oder »Jude« durchsucht werden.

* * *

Wie schon Chateaubriand empfahl, müssen wir mit Rücksicht auf die Vielzahl der Bedürftigen auch innerhalb der AfD sparsam mit Verachtung sein. Aber was sie als Steuergeldverschwendung und Schläferzelle »Bundestagsfraktion« in die Herzkammer der Demokratie einschleust, ist beachtlich. Im Herbst 2017 betreten 92 Personen als »Bundestagsabgeordnete« staunend und ungläubig wie Kinder das Hohe Haus. Etwas ungelenk begeben sie sich ins Blitzlichtgewitter der Kameras. Unsicher, steif und unnatürlich stehen sie da, steril im Umgang. Das ändert sich während der nächsten vier Jahre nicht. Eine »Chaostruppe«, wie sie selbst sagen, angetreten, um als Volksvertreter-Darsteller den Betrieb zu stören.

Der Bundestagsameisenbär (auch noch: »Landesvorsitzende«) Frohnmaier wird einer breiteren Öffentlichkeit bekannt, als er in Goebbels-Manier diktiert: »Ich sage diesen linken Gesinnungsterroristen, diesem Parteienfilz, ganz klar: Wenn wir kommen, dann wird aufgeräumt, dann wird ausgemistet!« Was denken Sie? Wird er dazu die freiheitlich-demokratische Grundordnung berücksichtigen, wenn es so weit ist? Oder werden sie eine Freiheit, Demokratie und Grundunordnung errichten, wie sie die Begriffe verstehen?

Frohnmaier bringt es auf 18 Beweise in der Datenbank von *afd-verbot.de.* Eine ehemalige Parteivorsitzende nannte Frohnmaier liebevoll »Kampfzwerg«. Aber jede Verniedlichung verschwefelt die Sinne. Der genetisch halbwertige Politiker mit Metzgerqualitäten ruft das Volk dazu auf, auf die Straße zu gehen, um »die todbringende Messermigration« (so bezeichnet er schutzsuchende Flüchtlinge) zu stoppen.

Keinen Gefallen tut er sich mit der Ankündigung, die Verfassung ändern zu wollen. Das Grundgesetzpamphlet ist ihm – kurz gesagt – zu linkslastig (»linksideologisch«). Außerdem schwebt ihm vor, »das Bundesverfassungsgericht mit Richtern zu besetzen, die beim Lesen der Verfassung nicht irgendwelche ›Rechte‹ in den Text halluzinieren, von denen 1949 im Parlamentarischen Rat gar nicht die Rede war«.

Unter dem »Kampfzwerg« Frohnmaier würde das altehrwürdige Bundesverfassungsgericht ausgemistet und die ganze linksextreme Richterbande durch stramme Kameraden ersetzt. Der »Bundestagsabgeordnete« Maier böte sich an. Die AfD doziert zwar lang und breit über den Austausch der Bevölkerung. Wenn aber jemand einen größeren Austausch plant, dann die AfD. Die Partei lässt uns nicht im Unklaren: Kommt sie an die Macht, werden die Menschen ausgetauscht, die demokratischen Parteien verboten und alle ausgewiesen, die in der Familie keinen Nachweis darüber führen können, seit Generationen schwarz-rot-golden oder – besser – schwarz-weiß-roten Geblüts zu sein.

Der Fall des »Landesvorsitzenden« Frohnmaier ist noch in anderer Hinsicht interessant. Es gibt zwar viele veröffentlichte Chats von Parteiaussteigern, aber wenige sind so legendär wie der, in dem er ein Foto seiner frisch Angetrauten mit den anderen »Bundestagsabgeordneten« teilt. Dazu muss man die Biografie des »Kampfzwergs« kennen. Er kam als Fördermitglied auch von Oehmes rechtsextremer »Die Freiheit« und haderte mit dem Makel, von einem deutschen Ehepaar aus einem rumänischen Kinderheim adoptiert worden zu sein. Als er das Bild seiner aus Russland stammenden Verlobten mit asiatischen Wurzeln teilt, schreibt ein Parteifreund entgeistert: »Was soll das? Das ist Rassenschande.«

Die AfD ist nicht die erste Partei, die sich als Trägerin der Massen sieht und den Reichstag umkrempeln will: »Wir werden mit hartem Schritt den marmornen Boden der Parlamente betreten«, schrieb Goebbels 1928 in *Der Angriff*, »werden hineintragen den revolutionären Willen der breiten Volksmassen, aus denen wir, schicksalsbestimmt und schicksalsbestimmend, herauswuchsen … Wir kommen, um auszumisten.« Da kommt er her, der Frohnmaier'sche Begriff, vom Gedanken ganz zu schweigen.

Gemeinhin sind die Bundestagsabgeordneten das Schaufenster einer Partei. Für die AfD verheißt das nichts Gutes. Zu besichtigen sind ältere Männer mit Bierbäuchen, die sich in der fremden Umgebung nicht zu bewegen wissen. Schriller Ton, Ungebildetheit und barsche Rohheit. Sie selbst reagieren am ungläubigsten auf die Ereignisse, plötzlich im Zentrum der Macht zu stehen. Der SA-

Wahlkämpfer Oehme staunt vor Journalisten über dieses »Wunder«: Dass er hier einmal reinkommen würde, so protokolliert es ein Journalist, hätte er sich nicht träumen lassen.

Seine vielversprechende (und siegreiche) Plakatkampagne mit der SA-Losung »Alles für Deutschland« erklärt er der Presse so: »Wir dürfen unsere deutsche Sprache nicht geißeln, indem wir Sprüche, die so nahe am Leben stehen, uns selbst verbieten.« Weniger die NS-Sprache als die SA selbst dürfte für Oehme und Konsorten »nahe am Leben« stehen. Niemand will die deutsche Sprache »geißeln«. Gegeißelt werden politische Wiedergänger der NSDAP. Seine Anhänger jubeln und applaudieren angesichts des gelungenen Jahrhundertcoups einer SA-Plakatkampagne. Sie beklatschen seinen Mut. Genau so einen wollen sie in den Bundestag schicken. Oehme weiß, welche Show er liefern muss und wie er den Staat durch den braunen Kakao zieht, ohne dafür im Gefängnis zu landen. Den Staat mit Losungen einer verbotenen NS-Organisation vorzuführen, darauf muss man erst einmal kommen.

Aber da ist mehr. Oehme ist Co-Vorsitzender in Chemnitz. Sein Mitarbeiter pflegt Kontakte zum FSB. Oehme ist auch Vorstand der »Vereinigung zur Abwehr der Diskriminierung und der Ausgrenzung Russlanddeutscher (VADAR)«. Als der russische Angriffskrieg beginnt, fordert Oehme den deutschen Staat dazu auf, seine »Kriegspläne gegen Russland« offenzulegen. Oehme plant da gerne vor: »Wird die Möglichkeit der Einrichtung von Lagern für internierte Personen in Betracht gezogen?« Er ist auch »Bundesvorsitzender der Christen in der AfD«. Deshalb setzt er sich offen für Deportationen ein: »Grenzen zu, Re-migration jetzt.« Deportationen sind ihm ein »zentraler Faktor ..., um unsere ethnokulturelle Identität zu schützen und zu bewahren«. Diese »ethnokulturelle Identität« (ein Triggerwort der rechtsextremen Alles-für-Deutschland-Szene) steht auf sehr altem Pergamentpapier, so sehr fürchtet Oehme ihr Zerbröseln. In der Einwanderung erkennt er nur den »Import fremder Konflikte in unser Land«. Als die Deutsche Bischofskonferenz die AfD für ihre Menschenverachtung verurteilt, beschwert sich Bundesantichrist Oehme in einem offenen Brief: »Bischof Bätzing nennt unsere Partei in einem Atemzug mit ›Die Heimat‹ (Ex-NPD) oder der Splitterpartei ›III. Weg‹ (Nationalsozialisten).« Oehme war vor seiner Zeit in der AfD Mitglied in der rechtsextremen »Die Freiheit«.

Wer Übung hat im Verwedeln des blauen Propagandanebels, dem erwärmt auch eine andere Fundstelle für die Verfassungsfeindlichkeit dieses Bundesantichristen das Herz. Am 4. August 2023 wähnt der arme AfDler sich mitten in einem von den Medien totgeschwiegenen Bürgerkrieg. Als Kriegsberichterstatter liefert er den Unwissenden eine Beschreibung: »Krieg haben wir auch mitten in Europa, gegen unsere Freiheitsrechte, gegen unsere Städte durch Clans, gegen unser Sozialsystem durch Massenmigration, … gegen unsere Familien, unsere Frauen und unsere Kinder.«

Wo das Blut der Bürgerkriegsopfer in Strömen von der Bordsteinkante fließt, sind auch die Täter rasch ergriffen, die den »Krieg angefacht und mit aller Macht geführt« haben: »die links-grünen Ökosozialisten«. Kann man Krieg nicht mehr sehen? Pulverdampf nicht riechen? Die gesamte AfD-Anhängerschaft wähnt sich in der Phantasmagorie dieses Krieges. Oehmes Kriegsberichterstattung ist mustergültig dafür, wie sehr der Schwefelgeruch wirkt. Die blaue Propaganda ist gefährlich. Wichtiger: Die Partei und ihre Anhänger glauben die Märchen, die sie zumeist selbst fabrizieren. Sie leben nicht nur in einem Krieg. *Sie leben den Krieg.* Mitten in Deutschland. Friedensverhandlungen? Undenkbar.

Wie konnte eine Partei allen Ernstes SA-Krieger Oehme als Kandidaten ins Rennen schicken? Kandidaten sind bei der AfD eine Form der politischen Kommunikation. Die Partei möchte dem Staat mit seiner »Mischlingsgesellschaft« etwas mitteilen. Die Botschaft lautet adäquat übersetzt: *Wir spucken auf eure Würde!*

Damit drang die Partei bis in die Herzkammer der Demokratie

vor. Seit sie da sitzt, schlägt das Herz falsch. Ein Kardiologe würde Oehme zielstrebig herausoperieren. Aber die politische Kardiologie wartet ab. Zunächst blockiert sie durch Hans-Georg Maaßen, der der Partei noch Ratschläge gibt, wie sie der Ausspähung durch seine Behörde entgeht. Und heute?

Die Demokratie leidet an einem unbehandelten Herzfehler. Es braucht keine Ärzte, um zu erkennen, dass das auf Dauer nicht gut ausgehen kann. Wer ist verantwortlich dafür, dass Deutschland zum politischen Hochrisikopatienten wird? Es ist nicht »das Volk«. Es ist eine Partei, die SA-Wahlkämpfer und Goebbelsanbeter kontinuierlich ins Kapillarsystem schleust.

Der CDU-Landrat Bernd Lange prägt über die Wahl des »Parteivorsitzenden« Chrupalla einen Satz, der es bis in die hintersten Reihen der AfD schafft: »Man hätte einen Besenstiel hinstellen können, der wäre auch gewählt worden.« Dass es nicht einmal eines Besenstiels bedarf, dafür gibt es Beweise: Der Landtagsabgeordnete Schröder beispielsweise, Listenplatz 1, tritt kurz vor der Wahl einfach aus der Partei aus. Aber er wird mit überwältigender Mehrheit gewählt. Die AfD kann eine Einbrecherbande als »Bundestagsfraktion« aufstellen und wird gewählt. Sie spart sich das Einbruchswerkzeug. Bei manchen Parteigremien rätselt man ohnehin, ob die Mitglieder dort nur wegen des Namens sitzen. In einem Landesvorstand sitzt ein gewisser »Thore Stein«. Steffen Königer, lange Jahre für den Parteischwindel in Landtag und Bundesvorstand unterwegs: »Du kannst einfach einen Besenstiel blau anmalen, und der wird gewählt.« Für ihn ist das, als würde man einen »Nichtschwimmer als Bademeister einstellen«. Wenn die in Amt und Würden kämen, würden »Leute ersaufen«. Man müsse dafür sorgen, warnt er, »dass diese Mandatsträger nirgendwo Verantwortung bekommen«.

* * *

In der ersten Legislaturperiode der braunen Terrorzelle im Bundestag ereignen sich dort zwei Anschläge, die landesweit für Entsetzen sorgen. Mit dem ersten Ereignis, dem Sturm auf den Bundestag im Sommer 2020, hat die AfD vordergründig wenig zu schaffen, wäre da nicht Arthur Österle. Österle verdiente sich im Bürgerkrieg von Chemnitz den Titel »Chefordner«. Chefschläger trifft es besser. Im Januar 2020 stellt ihn einer der »Bundestagsabgeordneten« als Personenschützer ein: SA-Wahlkämpfer Oehme! Im August 2020 erklimmt Österle in AfD-blauem Hemd die Reichstagstreppe. Die Situation gleicht einem Schlachtfeld. Die Bilder gehen um die Welt und lösen Diskussionen über die politische Stabilität Deutschlands aus.

Von den 400 Tatverdächtigen, nach denen bis heute gefahndet wird, kann die Polizei nur 89 Personen ermitteln. Der *Zeit* gelingt es, 133 Teilnehmer zu recherchieren. Das Rechercheteam spricht auch mit Österle. *Die Zeit* stellt das wie folgt dar: »Glaubt man Arthur Österle, dann war alles ein Missverständnis. … Bei einem Abgeordneten des Bundestages war er im Jahr 2020 als Personenschützer angestellt. Und dieser Angestellte soll versucht haben, das Parlament zu stürmen, den Arbeitsort seines Chefs?« Wie gesagt, aber nicht von der *Zeit:* Der Chef ist SA-Plakatkämpfer Oehme. Weiter schreibt das Blatt: »Österle sitzt im Hof seines Bauernhauses in einem kleinen Ort im Erzgebirge, malerisch an einem Berg gelegen. Er zündet sich eine Zigarette an und beginnt zu erzählen. Neun Monate vor dem Sturm auf den Reichstag war er als Personenschützer eines AfD-Bundestagsabgeordneten eingestellt worden. Dessen Frau fuhr mit Freunden zur Anti-Corona-Demonstration nach Berlin. Österle und sein Chef, der Politiker, hätten die Reisegruppe dort abholen wollen, erzählt Österle. Auf dem Weg seien sie am Reichstagsgebäude vorbeigekommen, vor dem gerade der Sturm losbrach.«

Dann verkauft Chefschlägerordner Österle dem Rechercheteam seine Rolle so: »›Ich war total verdattert‹, sagt Österle. Er habe die

Menschen filmen wollen, die über die Absperrungen sprangen, und sein Handy aus der Tasche gezogen. Plötzlich habe er gemerkt, dass eine Teilnehmerin der Reisegruppe gefehlt habe. Er habe, so Österle, nach der Frau Ausschau gehalten und sich auf die Stufen des Reichstages gestellt. Da schoss jemand von ihm ein Foto, das anschließend im Internet kursierte. … Er habe keinen Putsch gewollt, sagt Österle. Vielleicht stimmt das, vielleicht nicht.«

Vielleicht stimmt es, vielleicht nicht. Für die *Social-Media*-Abteilung der *Zeit* stimmt es. Auf ihrer Bildkachel präsentiert sie Österle der Öffentlichkeit hundeunschuldig dreinblickend als »ehemaligen Personenschützer aus dem Erzgebirge« mit dem Zitat »Ich war total verdattert«. Die letzten zwei Worte sind gefettet. Dass Österle zur AfD gehört, dass er als »Kreisvorstand« der Partei sogar bei den Landtagswahlen als »Politiker aus Notwehr« antreten will? Von der AfD, gar von SA-Wahlkämpfer Oehme, fehlt beim »Personenschützer« jetzt jede Spur. Wen die Kachel aus historischen Gründen interessiert: Wir haben den Fall am 26.8.2023 in den sozialen Medien vorgetragen. Ich möchte mir nicht ausmalen, wie verdattert der SA-Führer Edmund Heines am 27. Februar 1933 über den Reichstagsbrand gewesen sein muss. Heines wurde nach dem Brand zum »Preußischen Staatsrat« gemacht.

Mindestens so zufällig und »verdattert« stehen auch führende Köpfe der AfD-Parteisturmabteilung »JA« auf der Reichstagstreppe herum (wie Gavin Singer). Ein AfD-Politiker ruft sogar in die Kameras: »Heute wird Geschichte geschrieben … korrupte Verbrecher müssen festgenommen werden.« 346 Ermittlungsverfahren werden eingeleitet, die meisten gegen unbekannt. Bislang wurden sechs der Sturmteilnehmer verurteilt – nicht zu Festungshaft, sondern zu Geldstrafen zwischen 1800 und 2500 Euro.

Drei Monate nach dem ersten Coup verwandelt sich die Hauptstadt in eine Winterwüste. Der erste Corona-Winter bricht an. Während vor dem Bundestag Pandemieleugner gegen die Verschärfung der Maßnahmen demonstrieren, hebelt die AfD die Türen des Bundestags auf. Wieso soll der Protest nur auf der Straße stattfinden, wenn er die Macht erschrecken kann?

Auf Einladung der AfD gelangen im November 2020 rechtsextreme Corona-Leugner als parlamentarische »Gäste« in den Bundestag. Dort werden sie aufdringlich. Sie belästigen, bedrohen und nötigen. Selbst vor Regierungsmitgliedern machen sie keinen Halt. Es trifft den Bundeswirtschaftsminister, den Vorsitzenden der SPD, Abgeordnete von FDP und CDU. Wie viele Menschen attackiert werden, ist unklar. Nicht alle melden sich zu Wort.

Die Ermittlungen der Bundespolizei ergeben, dass »Bundestagsmitarbeiter« ihren »Gästen« nicht nur Zutritt verschafft, sondern sie auch durchs Haus geführt haben, zu Zielobjekten und Personen. In den Büros der CDU/CSU-Fraktion verriegeln die Teams die Türen. Ein Mitarbeiter schildert die Szene live auf Twitter: »Kollegen eingeschlossen in ihren Büros, weil die AfD rechte Idioten von außen in den Bundestag eingeschleust hat. Unfassbar, was hier passiert ist.«

Der Wirtschaftsminister steht verloren vor einer verschlossenen Fahrstuhltür. Er wirkt in die Ecke gedrängt, gehetzt. »Wir werden sie jagen«, hatte Gauland versprochen. Hier kommt die Einlösung. Der Minister wendet sich von der Filmenden ab, die ihn durch die Flure getrieben hat. Ein Mann eilt herbei und höhnt: »Möchte der Herr Altmaier nichts sagen?« Der rettende Aufzug, er kommt und kommt nicht. Die Frau redet auf ihn ein. Altmaier rechtfertigt sich. Mit Mühe unterdrückt er, wie aufgebracht er ist. Als sich die Türen des Fahrstuhls öffnen, flüchtet er. Die Frau ruft: »Sie sind abgehoben.« Die Türen schließen sich: »Das ist ja ein Arschloch. Aufgeblasener, kleiner Wannabe-König.« Altmaier schwebt im gläsernen Aufzug gen Himmel über sie hinweg.

Die Angreifer filmen und übertragen die Attacken in die Arenen der sozialen Medien. Dort treffen die Straftaten, darunter Belästigung, Nötigung und Hausfriedensbruch, auf Begeisterung. Die

Polizei ermittelt. Da § 106 des Strafgesetzbuches die Nötigung von Mitgliedern der Verfassungsorgane gesondert unter Strafe stellt, geht es um etwas. Aber die Bundespolizei kann nur die Namen von vier AfD-Fans ermitteln, darunter der rechtsextreme Ideologe und Ex-Investmentbanker Thorsten Schulte, der das Land auf dem Weg zu »einer negroiden Zukunftsrasse« sieht und 2016 mit AfD-Gründer Lucke einen neuen Verein in Bautzen gründet, und Daniela Scheible aus dem Team des AfD-Kreisfunktionärs Bauer, ein Holocaust-Relativierer, für den der Corona-Impfstoff »Zyklon B« ist.

Draußen Proteste. Drinnen die Abstimmung über die Infektionsschutzgesetze. Die AfD hebelt die Sicherheitsvorkehrungen aus und lässt Corona-Leugner im Bundestag wüten. Ein Tag des Kammerflimmerns. Der SPD-Vorsitzende Martin Schulz, der auch attackiert wurde, findet die richtigen Worte: »Das einzige Ziel dieser Parteien ist es, das Parlament von innen zu zerstören.« Die CDU spricht hilflos von »Tabubruch«. Seit die AfD im Bundestag sitze, gehe es ihr darum, die anderen Parteien »in den Dreck zu ziehen«.

Der Angriff zielt auf etwas anderes: auf das Sicherheitsgefühl der Abgeordneten. Der damalige Bundestagspräsident Wolfgang Schäuble erkennt die Krise im Haus. In einem Rundschreiben spricht er von »sehr ernsten Vorfällen«, die »vielfältige Befürchtungen und Ängste ausgelöst« hätten. Genau darum geht es: Die AfD will Angst und Schrecken verbreiten. Der Schock soll im Nacken sitzen, ins Herz kriechen, am besten Infarkt auslösen. Die Botschaft ist dabei ungefähr so subtil wie die eines Stalkers: *Ihr seid hier nicht mehr sicher.* Es geht darum, das Parlament einzuschüchtern. Während draußen, nur wenige Meter entfernt, schwere Bagger Erde für einen metertiefen Sicherheitsgraben ausschaufeln, macht die AfD im Innern klar, dass das nicht schützen wird. Der Tag ist ein Könnensbeweis.

Natürlich verharmlost die Gewaltunternehmenspartei die Zwischenfälle. Ihr »Parlamentarische Geschäftsführer« spricht im ZDF von »unschönen Bildern« und relativiert den Vorfall damit, dass Anhänger der Umweltschutzbewegung Flugblätter in die Westlobby geworfen hätten: »Mir geht's gar nicht darum, hier was zu rechtfertigen«, sagt er scheinheilig. Der Vorfall bedeute für ihn, »auch genau hinzuschauen, auch bei anderen Vorgängen, die wir schon hatten«.

Wer das tut, landet bei kuriosen Bildern aus dem Sommer desselben Jahres, die nicht nach Sicherheitsvorfall aussehen. Regenschirme werden aufgespannt und Blätter zu Boden geworfen. Bodyguards sprinten herbei, kesseln die Protestierenden ein und bedrängen sie so, dass einer seine Arme in die Luft streckt: Bitte nicht schießen! Er fürchtet um sein Leben. Besser als mit dieser Geste lässt sich das Bild der Situation nicht abziehen. Hier werden Aktivisten bedrängt, nicht Parlamentarier:innen. Wo bleibt das Sicherheitspersonal im November?

Flugblätter gegen die Erderwärmung hier, das Gefühl der Bedrohung im Bundestag verbreiten dort – für die AfD dasselbe. Wie beschreibt Goebbels seine Ziele im Reichstag: »Wir kommen nicht als Freunde, auch nicht als Neutrale. Wir kommen als Feinde! Wie der Wolf in die Schafherde einbricht, so kommen wir. Jetzt seid ihr nicht mehr unter euch!«

Die AfD-»Gäste« bekommen jedenfalls die ganze Härte des Staates zu spüren. Gegen sie wird ein zweijähriges »Hausverbot« verhängt. Seit Januar 2023 dürfen sie das Parlament wieder betreten. Kehren sie als »Bundestagsabgeordnete« zurück? Der Politikwissenschaftler Matthias Quent gestand, er ertappe sich dabei zu denken: »Endlich! Endlich müssen sich die politisch Zuständigen mit dem Rassismus und dem Rechtsradikalismus auseinandersetzen …. Endlich ist die Auseinandersetzung … nicht mehr allein das Problem von Minderheiten.« Das erscheint verständlich. Doch wenn das Herz des Bundestags nicht mehr schlägt, geht das Land unter.

Die Anschläge sind Testläufe. Es wird im Plenarsaal zu Randalen und Tumulten kommen. Spätestens beim fünften Anschlag haben wir uns daran gewöhnt. Die Partei »normalisiert« Gewalt. Wie lautete der Slogan des Wolfsrudels im letzten Bundestagswahlkampf: »Deutschland. Aber normal.«

• • •

Wessen »Gäste« waren die Täter, die im Bundestag Angst und Schrecken verbreiten durften? Wer hatte sie eingeladen? Der »Bundestagsabgeordnete« Bystron etwa, der mit elf verfassungsfeindlichen Beweisstücken auf *afd-verbot.de* erfasst ist. Als Gauland ein deutsches Regierungsmitglied mit türkischen Eltern in Anatolien »entsorgen« will, springt Bystron bei: »Freund Dr. Gauland [hat] 100-prozentig recht – solche Menschen müssen wir selbstverständlich entsorgen.« Philipp Lahm und Uli Hoeneß verunglimpft Bystron als »Systemlinge« – ein Begriff, den Goebbels mit Vorliebe für die demokratietreuen Verteidiger der Republik gebrauchte. Eine rechtsextreme Organisation ist für Bystron »'ne tolle Organisation«. Er will sogar »das Schutzschild für diese Organisationen« bilden. Seine »Sympathiebekundung« für rechtsextreme Organisationen gründet, so schreibt er in inniger Verehrung, »auf tiefem Respekt vor deren Mut, Intelligenz und Entschlossenheit«. Es ist die Art von Mut und Intelligenz, die ein Reichstagsgebäude anzündet.

Zu Ende gedacht hat er dieses Bild schon. Strategisch empfiehlt Bystron Abstand von den Terroristen. Nicht für sein Wohl, sondern für die Augen der Öffentlichkeit: »Getrennt marschieren, gemeinsam zuschlagen.« Wie sähe es auch aus, wenn die Presse titelte: AfD-Mitglieder zünden Bundestag an. Die Einigung zur Flüchtlingsaufnahme ist für Bystron ein »Abkommen zur systematischen Umvolkung«. Die Rettung von Flüchtlingen, die im Mittelmeer ertrinken, hält er für den »schlimmsten Fall organisierter Kriminalität«, und zwar »seit dem Zweiten Weltkrieg«. Seit 1945? Seither hat niemand größere Verbrechen begangen? Was ist organisierte Kriminalität?

Der Begriff bezieht sich auf mafiöse Parallelgesellschaften, die in arbeitsteiliger Zusammenarbeit strafbare Handlungen begehen, um sich zu bereichern. Klassische Betätigungsfelder sind Rauschgifthandel und Falschgeld, weniger Seenotrettung. Die Ironie der Geschichte: 1988 hat Bystron selbst politisches Asyl beantragt. In Deutschland. Seine Familie wurde in der Tschechoslowakei verfolgt. Käme Bystron heute an, sein Parteifreund Oehme würde ihn bekriegen. Ein Flüchtling von gestern hetzt gegen die Retter von heute.

Selbst Bystron kennt Oehmes »Krieg«, allerdings nicht aus der Nähe. In seinem schönen Bayern ist er noch nicht ausgebrochen. Er soll ihm aber aufgenötigt werden: »Wir kämpfen gegen die Kriegstreiber, die uns Kriege aufhetzen wollen, gegen die Globalisten, die uns zwangsimpfen wollten, die uns enteignen wollen, die uns ja im Prinzip versklaven wollen.«

Auf diesen »Krieg« bereitet er sich gewissenhaft vor: 2018 nimmt er im Rahmen einer »Dienstreise auf Staatskosten« am Schießtraining einer rechtsextremen Organisation in Südafrika teil. Sie rüstet nach eigenen Angaben gegen einen »unvermeidbaren Rassenkrieg« – ausgerechnet in Südafrika. Die im Winter 2022 ausgehobene Terrorvereinigung unter »Heinrich XIII. Prinz Reuß«, die den blutigen Umsturz im Bundestag plant, dafür 1200 Waffen sammelt und mit Russland schon über eine Anerkennung des »Fürstentums Reuß« verhandelte, verharmlost Bystron als Truppe von »50 Rentnern«. 26 von ihnen wird an drei Oberlandesgerichten gleichzeitig der Prozess gemacht. Die Nachrichten zeigen ganzkörpertätowierte Hooligans. Waffen spielen bei Bystron eine auffallende Rolle. Im Bundestag beschäftigt er von Anfang an Rechtsextreme als »Mitarbeiter«, insbesondere Mitglieder der NPD. Einer von ihnen wird der Öffentlichkeit bekannt, als er der *heute-show* im ZDF erklärt: »Die Nazis waren für mich extrem Linke.« Da ist er wieder, der Allgemeinplatz vom roten Hitler. Eine seiner Mitarbeiterinnen fällt den Ermittlungsbehörden auf, weil sie kroatische Waffenhändler mit rechtsextremen Käufern in Bayern vernetzt und zu Hause Kriegswaffen hortet. Deutschland, aber normal.

Dieser Grad an Verfassungsfeindlichkeit empfiehlt in der Partei für Höheres. Bystron ist genau der Bilderbuchpolitiker, den die AfD sich wünscht. Sie setzt ihn mit 82 Prozent der Stimmen auf Listenplatz 2 des Europawahlkampfs – ebenfalls nach uraltem demokratischem Brauch: ohne Gegenkandidaten. Strahlend verkündet der: »Das Gift kommt aus Brüssel!«

Zwei weitere »Abgeordnete« des Terrornetzwerks »Bundestagsfraktion« öffnen den Angreifern die Pforten des Hauses: Hemmelgarn und Müller (beide wie SA-Krieger Oehme 2021 ausgeschieden; Rückkehr nicht ausgeschlossen). Hemmelgarn gehört zur Szene der Reichsbürger. Er organisiert für sie »Alternative Wissenskongresse«. Netzwerktreffen der harten Verschwörungsszene – direkt unter dem Dach des Bundestags! Den Staat lehnt er als »Demokratiesimulation« ab und wähnt sich im Königreich Merkel (»Im Jahr 15 der Regentschaft der ehemaligen FDJ-Sekretärin«). »Humanitarismus« ist für ihn ein »Brandbeschleuniger« und die »uns vor langer Zeit auferlegte und nie enden wollende Schuld tut ihr Übriges«. Gemeint sind die letzten Verbrechen des deutschen Rechtsextremismus: der Zweite Weltkrieg und die Vernichtung von sechs Millionen Juden. Der »politisch-mediale Komplex« und der »staatstreue Journalismus« versuchen, so Hemmelgarn, »mit Unsummen« die Bevölkerung zu manipulieren.

Müller unterschreibt seit 2015 jede (von Parteikaiser Nero, der einen eigenen Buchverlag hat, verfasste) »Erklärung« für und von Höcke. Seine Stellungnahmen sind die typische Litanei über den Bevölkerungsaustausch. Einfallsreich ist hingegen, mit den Alliierten einen Friedensvertrag schließen zu wollen: »Weil das Kriegsende inzwischen 75 Jahre zurückliegt [...], haben wir Menschen ein Recht, ein Menschenrecht auf einen Friedensvertrag, auf Augenhöhe abgeschlossen mit den alliierten Siegern.« Dabei sei darauf zu achten, dass er als Verlierer gleichberechtigt seinen Stolz (Wehrmachtsstolz?) wahren und Frieden schließen könne: »Nicht unterwürfig, sondern auf Augenhöhe abgeschlossen mit den Siegern.« Die amtierende Regierung könne diesen Vertrag nicht schließen. Darüber brütet er länger: »Wir müssen also schauen, wir müssen schauen, wer wirklich legitim in der Nachfolge der Verfassung des Deutschen Kaiserreiches steht.« Damit ist die AfD auf ein beeindruckendes Alleinstellungsmerkmal gestoßen.

Als wahrer Experte erweist sich die Abgeordnetensimulation auf dem Gebiet der Diktatur. Die habe sich in Deutschland längst breitgemacht. Der Gesundheitsminister ist »Gesundheitsdiktator«. Ein Rücktritt der Regierung ist zwar überfällig, wäre ihm aber nicht genug: »das gesamte politische System« müsse »zurückgeführt« werden. Wir erahnen, wohin die Zurück-Führerschaft gehen könnte. Vor dem Angriff auf den Bundestag rät er allen Interessierten, »mehr« gegen die »mafiöse Regierung« (organisierte Kriminalität) zu unternehmen.

Falls Sie denken, das könne nicht sein und in der AfD müsse es seriöse »Bundestagsabgeordnete« geben. Falsch. Die AfD hat ausschließlich diese Sorte im Angebot. Kurze, allerkürzeste Kostproben: Der Abgeordnete Sichert sieht keinen Unterschied zwischen den Maßnahmen gegen eine epidemische Notlage durch eine Pandemie und »Hitlers Ermächtigungsgesetz«. Der Abgeordnete Moosdorf sieht das Land durch Merkels Politik »so nachhaltig erschüttert und vielerorts zerstört« – allerdings meint er nicht das Schienennetz der deutschen Bahn, er meint den Genpool des deutschen Volkes. Die Nachwelt werde uns dafür hassen. Sie werde unsere Gegenwart »in ihrer langfristig destruktiven Wirkung schlimmer bewerten als die NS-Zeit«. Das ist zu bezweifeln: Berlin sieht auf Bildern von 1945 wirklich nicht besser aus als heute.

»Abgeordneter« (und Beisitzer im »Landesvorstand«) Hilse tritt schon singend ans Rednermikrofon: »Merkel hat das Land gestohlen / gib es wieder her / sonst werden dich die Sachsen holen / mit dem Luftgewehr.« Abgeordneter Curio sieht im Netz den »digitalen Totalitarismus« am Werk, ja, einen »Angriff auf die Demokratie«. Recht hat der Mann, möchte man rufen. Bis klar wird, dass er nicht seine Sturmtruppen, sondern die Gesetze gegen die Verbreitung von Hass und Gewalt im Internet meint: »Man will alle Kritiker zum Schweigen bringen – eine Bücherverbrennung von gigantischem Ausmaß.« Antisemitismus im Netz zu löschen: eine Bücherverbrennung? Lang und gerne doziert Curio über die Auswirkung einer »globalistischen Ideologie«, durch die Staaten und Völker entmächtigt werden und »als eigenständige Strukturen verschwinden«. Dem »Abgeordneten« Renner möchte man ebenfalls sogleich beipflichten, wenn er feststellt: »Der Nationalsozialismus war eine gleichmacherische, größenwahnsinnige, allmachtstrunkene politische Ideologie. Mit Absolutheitsanspruch.« Aber dann fügt er hinzu: »Die heutige Politik der Machteliten erscheint vergleichbar.«

Und damit liegt Renner weit vorne im Wettbewerb um die vernünftigste Stimme der AfD. Nicht alle sind so redselig. Die meisten von Oehmes philosophischen Einsichten konnten wir erst ergattern, als er aus seiner Bundesfraktionszelle herausflog. Die Weisheiten stammen zu einem guten Teil aus der Zeit nach seiner Tätigkeit als »Bundestagsabgeordneter«. Andere schwiegen ganz. Stille Stellen sind tief. Die »Bundestagsabgeordnete« Malsack-Winkemann sitzt als Mitglied einer terroristischen Vereinigung sogar seit Dezember 2022 im Gefängnis. Drei ihrer Abgeordnetenkollegen haben Dauergenehmigungen zum Besuch.

Wenn aus dem Wolfsrudel im Bundestag etwas unverständlich herausmurmelt, glänzt es stets als wahrhaft interessante Stellungnahme im Namen der Volksaufklärung. Diese Personen vertreten den Kern des Gedankenguts, des politischen Wollens, die Agenda und die Absichten der Partei. Diese erlesene Schar aus Reichsbürgern und Verschwörungstheoretikern spielt »Bundestagsabgeordnete«.

• • •

Der kritischen Öffentlichkeit stechen weniger die »Abgeordneten«, als die Skandale ihrer Mitarbeiter ins Auge. Die Partei öffnet nämlich der harten rechtsextremen Szene die Türen zu den Bundestagsbüros. Sie beschäftigt Vertraute aus dem Kernteam von Parteikaiser Nero (wie Erik Lehnert) oder gleich Terrorverdächtige wie Manuel Ochsenreiter, der wegen Finanzierung von Brandstiftung von der Generalstaatsanwaltschaft gesucht wird, nach Russland flieht und dort urplötzlich – verstirbt. Putins Diktatur bekommt der AfD offenbar noch schlechter als die des Durchmischungsregimes.

Im Herbst 2017 schockiert der rechtsterroristische Bundeswehrsoldat Franco Albrecht (aka »Franco A.«) die Öffentlichkeit. Albrecht lässt sich als syrischer Flüchtling registrieren, um Anschläge zu verüben, die den Einwanderern untergeschoben werden sollen. Wie immer er darauf kommt, das Zentrum für Politische Schönheit für eine »einflussreiche Organisation« zu halten: Wir waren mit mehr Mitgliedern auf seiner Todesliste als die Bundesregierung. Wie weit die Attentatspläne fortgeschritten waren, zeigt eine Episode auf dem Wiener Flughafen, wo Franco A. dabei ertappt wird, wie er eine Pistole aus dem Versteck holt.

Die Todesliste hatte Franco A. nicht selbst verfasst, sondern sein Freund und Komplize »Maximilian T. «, der vom Militärischen Abschirmdienst als gefährlicher Rechtsextremist geführt wird und zu der Zeit passenderweise »Schatzmeister« der Parteisturmabteilung »JA« war. Auch dessen Vater, ehemals bei der NPD, ist begeistertes AfD-Mitglied und kündigt an, Deutschland retten zu wollen: das funktioniere aber nur, »wenn du Milliarden biologisch und den ganzen Nahen Osten atomar vernichtest«.

Nachdem die Terrorpläne auffliegen und Maximilian T. aus der Untersuchungshaft wegen Vorbereitung einer »schweren staatsgefährdenden Gewalttat« entlassen wird, ist der Mann scheinbar ausreichend qualifiziert. Die »Bundestagsfraktion« verpasst dem verdienten Mann den Ritterschlag und adelt ihn zum »Bundestagsmitarbeiter«. Die Bundeswehr erhebt keine Einwände, dass ein potenzieller Terrorist Zugang zum Bundestagsgebäude erhält. Der damalige Vorsitzende des Parlamentarischen Kontrollgremiums Armin Schuster ist entsetzt: »Dass er hier ein und aus gehen darf, ist geradezu entwürdigend für das Parlament.« *Der Spiegel* titelt: »AfD-Fraktionsspitze hält Trennung von Rechtsextremisten für unnötig.« In dem Artikel erklärt der »Pressesprecher« Lüth, dass die Fraktionsvorsitzenden Gauland und Deiwel ausdrücklich empfohlen hätten, sich nicht von Maximilian T. zu trennen. Die Pressesprecherlüge selbst bezeichnete sich dagegen vor laufenden Kameras besonders verfassungsfreundlich als »Faschist« und kündigte an, Flüchtlinge »vergasen« oder »erschießen« zu wollen – so genau wusste er es auch noch nicht.

Mitarbeiter des Jahres wird Mario Müller, eine zentrale Figur des Deportationstreffens von Potsdam, das die Rechercheplattform *Correctiv* aufdeckt. Auch Müller entspricht nicht ganz dem Bild, das sich die Öffentlichkeit gemeinhin von der Würde eines »Bundestagsmitarbeiters« macht. In Potsdam stellt er sich als »gewaltbereiter Neonazi« vor. Er sei mehrfach wegen Körperverletzung vorbestraft. Als der Bayerische Rundfunk den Mann zur Rede stellen will, der ihn eingestellt hatte, richtet »Bundestagsabgeordneter« (und »Generalsekretär« im Landesvorstand) Schmidt das Wort an die Parteibasis: »Ich kann auch garantieren, dass die etablierten Parteien zu Recht Angst vor uns haben. Die haben zu Recht den Verfassungsschutz auf uns angesetzt. Wir werden maßgebliche Dinge verändern, wenn wir regieren.« Schmidt stellt Rechtsextremisten konsequent als Mitarbeiter ein (darunter das NPD-Kadermitglieder Stefan Träger).

Der Parteiwolf hat sich zu einer Arbeitsagentur für Rechtsextreme entwickelt. Im Bundestag mimen gesuchte Terroristen und selbst ernannte Faschisten »Bundestagsmitarbeiter«. Reichsbürger geben »Bundestagsabgeordnete«. Nicht aus Gründen der Qualifikation, sondern der Gratifikation. Ein Tollhaus, das ebenfalls an

Goebbels erinnert. Der gibt 1928 in der Zeitung *Der Angriff* über die Frage, was die NSDAP als faschistische Bewegung eigentlich im Reichstag zu suchen hat, als Losung aus: »Wenn die Demokratie so dumm ist, uns für diesen Bärendienst Freifahrkarten und Diäten zu geben, so ist das ihre eigene Sache. … Uns ist jedes gesetzliche Mittel recht, den Zustand von heute zu revolutionieren.«

Wie groß das Problem von Rechtsextremisten mit freiem Zugang zum Bundestagsgebäude ist, deckt der Bayerische Rundfunk auf. Nach seinen Recherchen beschäftigt die AfD über 100 Rechtsextreme als Mitarbeiter – allein im Bundestag. Die braunen Fußabdrücke führen bis in die Büros der »Fraktionsvorsitzenden« Chrupalla und Deiwel. Erfasst wurde aber nur, wer mit Organisationen zu tun hatte, die der Verfassungsschutz als rechtsextrem einstuft. Für die AfD eine Art Gütesiegel. Ein besseres Empfehlungsschreiben, als vom Inlandsgeheimdienst als Verfassungsfeind beobachtet zu werden, kennt sie gar nicht. Die AfD tut dabei alles, um zu verheimlichen, wer für sie überhaupt »tätig« ist. Es dürfte sich so verhalten, dass unter den 182 »Bundestagsmitarbeitern« auch 182 Verfassungsfeinde sitzen. Eine Pflicht zur Transparenz, die Namen von Mitarbeitern zu veröffentlichen, die mit Steuergeldern bezahlt werden – die gibt es nicht.

Beim Einzug der AfD in den Bundestag war ich der Meinung, es sei falsch, die Aufmerksamkeit auf das Schläfernetzwerk im Bundestag zu richten. Gewiss, der Einbruch der Ungehobelten und würdigen Repräsentanten ihres selbst inszenierten »Volkszorns« markierte eine Zäsur. Aber ich wollte der Fixierung auf den Bundestag etwas entgegensetzen. Deshalb enthüllten wir in Bornhagen 24 neue Stelen des Holocaust-Mahnmals. Nicht irgendwo in Thüringen, sondern auf einem Grundstück in bester Lage: direkt vor Höckes Haus. Die Initiatorin des Originals in Berlin, Lea Rosh, die 17 Jahre für ihr Mahnmal gekämpft hatte, sagte: »Das ist eine wunderbare Idee. Die

Aktion so kurz vor der Weihnachtszeit ist eine herrliche Bestrafung für Höcke.« Es sollte ein Mahnmal gegen die schleichende Normalisierung des Faschismus werden. Die Denkmäler wandern dorthin, wo sie noch wehtun. Dorthin, wo sie nicht gesichert und bewacht sind. Besser, Nazis attackieren die Denkmäler als Menschen. Die Stelen harren bis heute vor Höckes Haus aus dank unserer wundervollen Kompliz:innen beim Zentrum für Politische Schönheit.

Während die Partei sich für ihren Einbruch in den Staat feiern ließ, klopfte die Geschichte bei ihrem geistigen Brandstifter an, der nicht in den Bundestag mitziehen wollte. Damals machten sich viele vor, die AfD würde trotz Höcke gewählt. Den Faschismus sahen sie als Stolperstein. Doch der einzige Stolperstein ist das Holocaust-Mahnmal. Wir errichteten es als Wegweiser, wo es hinzuhören gilt. Dort, wo die Marschmusik spielt. Höcke sei »ein Teil der Seele der AfD« und werde von den Mitgliedern »heiß geliebt«, hatte Gauland ein paar Wochen zuvor den Zeitungen erklärt.

3

Deutschland 2029: Neues aus dem Bürgerkrieg

Steht die AfD auf dem Boden der Verfassung? Oder wird Deutschland nach der Übergabe der Regierungsgeschäfte unvermittelt ein blaues Wunder erleben und in der politischen Vorhölle ihrer Brüder und Schwestern der NSDAP erwachen? Was wir bisher betrachtet haben, sind die Worte der Wortführer. Aber würden die umsetzen, was sie ankündigen? Würden sie halten, was sie versprechen? Oder handelt es sich um Sprücheklopfer? Ein beträchtlicher Teil der Bevölkerung glaubt an ein vorübergehendes Phänomen. Steigt die Laune, stürzt die AfD ab – so lautet das Kalkül des Kanzlers. Sie nehmen die AfD nicht ernst. Sie wiegeln ab. Sie relativieren. Sie entschuldigen. Und: Sie hoffen.

Das ist ein Fehler. Obschon die Aussagen mitunter zum Lachen sind, sind sie nicht witzig gemeint. Die AfD hat keinen Humor. Wer Hitlers Ankündigungen nicht ernst nahm, erlebte auch sein böses Wunder. Dass Parteien verwirklichen, was sie ankündigen, ist nicht mein Gedanke. Das ist die gängige Theorie des Bundesverfassungsgerichts beim Verbot von Parteien. Das Gericht geht davon aus, dass die Äußerungen einer Partei immer darauf zielen, verwirklicht zu werden. Die Idee hat etwas Wortmagisches, weshalb ich sie *Crowley's Law* (nach Aleister Crowleys *Abrahadabra*) nenne. Für die Richter in Karlsruhe sind Parteien Zauberer, die Wortformeln benutzen.

Ihre Zaubersprüche bleiben im Leerlauf. Aber sie verwandeln sich in Taten, wenn sie das bekommen, was wir »Macht« nennen. Dann wird aus den Zaubersprüchen Wirklichkeit.

Worte von Parteien wollen wahr werden. Es sind Versprechen. Das gilt von der Klimapolitik bis zum Holocaust. Wir mögen die radikalen Parolen der AfD für markige Sprüche halten; Karlsruhe sieht darin Taten. Diese Auffassung, die das Verfassungsgericht als radikalen Anhänger der Sprechakttheorie ausweist, haben die Richter im Jahr 2017 in einem Urteil gegen die NPD ganz beiläufig dokumentiert (Rn 589), direkt vor der berühmten Stelle, an der sie grundlegen, dass die NPD die Aussicht auf Wahlerfolge benötigt, um verboten zu werden: »Entgegen der Auffassung des Antragstellers ist für ein ›Darauf Ausgehen‹ nicht ausreichend, dass die Äußerungen einer Partei darauf angelegt sind, politisch verwirklicht zu werden, und ihnen insoweit eine handlungsleitende Qualität zukommt; *dies ist bei den Äußerungen einer politischen Partei ausnahmslos der Fall.*«

Der letzte Satz kommt unscheinbar daher. Dabei verbirgt das »ausnahmslos« eine mittelschwere Sensation. Welch radikale Vorannahme! Für das Verfassungsgericht ist jede Verlautbarung einer Partei ein frecher Drängler, der darauf aus ist, in die politische Wirklichkeit zu wollen.

Jede Partei strebt nach Verantwortung. Auch die AfD. Ihre Ankündigungen, den »Parteienstaat« abzuschaffen und 25 Millionen Menschen zu deportieren – für das Gericht sind das keine Phrasen. Es prüft im Verfahren, wie die Realität im AfD-Staat aussähe und ob die Verfassung dem im Weg steht. Wer weiß, vielleicht stellt sich die AfD auch als Musterschülerin des Grundgesetzes heraus und setzt mit ihren Forderungen die Grundrechtsartikel vorbildlicher um als die CDU?

Dass sie ausmisten und mit den Eliten abrechnen will, läuft allerdings in Dauerschleife. Hohe Parteifunktionäre haben eine Reihe von Verbrechen angekündigt, sollten sie an die Macht gelangen.

Diese Verbrechensversprechen harmonieren nicht wirklich mit dem Wohlklang des Grundgesetzes, wonach die Würde jedes (linksgrün versifften) Menschen »zu achten und zu schützen« ist – und dann noch als »Verpflichtung aller staatlichen Gewalt«.

Nicht nur die Abgeordneten Oehme, Bystron, Hemmelgarn und Müller lehnten derlei Zumutungen ab, würden sie sie überhaupt kennen. Sie halten den ganzen Staat für einen »Unrechtsstaat«. Sie reden von Krieg. Einmal an der Regierung, könnten sie den Krieg auch führen – gegen die Bevölkerung.

Nach *Crowley's Law* verwandelt die Regierungsgewalt wie ein Durchlauferhitzer Versprechen in politische Handlungen. Gehen wir mit dem Verfassungsgericht einen Schritt weiter und stellen uns Oehme als Bundesinnenminister, Bystron als Gesundheitsminister, Hemmelgarn und Müller als Verteidigungsminister und Tucholskys Bundestagswildschwein Brandner als Bundesjustizminister vor. Was geschieht, wenn diese ordinäre Truppe regiert? Können wir uns vorstellen, von Bystron oder Brandner regiert zu werden?

Ich kann diese Zukunft sehen: Im *Frühling* 2029 plakatiert der Bundesinnenminister Ulrich Oehme keine SA-Parolen mehr (obschon sie offizieller Leitspruch der AfD im Wahlkampf wurde, den die Medien als »provokativ« bezeichneten). Als Innenminister finanziert Oehme seine neue SA – die »JA« (»Junge Alternative«). Die Verordnungen zu *hate speech* wurden am Tag des Amtsantritts aufgehoben und der Verfassungsschutz mit sofortiger Wirkung aufgelöst. Seine Parole »Grenzen zu, Re-migration jetzt« setzt er vom 9. April 2029 an in die Tat um: Die Bundespolizei wird angewiesen, unverzüglich die Landesgrenzen zu schließen. Das Bundesinnenministerium übernimmt (wie in allen Genozidgebieten von Ruanda bis Bosnien-Herzegowina üblich) die Deportation von Ausreiseunwilligen, um, wie er 2023 sagte, »unsere ethnokulturelle Identität zu schützen und zu bewahren«.

Hunderttausende Menschen demonstrieren gegen die Schließung der Grenze und im Internet unter den Hashtags #offeneshaus und #helmutkohljetzt. Der Gesundheitsminister Bystron zollt den Scharfschützen von der »identitären Bewegung« und dem »Hannibal«-Netzwerk, die in Hamburg von Hausdächern gezielt auf die Menge schießen, seinen »Respekt vor deren Mut, Intelligenz und Entschlossenheit«. Im Sommer verleiht der neue Bundespräsident und heimliche »Kaiser«, der ehemalige Molkerei-Inhaber Theo Müller, sieben der Profischützen das Bundesverdienstkreuz für ihre Verdienste um die Verteidigung der demokratisch gewählten Regierung. Bei den Toten der Aufstände von Leipzig, wo die »Adolf Hitler Hooligans« aus Sachsen junge Menschen und »Omas gegen rechts« Ende April wahllos mit der Eisenstange niederknüppeln und mehreren Frauen die Schädel brechen, spricht die Bundesregierung von Opfern der »Antifa«.

Gegen die Gewalt der Clans und »die links-grünen Ökosozialisten« (gemeint sind Mitglieder der von Oehme als kriminelle Vereinigungen verbotenen *Fridays for Future* und *Letzte Generation*) lässt der Bundesinnenminister am Tag nach Leipzig Panzer der Bundespolizei anrollen, die sein Vorgänger von der CDU beschafft hatte. Die Sympathien der Polizei fliegen der AfD zu, weil sie schon am Tag der Regierungsübernahme per Sofortdekret ein »Sondervermögen« auflegt, um sämtliche Polizeidirektionen im Land besser auszustatten. Die Bundesrepublik – auf dem Weg in einen rechten Polizeistaat?

Begleitet von Reichsbürgereinheiten und den Sturmabteilungen der »JA«, stürmen die Polizeieinheiten ganze Stadtteile, um aufzuräumen. Das läuft nicht ganz glatt ab. Sowohl Drogendealer als auch Clanmitglieder setzen sich brachial und erfolgreich zur Wehr. Sie erschießen Martin Sellner, für den Xavier Naidoo daraufhin ein Lied komponiert. Derweil herrscht Bürgerkrieg. In einer der extremistischen Hochburgen, in Berlin-Neukölln, brennen Häuser, wochenlang zerreißen Schüsse die Nacht.

Bundesgesundheitsminister Bystron erlässt eine Gesundheitsverordnung zum Schutz der Bevölkerung, die »Desinfektionsgesetze«. Sie werden international auf dem G5-Gipfel auf Hawaii geächtet. Die Weltmächte glauben, dass sich die neuen Gesetze gegen ausländische Bevölkerungsgruppen richten, die der Gesundheitsminister vom deutschen Volk wegdesinfizieren will. Für Aufsehen sorgt ein Mitglied der Exilregierung, das im Weltsicherheitsrat ein Zitat Bystrons aus dem Jahr 2017 vorträgt, in dem er den Plan bereits anzukündigen scheint: »Solche Menschen müssen wir selbstverständlich entsorgen.«

Aufgrund ihrer Komplizenschaft mit dem G5-Gipfel tritt Deutschland daraufhin aus der Europäischen Union aus. Die Trikots der Nationalelf sind mit wohlklingenden Namen wie Meier und Schmidt bedruckt. Niemand muss mehr fremdländisch aussehende Profifußballer-Nachbarn ertragen. Bystron spornt das Bundesfinanzministerium an, einen »Schutzschild« für rechtsextreme Organisationen aufzuklappen. Sie sollen als gemeinnützige Stiftungen operieren können. Den Anfang macht die staatliche Sellner-Stiftung, in der sämtliche paramilitärischen Kampfverbände und Netzwerke von Elitesoldaten unter einem Dach geordnet werden.

Im *Sommer* versammeln sich »konservative Bürger«, so Berlins Innensenator Gunnar Lindemann, am 25. Juni spontan vor dem Konrad-Adenauer-Haus, um gegen die Blockadepolitik der CDU zu zürnen. Auf den Bildern gleichen sie einem Trupp rechtsextremer Neonazis. Die CDU/CSU/FW-Fraktion im Bundestag sabotiert in ihren Augen die erforderliche *Law-and-Order*-Politik der Regierung. Der Bürgertrupp fordert Notstandsgesetze gegen den Ökosozialismus im Land. Die spontane Manifestation des Volkswillens setzt der CDU-Parteiführung ein Ultimatum, die Blockadehaltung aufzugeben. Noch vor Ablauf des Ultimatums dringen »Bürger« während der Wachablösung der Polizei (die Berliner Polizei arbeitet im Mehrschichtsystem) in die CDU-Parteizentrale ein.

Unerklärlicherweise fängt das Konrad-Adenauer-Haus Feuer und wird – ganz nach dem Geschmack eines »Bundestagsabgeordneten« aus dem Mai 2020 – vollständig »vernichtet«. Bei dem Brand sterben führende CDU-Politiker, darunter Jens Spahn. Sachsens Ministerpräsident Jörg Urban wird es etwas unheimlich mit der Wende. Gegenüber dem TV-Sender *Compact* erklärt er sie deshalb für unverzüglich vollendet. Das Volk habe vollgültig »ein verrottetes Regime zum Einsturz« gebracht. Er wolle nicht, dass unter den konservativen Protestbürgern in seinem Bundesland die Wut über die konservative Obstruktionspolitik weiter eskaliert.

Dafür werden Rufe lauter, die immer mehr außer Kontrolle geratenden Aufstände niederzukartätschen. Die Regierung ändert für die direkte Legitimation ihrer Maßnahmen die Geschäftsordnung im Bundestag. Die zentralen Debatten und Parlamentssitzung finden ab sofort zur besten Sendezeit um 20.15 Uhr statt. Der Bundestag beschließt, dass die beiden Bundesverteidigungsminister Hemmelgarn und Müller die Bundeswehr fortan im Inneren einsetzen dürfen. Richtig gelesen, die beiden teilen sich das Amt, weil die Globalisten, die Deutschland umkreisen, einen Zweifrontenkrieg planen – jede Front bekommt ihren eigenen Minister.

Hemmelgarn erklärt – entgegen Urbans Auffassung der vollendeten Wende – eine Wende und »innere Front« gegen die ewiggestrigen »Systemlinge« der verrotteten Demokratie, die weiterhin der »links-grün-versifften« Ideologie anhängen. Die Wende müsse bis in die Wohnungen hinein vollendet werden. Nach einem Brandanschlag auf ein ehemaliges Polizeigebäude, ein nagelneues »Ankerzentrum« (AZ) für Deportationswillige, beschließt Hemmelgarn, die Bundeswehr für die Reichsbürgerszene zu öffnen. Gerade Heinrich XIII. Prinz Reuß sei zum ersten Opfer der »volksschädlichen« Blockadehaltung der CDU geworden. Er fiel bei ihr als gemeinsamer Kandidat für die Bundespräsidentenwahl 2029 durch. Der *Welt*-Chefredakteur Martin Schneider feiert Hemmelgarn für seinen Genius einer, wie er schreibt, »Integrationsleistung von Millionen verloren geglaubter Seelen der Reichsbürgerbewegung«, denen Hemmelgarn »den Glauben an die wahre Demokratie« zurückschenke. Der Sänger Xavier Naidoo tritt als Musterrekrut öffentlichkeitswirksam in die Bundeswehr ein. Hemmelgarn vertraut ihm das Musikorchester an, und der Sänger vertritt das Land nun nicht mehr nur beim *Eurovision Song Contest*: Er singt auch bei dem jeweils mittwochs stattfindenden Besuchermagnet der feierlichen Gelöbnisse immer neuer Reichsbürgerrekruten, die auf der Bundestagswiese in Anwesenheit des Bundespräsidenten Theo Müller sowie rechter Infludancer vereidigt werden.

Bier und Milch bezahlen die Deutschen wieder mit der Mark. Der Staat schließt zur Förderung traditioneller Familien die Kitas. Millionen sind ohne Arbeit, vor allem in strukturschwachen Regionen im AfD-Kernland. Die Sozialleistungen und staatlichen Hilfen für Arbeitslose sind ausgesetzt. Gerüchte machen die Runde, die Rente solle für alle mit weniger als zwei Kindern abgeschafft werden.

Die Lage ist kritisch – für die Regierung. Sie setzt deshalb auf die geballte Feuerkraft des Heeres im Inneren. Ein Sündenbock muss her, wie Höcke einst schweren Herzens versprach: »die sogenannte Zivilgesellschaft« werde man »leider trockenlegen müssen«. Es kommt zu Übergriffen auf vermeintliche Ökoaktivisten, Linksradikale und Ausländer. Das Bundesinnenministerium stuft schon drei Tage nach Amtsübernahme 81 Organisationen als terroristische Vereinigungen ein, darunter *Die Grünen* und den *Naturschutzbund Deutschland (Nabu).* Das Wirtschaftsministerium importiert 200 Millionen Messer aus China, die im Rahmen lokaler AfD-Wahlkampfveranstaltungen ausgeteilt werden sollen. Der Volkszorn geht mit allem auf die Menschen los, die ihm fremd aussehen: Macheten, Knüppel, Beile, sogar mit Schaufeln und selbst vernagelten Stöcken.

Die Getroffenen fliehen in Scharen über die grüne Grenze. Der Innenminister erlässt ein Gesetz zum Schutz von »Passdeutschen«.

Die Menschen ohne Ariernachweis werden damit »unter den Schutz« der Regierung gestellt. Die Schutzwilligen werden mit Flixbussen in die Anrainerstaaten der Europäischen Union gekarrt. Was mit Schutzunwilligen geschieht, weiß niemand. Die Wahl von Messern als Schlüsselinstrument der Destruktion erweist sich für die Bundesregierung als ikonografischer Glücksfall. Die Bilder der *New York Times* von im Gesicht mehrfach horizontal mit Messern zerschlitzten und geschändeten deutschen Doppelstaatsbürgern schafft in den westlichen Medien eine ganz eigene Wirklichkeit: Man sieht Deutschland in eine blutige Steinzeit zurückfallen und stellt die internationale Hilfe ein (so trug es sich übrigens in Ruanda zu: Die Regierung importiert Hunderttausende Macheten, um die westliche Welt abzuschrecken).

Die Regierung macht von einem 2019 eingeführten Gesetz rege Gebrauch, nach dem die Staatsbürgerschaft denen aberkannt werden kann, die sich an konkreten Kampfhandlungen und terroristischen Vereinigungen beteiligen. Das Augenmerk liegt auf den »Ökoterroristen« mit doppelter Staatsbürgerschaft, darunter Sympathisanten der ehemaligen Partei *Die Grünen* und ihrer zahllosen Vorfeldorganisationen wie *Fridays for Future*. Das Recht, Einbürgerungen rückgängig zu machen (2009 eingeführt, 2019 auf zehn Jahre erhöht und von der AfD bis zu Merkels Regierungsantritt 2005 ausgeweitet), trifft fünf Millionen »Passdeutsche« – viele von ihnen werden staatenlos. Die Regierung vermarktet sich damit als besonders gesetzestreu.

Um das Chaos im *Herbst* zu bändigen, verhängt die AfD ein vierwöchiges Ausgangsverbot. Die Straßen sind menschenleer. Die Ehrenvorsitzende Weidel verurteilt im *Deutschlandfunk* den Dilettantismus der »Wagenknechtler« beim Unfalltod von Angela Merkel. Sie fordert mehr Überlegtheit beim Schutz der »Demokratie«. Merkels Haus war bei Protesten auf der Museumsinsel in Brand geraten. Der *Deutschland-Kurier* berichtet, Ermittler hätten als Täter »Wagenknechtler« ausgemacht, die sich vor den Reiterstaffeln der Bundeswehr im Hauseingang versteckt und einen Molotow-Cocktail fallen gelassen hätten, der für einen Angriff auf die JA-Zentrale der Humboldt-Universität zu Berlin bestimmt gewesen sei.

Nach zwei Wochen Bundeswehreinsatz im Inneren sind ganze Wohnviertel in Berlin-Neukölln, Dortmund-Nordstadt und Leipzig-Connewitz zerstört. Bundesjustizminister Brandner sieht die Schuld bei der CDU und reicht vor dem Verfassungsgericht in Karlsruhe Verbotsanträge für vier weitere »Altparteien« ein. Die AfD-Zeitungen schwärmen seit Monaten von seiner »Justizreform«, mit der er die Gestaltungsräume der Partei erweitern und allzu linkslastige Verfassungsrichter einem psychologischen Eignungstest unterziehen will. Zur Freude der Propagandisten pflegt der neue Medienliebling auch kuriose Hobbys. Er verfolgt die organisierte Kriminalität der Menschenschlepper auf dem Mittelmeer. Zwei Rädelsführerinnen lässt er per internationalem Haftbefehl suchen und nach Deutschland verschleppen. In Schauprozessen werden Carola Rackete und Pia Klemp der beiden schlimmsten Verbrechen »organisierter Kriminalität seit dem Zweiten Weltkrieg« (so Gesundheitsminister Bystron) angeklagt und rechtskräftig verurteilt. Brandner fordert die Todesstrafe, um Flüchtlingshelfer von derartigen Staatsverbrechen für alle Zeiten abzuschrecken.

Daraufhin kommt es zum bislang größten Achtungserfolg der totgeglaubten Demokratie: In Tausenden Hashtags wird ihr Protest trotz Zensur- und »Sicherungsmaßnahmen« in den sozialen Medien für die Weltöffentlichkeit sichtbar. In Leipzig, München und Würzburg sprühen Unbekannte #FreeCarola und #FreePia an drei Hauswände. Die Anführerin der Protestbewegung, Luisa Neubauer, spricht aus ihrem Exil in Mexiko vom »größten Erfolg« der demokratischen Protestbewegung seit der Machtübergabe.

Der Bundesjustizminister zeigt sich wenig beeindruckt. Er benutzt kein Handy, das ihm den Protest hätte anzeigen können. Sein

Gesetz zur Wiedereinführung der Todesstrafe passiert den Bundestag mit den Stimmen des Oppositionsführers Thorsten Frei, der schon Racketes Freilassung aus der Haft im Jahr 2019 kritisiert hatte und vier Jahre später das Recht auf Asyl ganz abschaffen wollte, um die Verbrechen zu stoppen. Daraufhin werden Rackete und Klemp im Spreebogen vor dem Reichstag ertränkt. Zur Belustigung von Millionen AfD-Wählern überträgt der Fernsehsender NIUS das »Gerechtigkeitsevent«. Das ganze Land schaut gebannt und geeint auf öffentlichen Plätzen beim *public viewing* zu. Die Eisenkäfige versinken quälend langsam im Wasser. Der »schlimmste Fall organisierter Kriminalität seit dem Zweiten Weltkrieg« (Bystron) ist damit endlich gesühnt. Die ehemaligen Beamten des Verfassungsschutzes, die übereifrig mit der Beobachtung rechtsextremer Aktivitäten der AfD betraut waren, werden ebenfalls gehängt und reihenweise in den Selbstmord getrieben.

Störenfriede der »Grundgesetz Ultras«-Bewegung (»GGUltras«) werden im September 2029 von Bundespolizisten an der abgeriegelten Grenze festgesetzt. Jetzt kommt Bystrons Schießtraining aus Südafrika zum Zuge, ein Hobby, das er auch während seiner Jahre im Europaparlament pflegte. Auf dem Marktplatz von Chemnitz veranstaltet die AfD einen »Bürgerdialog«, in dem sie Bystron unter dem Titel »Der Bundesgesundheitsminister kommt« inszeniert. Wie ein König fährt er in einer Limousine, von Reiterstaffeln gesäumt, auf dem Theaterplatz vor. Mit den Worten: »Jetzt sorgen wir für Gesundheit!« schießt er aus 100 Metern Entfernung auf die Verhafteten, darunter die Schriftstellerin Carolin Emcke, der Komiker Florian Köster und die ideologische Rädelsführerin der Grünen, Claudia Roth. In der AfD gibt es Überlegungen, das Format auf Langzeitarbeitslose auszudehnen.

Die Menschenrechtsorganisation *Amnesty International* legt einen Bericht vor, nach dem es unter Münchens Bürgermeister Peter Gebhardt (AfD) an einer 130 Meter langen Wand am Rand der

Großmarkthalle fünf Tage lang zu willkürlichen Erschießungen von vermeintlichen Aufrührern gekommen sei. Akribisch dokumentiert sind frühere Aussagen Gebhardts, wonach die Partei nach der Machtübernahme »längere Wände als 1989 in Rumänien« benötige. Die Welt ist schockiert. Dass die Ankündigungen schon seit den 2010er-Jahren in Deutschland zirkulierten, hat sich niemand vorstellen können. Dem Bericht zufolge soll sich unter den freiwilligen Helfern der Exekutionskommandos ein ehemaliger bayerischer Innenminister und Auschwitz-Glorifizierer befunden haben. Die Schreckenswand war von Gebhardts Vorgänger als »Hall of Fame« für die Graffiti-Szene eingeweiht worden. Sie wird zum internationalen Symbol für die Gräuel des neuen AfD-Staats. Die Menschenrechtsorganisation bewegt 200 Prominente dazu, eine Online-Petition an Bundesinnenminister Oehme zu unterzeichnen, in der er gebeten wird, die Ermittlungen nicht aufzuhalten. Um der Petition Nachdruck zu verleihen, lehnen sich die Prominenten, darunter die politische Sängerin Taylor Swift, stellvertretend für die Opfer selbst an eine Wand und fotografieren sich mit dem Hashtag #RememberHallofShame.

Im *Winter* veröffentlicht Bundesverteidigungsminister Hemmelgarn Woche für Woche Listen der »linksextremen Schlägertrupps der Antifa« im Leuchtturmprojekt der Mediengruppe *Neue Freiheit*, die das ehemalige Redaktionshaus der *Zeit* in Hamburg bezogen hat. Die neue Chefredakteurin Anna Machowecz, unter der das *Zeit*-Nachfolgerprodukt die 2-Millionen-Leser-Marke knackt, lobt ein Preisgeld aus, um im Sinne des Verteidigungsministeriums (beide Bundesminister sitzen im Herausgeberrat der *NF*-Mediengruppe) eine landesweite Fahndung nach ehemals staatsfinanzierten Linksterroristen (»aus dem Demokratieprogramm ›Demokratie leben!‹«) einzuleiten. Die Zeiten, in denen der »politisch-mediale Komplex« und der »staatstreue Journalismus« versucht hatten, »mit Unsummen« die Bevölkerung umzuerziehen – vorbei. Über seinen

Kollegen macht sich derweil halb Deutschland lustig. Bereits zwölf Mal ist er mit seinem Namensvetter, Bundespräsident Müller, nach Washington, Paris und London gereist, um mit den Alliierten einen Friedensvertrag »auf Augenhöhe« zu verhandeln, dessen Entwurf »Müller-Müller« (wie der Volksmund das Gespann nennt) in Moskau entgegengenommen hat. Die Eliteeinheit der Bundeswehr, das KSK, fahndet im Auftrag von Müller-Müller seit Monaten nach dem geheimen Domizil des 74-jährigen Bill Gates, den der Verteidigungsminister wegen seiner Corona-Pandemie als einen weiteren größten »Kriegsverbrecher« seit dem Zweiten Weltkrieg unabgesprochen mit den militärischen Verbündeten jagt. *Vox populi* prägt seither für derlei Eskapaden den Satz »Müller-Müller-oder-was?«. »Müller-Müller« wird zum Jugendwort des Jahres und bedeutet so viel wie: »Das ist ja vollkommen irre.«

• • •

Denken Sie das auch? Glauben Sie, Politik könne nicht aus den privaten Obsessionen spektakulär intelligenzgeminderter Männer bestehen? Dann werfen Sie einen Blick auf die »Sprüche« der führenden Parteikader der NSDAP fünf Jahre vor 1933. Dort wurde gegen »jüdische Marxisten« und den volksfeindlichen Humanismus gewettert. Warum sollten sich 2029 die wortwörtlich zitierten Versprechen der AfD nicht bewahrheiten? Glauben Sie, dass es nicht so kommt? Oder hoffen Sie das?

Versehen mit Macht, wachsen Worte nach *Crowley's Law* zu Taten heran. Meine Akteure sitzen oder saßen im Bundestag. Was denken Sie, wo die hinwollen? Denken Sie, die wollen ewig rechts in der Ecke sitzen bleiben, bis das Pflegepersonal sie mit der Zwangsjacke abholt? Hoffen Sie, dass sie sich an der Macht verparlamentarisieren? Oder dass »Bundestagsabgeordneter« Brandner sich insgeheim Gedanken über eine positiv konstruktive Tourismuswende macht?

Dass Bystron an seinem Schreibtisch an einer Erklärung der Menschenrechte für Sozialhilfeempfänger sitzt? Dass Frohnmaier sich in der sitzungsfreien Zeit den Kopf über die Bildungspolitik zerbricht?

Diese Hoffnungen wären abwegiger als die politischen Pläne der AfD! Die Politiker reden nicht von der Auslöschung der »Alteliten« und denken im Stillen über Pläne für den verbesserten Naturschutz nach. Das anzunehmen wäre noch irrer als die »Bundestagsabgeordneten«. Im Verborgenen handelt Bystrons Mitarbeiterin in den Bundestagsbüros mit Waffen.

Diese »Bundestagsabgeordneten« sagen schon ziemlich akkurat, was sie den lieben langen Tag bewegt. Sie meinen, was sie sagen. Sie wollen, was sie verkünden. Sie befinden sich auf dem Marsch durch die Institutionen. Auf diesem Marsch müssen sie gegen Stahl laufen. Denn wenn der Staat die AfD auch nur einen Tag an die Macht lässt, *dann ist es vorbei.* Wir mögen davor zurückscheuen, ein wirksames Mittel gegen die Volksverführer einzusetzen. Wenn sie an der Macht sind, erleidet die Demokratie einen Herzstillstand. Nicht nach der Art eines Infarkts, den wir dann (wie die USA den Sturm aufs Kapitol) auskurieren könnten, sondern in der Gestalt des schlagartigen Herztodes. In der AfD sind keine Trumpisten oder »Rechtspopulisten«. Sie sind vulgärer, ordinärer und in gewisser Weise dümmer. Der Umsturz wird abrupt kommen – ohne die Chance, ihn zu stoppen oder irgendetwas zurückzudrehen. Die Ayatollahs beherrschen den Iran seit fünf Jahrzehnten und geben den Staat nicht mehr her.

Die AfD kann sich vorstellen, mit Brandner und Bystron zu regieren. Gut sogar. Deshalb ist der eine auch »Parlamentarischer Geschäftsführer« und der andere der Zweitplatzierte ihres Europawahlkampfs. Bei der Machtübergabe wechseln diese Politiker die Seiten, schlüpfen in Maßanzüge von »Bundesministern« und spielen Bundesregierung. Es käme noch wilder. Die »Bundestagsabgeordnete«, die seit zwei Jahren wegen Terrorismus im Gefängnis sitzt, war in ihrem früheren Leben Richterin. Sie und ihren Kollegen, »Bundestagsabgeordneter« Maier, der nach dem Willen des Bundesgerichtshofs nie wieder als Richter arbeiten darf, würde die AfD in Richterroben stecken und ans Verfassungsgericht nach Karlsruhe beordern. Wachen Sie auf! Für die Partei sind das nicht nur ehrenwerte »Bundestagsabgeordnete«, sondern veritable Verfassungsrichter.

Was die Sturmtruppler sagen, sind keine Entgleisungen. Was sie tun, Rechtsextreme als »Gäste« in den Bundestag holen, keine Fehltritte. Sie wollen, was sie sagen. Sie meinen, was sie tun. Sie bereiten den Umsturz schon vor. Die Terrorgruppe der »Bundestagsabgeordneten« Malsack-Winkemann hat dazu schon 1200 Waffen zusammengesammelt. Sie würden tun, was sie ankündigen. Niemand wird kommen, um Sie aus der Gefahrenzone zu holen. Der Kanzler schweigt. Er blockiert politisch und juristisch aus vollem Herzen ein Verbot des Treibens. Er ist geheimdienstlich genauestens im Bilde, was die AfD treibt. Die Damen und Herren Abgeordneten müssen nur auf den Stühlen sitzen bleiben und ihre Müllermilch trinken.

Eine andere »Mannschaft«, darüber sollten wir uns im Klaren sein, hat die AfD nicht. Sie wird keine klugen, distinguierten Bildungsbürger aus dem Hut zaubern, die wir als Regierungsmannschaft akzeptieren könnten. Sie hat aber einen noch katastrophaleren Vollstrecker für ihre Demokratievorstellungen. Wann zählen wir eins und eins zusammen? Die AfD meint die Figuren ernst, die sie aufs Schachbrett abstellt. Mit denen will sie Regierung spielen.

Oft heißt es, mit der AfD würden wir in einer Welt landen, »die wir uns heute noch gar nicht vorstellen können«. Wirklich? Wir müssen es uns vor-stellen. Wir haben die Pflicht, uns Brandner als »Bundesjustizminister« vorzustellen. Welchen Schaden kann er anrichten? Wer in der Partei verteidigt da eigentlich die Rechte und Würde des politischen Gegners? Wer sollte das denn im Justizministerium tun?

Wir müssen neu justieren, wie wir die Partei betrachten. Sie mag wie ein Aufmarsch von Nullen aussehen, kleine Männer, die sich nur in der Gruppe groß und wohl fühlen. Aber was hält sie davon ab, Polen anzugreifen und die Ostgebiete heimzuholen? Wo sie schon so viel von Männlichkeit sprechen. Wie steht sie zur atomaren Aufrüstung ihres wiedererstarkten Deutschlands? In diesem Punkt gibt es bereits schlechte Neuigkeiten: »In diesem Sinne befürworten wir auch ... ein Bekenntnis zu deutschen Militärtraditionen. Zu diesem Zweck ist auch eine atomare Bewaffnung Deutschlands ins Auge zu fassen.« So steht es im Programm ihres Sturmverbands »JA«, die die AfD in ihrer »Bundessatzung« wiederum als ihren »Innovationsmotor« bezeichnet. Unter Innovationen habe ich bislang das Falsche verstanden.

Manche meinen, wenn die AfD sich durchsetzen wollte, müssten schon Klügere kommen. Sie lachen sich tot über Höckes Vasallen in Berlin, den Bierbauchredner Brandner und verschlagene, nach Gewalt lechzende »Bundestagsabgeordnete« wie Pohl. Sie halten sie nicht für satisfaktionsfähig. Nullen. Aber genau damit täuscht die AfD: Je primitiver, je lächerlicher, je dümmer und ordinärer ihre Abgeordneten wirken, desto weniger gelingt es der Öffentlichkeit, die AfD überhaupt ernst zu nehmen. Dieser Fehler wird sich rächen. Nicht ernst genommen zu werden, ist extrem nützlich für die AfD. Sie wäre sonst längst verboten.

Wir müssen uns von der Vorstellung verabschieden, dass wir noch lange Zeit haben, so lange, bis ein kluger Kopf aus der Dunkelheit tritt, die AfD neu aufstellt und an die Macht führen will. Wir sollten damit rechnen, dass es diese Primitivität und Vulgarität im XXL-Format ist, die uns tatsächlich regieren will. Erst wenn wir das sehen, verstehen wir, wie sich die Zeitgenossen 1932 beim Anblick des dicken Goering gefühlt haben. Reichstagspräsident? Die meisten glaubten an einen schlechten Scherz. Sie ignorierten den Bierbauch-Pöbler einfach. Was hatte Goering, der unter Hitler ab 1936 »Wirtschaftsminister« spielte, denn mit Wirtschaft zu schaffen? Hitler wurde als »Bierstubenagitator« verspottet. Niemand hielt es für denkbar, dass diese Null, dieser Mensch »von der Stange«, wie ein

Intellektueller ihn verspottete, der ganzen Welt ernsthaft gefährlich werden könnte.

Bildungshochmut. Als Hitler zum Kanzler ernannt wird, glauben die meisten immer noch an einen Scherz: Wer hat diese ordinäre Person an die Macht gelassen? Selbst Juden sind nicht sonderlich beunruhigt über den »unbekannten Soldaten«: »Sie machten sich vor, ein ›Minister Jacobin‹ sei kein Jakobiner mehr, ein Kanzler des deutschen Reiches werde die Vulgaritäten eines antisemitischen Agitators selbstverständlich abtun.« Das schreibt der Schriftsteller Stefan Zweig über die *Welt von Gestern*. Er fragt: »Und schließlich, was konnte er Gewalttätiges durchsetzen in einem Staate, wo das Recht fest verankert war?« Mit einem Schlag verschwand das Parlament im Reichstagsbrand: »... mit einem Hieb war alles Recht in Deutschland zerschlagen.«

Primitivität und menschliche Schlichtheit sind Markenzeichen des Faschismus. Seine Denkfehler, seine geistigen Defizite, seine Abwesenheit von Schamgefühl oder jeder Form von Selbstachtung (die darin bestünde, die eigene Widersprüchlichkeit wahrzunehmen) – das badet das Land aus. Wir alle. Nicht die AfD. Nicht die NSDAP. Der Faschismus badet gar nichts aus. Kein Fehler ist zu gravierend, keine Dummheit zu groß, keine Rohheit zu barbarisch.

Wenn wir mit Irrsinn konfrontiert werden, sind wir stets geneigt, ihn nicht ernst zu nehmen. Bei der AfD handelt es sich um einen ganzen Vulkan, der Dummheit, Vulgarismus und Verblödung aus sich herausspuckt. Aber das tut ihr doch keinen Abbruch. Diese eigentümliche Melange aus Primitivität und fehlender charakterlicher Reife ist es, die in einer Frankenstein-Koalition von AfD und CDU die Gelegenheit erhielte, die Regierungsgeschäfte zu übernehmen. Wie die Schlüsselübergabe ablaufen wird, das habe ich ausführlich im zweiten Kapitel des Buchs *Schluss mit der Geduld* geschildert.

Manche sehen sogar ein politisches Vakuum in die AfD hinein.

Sie halten das für eine gute Idee, die Partei nach ihren Vorstellungen zu Rentenpolitik, Bundeswehrreform oder klimaneutraler Energieversorgung zu fragen. *Sie wollen sie einfach nicht ernst nehmen.* Sie wollen nicht wahrhaben, dass die AfD zu all diesen Themen längst glasklare Vorstellungen hat. Die inhaltliche Leere – sie ist eine Halluzination.

Es kommt ungemein darauf an, die AfD jetzt ernst zu nehmen. Was sie sagt, als das zu nehmen, was sie will: Ihre politischen Vorstellungen sind dumm *und* gefährlich. Da gibt es keinen Widerspruch. Die bildungsbürgerliche Erwartung, die Gefahr habe klug zu sein, war schon 1933 Nonsens. Es mag uns schwerfallen, etwas wirklich Kluges über etwas derart Primitives zu schreiben oder zu denken. Genau deshalb haben sich die Intellektuellen in den 1920er-Jahren nie ernsthaft mit der NSDAP befasst. Sie haben die Gefahr verkannt. Tucholsky hält noch 1932 den Faschismus für ein abgestandenes »Lagerbräu«. Ein Blinder! Ossietzky ist der Sehende, Tucholsky – ist blind.

Zeitgeschichtlich sind wir mitten in einer Phase der Aushärtung. Wie viel Apokalypse könnte das Verbot ersparen? Oder wird es gut ausgehen? Ist es nicht immer gut ausgegangen? Außer am 24.2.2022? Oder am 8.11.2016? Oder am 30.1.1933? Auf seiner letzten Irrfahrt kostete der deutsche Rechtsextremismus 70 Millionen Menschen das Leben. Dass der Bundeskanzler heute die Gefahr ignoriert, liegt nicht an seinem Mangel an Fantasie. Er nimmt die Bierbauchredner schlicht nicht ernst. Er redet sie als »Schlechte-Laune-Partei« klein. Selbst, als die Partei in der Stadt, in der er wohnt, Deportationen plant.

Vielleicht sinkt jetzt wieder die Sonne eines funktionierenden Rechtsstaats, der bahnbrechenden Wissenschaften und der unabhängigen, machtkritischen Presse – und wir haben nur noch nicht verstanden, dass es dunkel wird? Niemand weiß, ob es gut ausgehen wird, dass wir eine wählbare »Alternative« zum Grundgesetz haben.

Was ich weiß: Es wird nicht gut ausgehen, wenn wir die AfD nicht ernst nehmen und uns von ihrer verblödeten Oberfläche angewidert abdrehen. Die AfD mag ekelhaft, unterirdisch, morbide und proletenhaft sein. Dieser Eindruck darf nicht dazu führen, dass Sie die AfD weniger ernst nehmen. Genau darin besteht ihre täuschende Suggestivkraft.

Tun. Sie. Das. Nicht. Nehmen Sie *diese* vulgären Dilettanten ernst.

Als die NSDAP Anfang der 1930er-Jahre politisch relevant zu werden begann, rechneten sich viele kluge Konservative eine führende Rolle im NS-Staat aus. Manche der national-sozialen Konservativen, die die Weimarer Demokratie so vehement ablehnten, waren sich sicher, von der NSDAP die Macht als wahrhaft Berufene angetragen zu bekommen. Wer sollte für die NSDAP in einem Kabinett auch regieren? Der brotlose Maler aus dem Obdachlosenasyl? Sie malten sich aus, wie Hitler von den Regierungsgeschäften vollkommen überfordert wäre. Angesichts der Umfrageergebnisse für die NSDAP fragten sie sich: »Hineinspringen oder draußen bleiben?« Sie sahen ihre Felle davonschwimmen (und nannten sie Bälle): »Wir sehen, wie unsere Ideen, unsere Argumente und unsere Forderungen unseren Händen entrissen werden und wie sie bereits als Bälle in der politischen Arena hin- und hergeworfen werden.«

Die jungen Intellektuellen, die diesen Selbsttäuschungen erlagen, versammelten sich im Umfeld einer Monatszeitschrift namens *Die Tat*. Dem engsten *Tat*-Kreis gehörte auch Wilhelm Eschmann an, der das beklagte. Er macht später dem Chronisten der Weimarer Republik Kurt Sontheimer ein bemerkenswertes Eingeständnis: »Wir haben den Nationalsozialismus völlig falsch eingeschätzt. Wir wussten nichts von der tatsächlichen Macht dieser Bewegung. Wir hielten diese Leute für nicht intelligent genug und glaubten, dass es auf Intelligenz ankäme in der Politik.«

Das ist vielleicht die wichtigste Lektion. Dem Nationalsozialismus kam es nicht auf Intelligenz an. Genauso wenig braucht jemand anständig oder gebildet zu sein, um Bundestagsabgeordneter oder Minister zu spielen. Sie können in den Laden als vulgärer Schreihals einbrechen und damit einen Sturm der Begeisterung ernten. Es kommt der AfD nicht auf Intelligenz an. Niemand wird mit den AfD-Ministern vor dem Amtseid einen Intelligenztest machen. Gewiss, das wäre für unser Wohlergehen das Allervernünftigste, aber das gibt es nicht. Nichts und niemand wird uns vor diesen Verbrechern schützen. Das müssen wir selbst erledigen. Jetzt!

Wer nicht an die Furchtbarkeit eines »Parlamentarischen Geschäftsführers« glaubt, ihn wegen seines Bierbauchs vielleicht sogar verspottet oder ignoriert, begeht einen viel schrecklicheren Irrtum. Brandner und Bystron werden sich auf den Ministerplätzen kringeln. Und sie werden sich dafür rächen, so lange von niemandem ernst genommen worden zu sein.

4

Der Glutkern: Was ist die AfD?

Darf man eine Organisation mit mehr als 8000 Rechtsextremisten »Partei« nennen? Tarnt sie der Begriff nicht? Täuscht er nicht vor, dass mit der AfD alles ganz »normal« und demokratisch ist? Aber wenn sie keine Partei ist, was ist sie dann? Eine Hassgemeinschaft? Eine Angstmaschinerie? Eine Wut- und Bluthochdruckbande? Sie kennt mehrere Aggregatszustände und wird deshalb auf vielen Ebenen beschrieben: als Partei, als rechtsextreme Organisation, nicht zuletzt *als menschenfeindliche Bewegung*. Die Sprachlenkungen der AfD haben zum Ziel, sich als »Protestpartei« zu verharmlosen (obwohl sie aus öffentlichen Geldern und von Steuermillionären finanziert wird). Schon die NSDAP inszenierte sich so. Dennoch sehen wir sie heute anders.

Schenkt man der Literatur über die Vorgänge im Parteiinnern Glauben, ist die AfD das reinste Pulverfass. Dann herrscht da noch immer Naturzustand – Hobbes' Bürgerkrieg: Alle gegen alle! Berichtet wird von hemmungslos entfesselten Schlachten, einem Hexenkessel aus gnadenlosen Kämpfen, Intrigen, Angriffen und Gegenattacken, Geheimnisverrat, Verleumdung, Neid, Rache und Missgunst. Insider wie Franziska Schreiber, die vier Jahre in der Partei (zwischenzeitlich sogar als »Bundesvorstand«) zugebracht hat, stellen fest: »Es wird gehetzt und gehasst, gemobbt und geschossen, verraten und verpfiffen.«

Der Propaganda gelingt es, sich als führungslos, zerstritten und gelähmt herumtaumelnd zu präsentieren. Niemals vom Propagandabrot der AfD essen! Gauland verniedlicht den inneren Krieg als Fermentierungsprozess eines »gärigen Haufens«. Selbst wenn es so wäre, brauchen demokratische Regierungen ein Mindestmaß an Selbstkontrolle. Wenn der »Haufen« nicht kontrolliert werden kann, weshalb denkt irgendwer, dass er sich in der Regierung plötzlich zügeln würde? Womit? Mit dem deutschen Grundgesetz? Wovon? Von den Zeugen Jehovas? Warum meinen wir, dass die AfD, die nicht einmal die Würde der Holocaust-Opfer als letzte Grenze respektiert, ausgerechnet an der Regierung zivilisatorische Mindeststandards entwickeln und sich beim Gebrauch von Militär und Polizei disziplinieren könnte?

Die Tumulte mögen für die Vorsitzenden kräfteraubend sein und Zeit fressen. Aber sie entfesseln auch Leidenschaft. Der stellvertretende »Landesvorsitzende« Tillschneider schwört seinen »Vorsitzenden« Rache, als die einen Parteitag abbrechen (weil die Mitglieder sonst den Antrag angenommen hätten, Deutschland müsse aus der Europäischen Union austreten); sie hätten einen »Krieg gegen die eigene Partei« angezettelt. – Krieg. Das Schlachtfeld im Inneren stiftet Identität. Es habitualisiert die Teilnehmer an Krieg und Gewalt. Der Bürgerkrieg, der im Parteikern vorherrscht, sozialisiert die Anhänger mit den zerstörerischen Zentrifugalkräften, die sie so erfolgreich nach außen richten – gegen Gesellschaft, Politik und Verfassung.

Wen interessieren im Nachhinein die Kämpfe des Strasser-Flügels in der NSDAP? Wer glaubt, in der NSDAP hätten sich die radikalsten Kräfte durchgesetzt, den wird interessieren, dass die Münchner SA 1927 gegen die ihrer Meinung nach viel zu gemäßigte Parteiführung unter einem gewissen Adolf Hitler rebelliert. Im April 1931 besetzen sogar 500 SA-Männer die Redaktionsräume der NSDAP-Parteizeitung *Der Angriff*. Sie erklären den gemäßigten Hitler für abgesetzt.

Der politische Journalismus ist anfällig für Revolvergeschichten aus der AfD, weil er Konflikte gern personalisiert. Man giert nach Streitigkeiten. Alle Abgesänge der vergangenen Jahre aufgrund dieser inneren Zerstrittenheit haben sich als verfrüht herausgestellt. Ich möchte mir nicht ausmalen, wie der Recherecheverbund aus »NDR, WDR und Süddeutscher Zeitung« 1932 die Flügelkämpfe zwischen Gemäßigten und Radikalen in der NSDAP weiterverbreitet und dabei permanent das Propagandabrot abgeknabbert hätte. Was hätten die Verwerfungen zwischen Gregor Strasser und dem vegetarischen Fleischesser nicht an exklusiven Aufmachergeschichten hergegeben? Führende Regierungspolitiker schwärmten von Strasser als fähigster und vertrauenswürdiger Person in der NSDAP. Solche Geschichten hätten vom Wesentlichen abgelenkt. Die NSDAP war als Ganzes wahnwitzig und gefährlich!

Mit der Darstellung ihrer inneren Zerstrittenheit, ihrer Explosionen, Machtkämpfe und Intrigen lädt die Partei dazu ein, die eigentliche Gefahr zu übersehen, die von ihr ausgeht. Mit der Partei selbst wurde instrumentell ein lebensfeindlicher Raum geschaffen, in dem die Gewalt straffrei bleibt und die Mitglieder mit der Temperatur des Faschismus gehörig vorgewärmt werden. Mag sein, dass sie die Bissspuren der Attacken fürs Leben prägen. Es ist wie im Hundezwinger – der Stärkste beißt sich durch. Lagerkämpfe, Herabwürdigung und Erniedrigung des eigenen Personals dienen aber der Sache. Sie entfesseln das, womit die Partei so überaus erfolgreich das Land dominiert, deformiert und terrorisiert. Mit dem *Surplus* an psychischer und physischer Gewalt wird eine energetische Superwaffe perpetuiert, die auch gegen Staat, Demokratie und Gesellschaft zum Einsatz kommen soll.

Die AfD erklärt die bürgerkriegsähnlichen Zustände innerhalb des Parteikörpers mit zwei Märchen. *Erstens:* Die eigene Mitgliederschaft sei obrigkeitskritisch. Die Freigeister und Querdenker, die wahren Demokraten, seien nicht zu bändigen. Dieses Märchen geht auf die dünne Ideologie der internationalen Rechten zurück: Volk *gegen* Elite. Als eifrige Schülerin der internationalen Rechten plappert die AfD diese antielitäre Denkschablone zwar auch nach und kündigt an, die Eliten aufs Schafott zu schicken. Aber ihre Mitglieder sind nicht grundsätzlich gegen Parteiestablishment. Sie lehnen nicht grundsätzlich gefestigte Machtstrukturen ab. Was sie ablehnen, ist jeder *nichtrechtsextreme* Kurs. Den Verfassungsfeinden folgen und vertrauen sie blind. Der Partei gelingt es wieder und wieder, das Schauerstück eines *völlig rechtsfreien Raums* in ihrem Innern als antielitäre Tendenz gegen das Establishment zu verkaufen. Aber wenn der Richtige auftritt, gärt sich der braune Haufen mausgrau. Dann verwandelt sich der Freigeist in hündische Gefolgschaft.

Wenn man die AfD überhaupt als »Partei« bezeichnen will, dann als Bürgerkriegsparteiapparat. Ihr Phänotyp hat mehr gemein mit dem Warlord aus einem Kriegsgebiet als mit einer demokratischen Partei. Was würden Freischärler, zumal mental konstant im Ausnahme- und Naturzustand, im Verkehrsministerium anstellen? Im Vorfeld ständig von Krieg reden, um sich dann um die Verkehrsspuren der Lastenfahrräder zu kümmern? Lächerlich. Dafür wurden die Abgeordneten doch nicht aufeinandergehetzt!

Es gibt eine *zweite* Fama, mit der die AfD die Öffentlichkeit an der Nase herumführt. Es ist die bereits beschriebene Mär des Lagerkampfs zwischen »Gemäßigten« und Radikalen, zwischen den Guten und den bösen Faschisten. Die AfD ist ein Arbeitgeber und Geldverteiler. Viele leben von ihr. Der völlig rechtsfreie Raum im Inneren bedroht die Kaste der Berufspolitiker. Ihnen wird vorgeworfen, die Partei als Beutegemeinschaft zu missbrauchen. Einer der Geldgeber erklärt das in einer SMS an die verstorbene »Bundestagsabgeordnete« Miazga so: »Die AfD ist keine Partei, mehr eine Versorgungschance für gescheiterte Existenzen.«

Die Berufspolitiker fürchten wegen der erbarmungslosen Konflikte den Niedergang der Partei. Sie beschimpfen die Führungslosigkeit des Parteivorstands als »Schlafwagenvorstand«. Im Mai 2019 spottet einer der Parlamentarier: »Und der Chaosladen will Deutschland retten?« Andere denken noch weiter und fürchten ihre Brandmarkung: »Wir stehen in vorderster Front, und wir haben das Mandat für diese Chaos-Partei im Lebenslauf stehen.« Für viele gibt es keine Alternative zur Alternative.

Die Führungs- und Richtungslosigkeit der AfD quält die Mandatsträger. Stellenweise lesen sich deren interne Nachrichten, als wüssten sie selbst nicht, wer sie sind und wofür sie stehen. Die verräterischste davon: »Wollen wir eine National-sozialistische oder eine freiheitlich-konservative Partei sein?«, fragt einer der Abgeordneten in den WhatsApp-Kanal andere »Bundestagsabgeordnete«. Er meint das nicht ironisch. Das ist ehrlich. Ihn quält, dass von oben keine Vorgabe kommt. Er will endlich eine Richtung. Ob diese in Nationalsozialismus oder Konservatismus besteht – ihm doch egal: »Auf so einer Grundlage können wir alle Entscheidungen fällen. Es macht keinen Sinn, sich bei jedem Thema immer wieder die Köpfe einzuschlagen, nur weil Grundsätzliches sechs Jahre nach der Gründung immer noch nicht entschieden ist.«

Eine »National-sozialistische« Partei zu sein, ist für ein Mitglied des ehrwürdigen Bundestags eine mögliche Option. Der Nationalsozialismus ist für ihn eine Denkschule wie – sagen wir – der Keynesianismus. Man sollte zwar meinen, die Wahl zwischen Konservatismus und Nationalsozialismus könnte einem Abgeordneten nicht sonderlich schwerfallen, hat doch die letzte nationalsozialistische Partei zum Ende jeder Fortschrittserzählung der Menschheit geführt. Aber diese *Bundestagsabgeordnetenhülle* sitzt in der Warteschleife, und in der Führungsebene geht keiner ans Telefon. Woher soll er wissen, was gespielt wird? Liberalismus, Konservatismus, Faschismus, Hedonismus?

Diese Kurznachricht ist beredter als vieles, was es sonst von der AfD gibt. Aus ihr spricht die ganze Ratlosigkeit eines Funktionärs, der zu allem bereit ist, aber genervt von der Führungs- und Richtungslosigkeit, von der Stille weiter oben. Er kämpft nicht für eine »freiheitlich-konservative Partei«. Inhalte sind ihm doch egal. In ihrer ganzen Aufrichtigkeit ist diese Nachricht ein erschütterndes Dokument.

Will die AfD eine nationalsozialistische oder konservative Partei sein? Der »gemäßigte« Abgeordnete hat dazu keine Meinung. Er stellt sich zur Verfügung – als weiße Litfaßsäule. Da kann alles drauf, auch das Hakenkreuz in Überlebensgröße. Was ihn besorgt, ist die Leere. Es ist dieser Mix aus Servilität und Eigenschaftslosigkeit, die viele »Bundestagsabgeordnete« auszeichnet. Im Kern verursacht das den Riss, der quer durch die Partei läuft. Zwischen denen, die alles mitmachen, und denen, die sich innerlich bekennen. Die einen gebrauchen sie als Beutegemeinschaft. Den anderen geht es um die Sache. Deshalb geht es in der Partei zur Sache.

• • •

Das Szenario von Deutschlands 2029 war von vier »Abgeordneten« geprägt, ausersehen als Kabinettsmitglieder nach dem Zufallsprinzip. Sie sind beliebig austauschbar. Selbst die Vorsitzenden Chrupalla und Deiwel reden in den immer gleichen rechtsextremen und reichsbürgerlichen Codewörtern. Wie Maschinen, die nichts Eigenes zu sagen haben. Als wären sie einer Gehirnwäsche unterzogen worden. Für eine Partei, die sich etwas auf ihre Denk- und Meinungsfreiheit einbildet, ist das Quellenmaterial ein bemerkenswerter geistiger Einheitsbrei.

Die AfD sieht diesen verbalen Radikalismus als Widerstand, ihren Rechtsextremismus biegt sie zum Protest gegen die staatliche (und gesellschaftliche) Zensur um. Dass Nazis nicht sagen dürfen, was sie denken, gilt der Partei schon als Beweis für die BRD-Diktatur. Gleichzeitig freut sich der Kubitschek-Jünger Martin Semlitsch:

»Wenn du rechts bist – das Geile daran ist: Du darfst alles.« Er gibt an, sich in dieser wiedergewonnenen Denkfreiheit sogar »wie ein König« zu fühlen. – Der AfD gelingt das Kunststück, bürgerliche Freiheiten für Bürgerfeindliches zu missbrauchen und das als Beitrag zur Redefreiheit zu feiern.

Aber die Partei ist keineswegs der Hort der Meinungsfreiheit, für den sie sich bejubelt – in der noch frei (rechtsextrem) gedacht und gesprochen werden darf. Denk- und Redeverbote, ja Tabus und Zensurmaßnahmen sind weit verbreitet. Wer anders denkt, wird niedergebrüllt, bedroht und zum Schweigen gebracht. Statt den »Mut zur Wahrheit« zu leben, werden Andersdenkende eingeschüchtert und in die Enge getrieben. Die AfD-Aussteigerin Franziska Schreiber befürchtet gar, »geschlachtet« zu werden. Parteimitglieder erteilen ihr den Ratschlag, gut auf sich aufzupassen. Sie rufen bei Arbeitgebern an und streuen Falschinformationen. Die gewaltbereite SA, von der AfD liebevoll »JA« genannt, stattet Andersdenkenden schon mal Hausbesuche ab: »Sie gehen an die Existenz ran, wenn sie jemanden nicht überzeugen können, der nicht auf Höckes Linie liegt«, berichtet ein Aussteiger.

Viele bringen die Angst- und Schreckenskultur der parteiinternen JA-Strukturen mit den ostdeutschen Landesverbänden in Verbindung. Aber eine unserer Informantinnen, die 2022 aus der Partei ausstieg, berichtet von einer Möchtegern-Gestapo innerhalb der AfD, die jeden, der etwas werden will, »durchleuchtet und unter Druck« setzt. Die JA wende »Nazimethoden« an und würde die Drecksarbeit machen, sie »werden dann belohnt mit Jobs im Landtag, wenn Sie durch die Flure des Landtags in NRW gehen, dann werden Ihnen nur JA-Leute begegnen«.

In Bayern, das ebenfalls weit jenseits ostdeutscher JA-Strukturen liegt, stürmt ein Überfallkommando in Unterfranken ein Kreisverbandsbüro, um einen Landtagskandidaten zu installieren – den »Landtagsabgeordneten« Halemba. »Herrenmenschenähnlich« sei die JA eingefallen und habe den Anwesenden vermittelt, dass sie »hier nichts mehr zu sagen« haben. Niemand im Verband hatte die SA-Leute je zuvor gesehen. Ihre Namen waren über Nacht auf einer Liste mit Stimmberechtigten erschienen, zu der nur Kreisverband und Bundesvorstand Zugang hatten.

Manche meinen, nur die Linken würden jedes Haar in der Suppe suchen. Wer dort vergesse, die eigene Hundertprozentigkeit mit Signalwörtern und Gendersternen zu beglaubigen, werde an den Pranger gestellt. Die kleinste Formulierung könne zu lebenslanger Ächtung führen. Interessant ist, dass in der AfD ein noch viel drastischerer, enger *code of conduct* regiert, der dem Einzelnen gar keinen Spielraum lässt. Wer gewählt werden will, *muss* zwingend den Jargon aus »Bevölkerungsaustausch«, »ethnokultureller Identität« und »Ökosozialismus« sprechen – und zwar fließend. Oder gleich SA-Parolen plakatieren. Wer sich einen Namen machen will, muss sich als »Aufrechter« mit verfassungsfeindlichen Codes bewähren. Das erschwert zwar nicht die Arbeit des Inlandsgeheimdienstes. Aber die braun gefärbte Rhetorik qualifiziert für Ämter. Schreiber bringt das so auf den Punkt: »Die Basis schätzt die derbe Rede, weil sie als Beweis gilt, dass sich der Funktionär nicht hat ›verbiegen‹ lassen und ›der Sache treu geblieben‹ ist.«

Wie jede religiöse Bewegung presst die AfD ihren Abgeordneten ein persönliches Bekenntnis ab. Alle fundamentalistischen Gruppen erwarten von ihren Mitgliedern ein tief in der Seele gefühltes Bekenntnis zum eigenen Glauben. Genauso wie der totalitäre Staat erwartet die AfD von jedem einzelnen ihrer Soldaten, den Krieg tiefer zu empfinden, in dem er steht, und zwar nicht als Unglück, das über ihn kam, sondern als Notwendigkeit gegen ein Regime, das die eigene Bevölkerung verraten und genetisch durchmischt hat. Alle totalitären Staaten erwarten von ihren Untertanen, dass sie den Hass (auf das Jüdische, das Ukrainische, das Bosnische) empfinden, den die Propagandisten proliferieren. Oder wie der Reichsleiter Robert Ley Anfang Mai 1933 seine hehren Ziele schilderte: »Gewiß, wir haben die Macht, aber wir haben noch nicht das ganze Volk, dich Arbeiter, haben wir noch nicht hundertprozentig, und gerade dich wollen wir, wir lassen dich nicht, bis du in aufrichtiger Erkenntnis restlos zu uns stehst.«

In der AfD dreht sich viel darum, diese Hundertprozentigkeit zur Schau zu stellen. Dann kreischt die Sekte: »Das ist einer von uns!« Als der »Bundestagsabgeordnete« Bystron wegen des Verbotsdrucks *pro forma* vom »Bundesvorstand« für seine Extremistenkontakte gerügt wird, wedelt er damit wie mit einem Diplom vor der Basis herum: »Meine Damen und Herren, Sie wissen es wahrscheinlich. Ich habe eine Rüge bekommen, weil ich mich für Jugendliche ausgesprochen habe, denen die Heimat am Herzen liegt.« Die Menge johlt. Sie versteht. Meute versteht alles.

Aus dieser Sollbruchstelle, sich zum AfD-Glauben bekennen zu müssen, ist fast das gesamte Beweismaterial ausgelaufen, das gegen die Partei vorliegt. In der AfD herrscht Bekenntniszwang. Allein deshalb gibt es derart viele Zeugnisse für ihren rassistischen und nationalsozialistischen Fundamentalismus. Einerseits erschwert das die Unterscheidung zwischen echten und kostümierten Faschisten. Selbst Eingeweihten fällt es nicht leicht zu unterscheiden, ob auf einer Parteiveranstaltung »die Halben« Faschistenfasching feiern oder schon der echte Aufstand ausgerufen wird. Aber es erleichtert das Verbot umso mehr. Für das Verbot der Partei ist völlig unerheblich, ob der Faschismus authentisch ist oder nicht.

Konrad Heiden, der den Aufstieg des Nationalsozialismus aus nächster Nähe miterlebt, berichtet, wie Menschen nicht wegen der überzeugenden Argumente zur NSDAP laufen. Sie hätten »anderswo genug Reden gehört«. Sie brauchen ihn – so Heiden wörtlich – als »innere Transpiration«. Als Gefühl, Teil einer »zusammengeschweißten Willensgemeinschaft, Glaubensgemeinschaft und nötigenfalls Tatgemeinschaft« zu sein. In den Sälen, die Hitler füllte, hätten keine Zuhörer gesessen, sondern »nur noch Mitwirkende«.

Goebbels dokumentiert das Problem, sich im Parlament anzupassen und zu verfetten, statt »der Sache« zu dienen, mit einem schönen Wort: »Wir werden auch in den Parlamenten verparlamentarisieren? So sehen wir aus! Haltet ihr uns für so miserable Revolutionäre, dass ihr fürchtet, wir würden vor einem dicken, roten Teppich und einer wohltemperierten Schlafhalle unsere geschichtliche Mission vergessen?« Für Goebbels lauert im Parlament schließlich der ideologische Tod: »Wer ins Parlament geht, kommt darin um! Jawohl.« Goebbels setzt dagegen die eigene Unbedingtheit, den »zähen und verbissenen Willen, auch hier seinen bedingungslosen Kampf … mit der ihm angeborenen Rücksichtslosigkeit fortzuführen«.

In der AfD geraten die Berufspolitiker genauso in den Verdacht, es sich in der »wohltemperierten Schlafhalle« bequem zu machen. Die innerparteilichen Schaukämpfe sind kein Konflikt zwischen Konservativen und Rechtsextremen, sondern Macht- und Gesinnungskämpfe und zwar *unter* Rechtsextremen. Die WhatsApp-Chatgruppe, in der die noch extremeren Parteimitglieder sich austauschen, heißt lange Jahre »Der Garten« – nach dem Sprichwort: »Nur die Harten kommen in den Garten.« Die gärtnerische Schicksalsgemeinschaft reißt das halbherzige Unkraut mit Stumpf und Stiel aus, was natürlich auch die verparlamentarisierte Führung trifft. Vier Parteivorsitzende, darunter zwei der Gründer, gelangten nicht in den Strebergarten.

• • •

Der Tanz der Parteivorderen auf ihrem Vulkan sollte niemanden blenden. Eine straff geführte, hoch disziplinierte Truppe, eine Schattenarmee, hält dahinter die Bürgerkriegspartei auf Kurs. Die Hundertprozentigen lehnen es gänzlich ab, ihre Gesellschaftsvorstellungen im Keller zu verstecken. Wer als Kandidat seine Ziele verhüllt, statt sich offen zum Umsturz zu bekennen, gilt schon als Verräter. Der will die Partei »entkernen« und leidet an »Distanzeritis«. Für die Hundertprozentigen gilt es dagegen, auf dem Weg an die Macht nicht in schwere Kompromisse zu geraten. Durch blutige Schwernisse will man erst bei der Umsetzung der eigenen Politik waten – im Blut des demokratisch-zivilisatorischen Widerstands. Dieses Blut malt sich der Beelzebub Höcke mit Vorliebe aus: »Und bei dem wird man, so fürchte ich, nicht um eine Politik der wohltemperierten Grausamkeit … herumkommen. Das heißt, dass sich menschliche Härten und unschöne Szenen nicht immer vermeiden lassen werden.« Er fürchtet das? Ich fürchte, dass er das überhaupt nicht fürchtet.

Die Hundertprozentigen sehen auf die Parteibonzen herab. Auf die verparlamentarisierten Parteiparasiten, fünfzigprozentige Häretiker, die nicht *für* die Politik leben, sondern *von* ihr. Jenem Abgeordneten, der im Bundestag am Handy auf die Direktive wartet und sich fragt, ob die AfD eine nationalsozialistische Partei sein will, gilt Höckes ganze Verachtung. Nicht, weil der eine andere Partei will (das ist doch dem Abgeordneten egal!), sondern weil er sich nicht zur Sache bekennt. Weil er inhaltlich nichts (Ganzes) will. Weil er sich kostümiert. Entlang dieser Bruchlinie finden alle Konflikte in der AfD statt.

»Feindzeugen« nennt Höcke seine innerparteilichen Feinde: »Ich will die AfD als letzte evolutionäre Chance für unser Vaterland erhalten. Ich will, dass wir diesen Halben einen Strich durch die Rechnung machen. Wir wollen das, denn wir wissen: Es gibt keine Alternative im Etablierten.« Gegen die Nörgler will er zwar die Einheit der Partei bewahren, aber so, dass der anderen Seite keine Luft zum Atmen bleibt: »Die, die nicht in der Lage sind, das Wichtigste zu leben, was wir zu leisten haben, nämlich die Einheit, dass die allmählich auch mal ausgeschwitzt werden.«

Die Einheit meint die integrative Gutmütigkeit von Nazis, »Halbe« und Vierzigprozentige in der Partei zu dulden. Für gewöhnlich stellt man sich unter Einheit einen Zusammenschluss zweier oder mehrerer Teile vor. Bei Höckes »Einheit« geht es gleich um Konzentration der »Spalter« im KZ mit anschließender Vernichtung. Woher stammt die Formel von den Halben? Am 20. Juli 1932 verkündet der Höcke vollkommen unbekannte Adolf Hitler in Kiel: »Dem Halben und dem Schwachen, dem Lauen und dem Unentschiedenen ist noch niemals das Himmelreich zuteil geworden.« – Nicht nur das Wort, den ganzen Gedanken hat Höcke dem armen Hitler ausgerissen.

Die Hundertprozentigen verstecken sich nicht. Sie veröffentlichen ihre Pläne in Buchform. Weil Parteikaiser Nero nie Mitglied der Partei werden durfte (der Aussteiger Königer behauptet, es liege an ihm), will er ganz im Sinne von Wolf Lepenies' Melancholietheorie seine politischen Ambitionen in Buchform loswerden. Er gründet einen Verlag. Dort erscheint 2018 ein »Gespräch« mit Höcke (schnödere Geister würden es Interview nennen). Die Arbeitsteilung muss man sich als Schmierenkomödie vorstellen: Götze Nero hat seine Fragen aufgeschrieben. Im Anschluss hat der Parteikaiser Nero sich die Antworten notiert. Ein Assistent hat dann vor die Fragen einen Namen gesetzt. Und vor die Antworten das Wort »Höcke:«. Das Handwerkszeug dazu hat Nero in der Propagandaabteilung der Bundeswehr gelernt. Was er denkt, kehrt auffallend häufig als Schlagwort in Höckes Reden wieder. Bücher schreibt der Beelzebub nicht, deshalb führt Kubitschek Gespräche mit sich selbst. Höcke hängt ihm aber an den Lippen. Er giere nach dem geistigen »Manna«, wie er den Blauschimmelkäse nennt.

Vom politischen Talent Kubitscheks ist dagegen wenig überliefert. Sein engster Vertrauter, Karlheinz Weißmann, äußerte sich 2015 so: »Kubitschek ist eigentlich kein politischer Kopf. … Da verwechselt jemand Literatur mit Staatslehre und Ästhetik mit Politik. Was selbstverständlich fatale Konsequenzen nach sich zieht, wenn der Betreffende trotzdem Politikberatung treibt.«

Bücher mögen gemeinhin als Früchte des Humanismus gelten. Höckes Kubitschek-Antworten über einen neuen Holocaust vergiften diese bibliophile Ansicht mitunter: »Ich bin sicher, dass – egal, wie schlimm die Verhältnisse sich auch entwickeln mögen – am Ende noch genug Angehörige unseres Volkes vorhanden sein werden, mit denen wir ein neues Kapitel unserer Geschichte aufschlagen können. Auch wenn wir leider ein paar Volksteile verlieren werden, die zu schwach oder nicht willens sind, sich der fortschreitenden Afrikanisierung, Orientalisierung und Islamisierung zu widersetzen. … Aber die deutsche Unbedingtheit wird der Garant dafür sein, dass wir die Sache gründlich und grundsätzlich anpacken werden. Wenn einmal die Wendezeit gekommen ist, dann machen wir Deutschen keine halben Sachen.«

Kubitschek weiß, was er in seinem intimen Zwiegespräch mit sich selbst Höcke in den Mund legt: »Generation des Unbedingten« heißt das 900-seitige Standardwerk des Historikers Michael Wildt über die Hundertprozentigen in der NSDAP, die die Judenvernichtung aus dem Reichssicherheitshauptamt heraus organisierten. Keine Anspielung ist zufällig.

Die Hundertprozentigen, die offen mit Gewalt kokettieren, führen ihre Parteikader straff an der JA-Hundeleine. Sie fordern Kadavergehorsam. Gut organisiert, bestens vernetzt und militant bis in die Krallen halten die Parteisoldaten durch, bis die letzten Luckes, Haruts und Maruts vom Hof gejagt sind. Wenn die letzte bremsende Halbheit ausgeschwitzt ist, entweicht die Parteianarchie ganz von selbst. Dann verwandelt sich der brodelnde Hexenkessel in eine Heilquelle. Dann steht alles in Reihe und Glied. Insgesamt dürften bislang an die 20 000 Mitglieder aus der Partei ausgetreten sein. Höcke bezeichnet das als »therapeutischen Aderlass«. Bis zur kommenden Bundestagswahl könnte die Zahl der ehemaligen erstmals die der aktiven Mitglieder übertreffen.

* * *

Als Meuthen von Journalisten auf sein Führungsversagen angesprochen wird, nichts gegen Höcke unternommen zu haben, rechtfertigt der sich damit, er habe gedacht: »Den kann man so mitlaufen lassen.« Die nationalsozialistische Schattenarmee wird mit Samthandschuhen angefasst. Die Gründe macht Gauland in einem Interview deutlich. Er fürchte einen Mitgliederschwund, sollten Höcke und seine Krieger die Partei verlassen. Sie seien, so Gauland, »zum Teil die Aktivsten im Wahlkampf«.

Die AfD zieht Hundertfünfzigprozentige magnetisch an, wie den etwas zu übereifrigen Schlächter des CDU-Politikers Walter Lübcke, der für die Partei Prospekte in Fußgängerpassagen verteilt. Nachdem die Neonaziszene jahrzehntelang zersplittert und mehr schlecht als rechts organisiert ist, formt die Partei ein wärmendes Lagerfeuer völlig verrückter NPDler und Wikinger-Apologeten zu einem Feuerball, der als Brandbeschleuniger auf Kommando ganze Landesteile in Schutt und Asche legen kann.

Der entscheidende Punkt ist die Verdichtung und *Organisation* der Rechtsextremen in einer Partei. Das Bundesverfassungsgericht hält das 1952 mit dem Verbot der rechtsextremen SPR fest. Die Richter urteilen, die Partei habe Nazis angezogen »wie ein Magnet«. Unglücklicherweise zieht die AfD nicht nur die Extremisten magnetisch an, sondern auch Wähler. Eine Studie der Bertelsmann Stiftung kommt 2020 zu dem Schluss, dass nur 13 Prozent der AfD-Wähler nicht rechtsextrem eingestellt sind. 13 Prozent.

Die Folge: Alle Parteivorsitzenden fürchten Höckes Austritt. Sie halten ihre Partei ohne wahlkampftreibende Hyperengagierte, ohne Hundertprozentige weder für wahlkampf- noch für überlebensfähig.

Der stellvertretende »Landesvorsitzende« Tillschneider preist seine tugendhafte Armee in Schnellroda so an: »Wir sind die Gemeinschaft der diszipliniertesten Soldaten dieser Partei, liebe Freunde, wir sind die Preußen in der AfD!« »Nationalsozialsten« trifft es wohl eher. Aber wer sonst sollte die ganzen Parteiflyer von Tür zu Haustür tragen, wenn nicht überengagierte Hundertfünfzigprozentige wie Lübckes Mörder? Wer würde sich sonst im Treppenhaus als Nazi beschimpfen und verjagen lassen?

Spätestens mit dem »Flyerservice Hahn« wurde der Republik vor Augen geführt, dass sich die Partei im Haustürwahlkampf nicht die Hände schmutzig macht. Stattdessen bucht sie einen Dienstleister – den Distributionsservice des Zentrums für Politische Schönheit. Wir gründeten 2021 ein fiktives Unternehmen, die Flyerservice Hahn GmbH, das zu schön war, um wahr zu sein. Unsere Key-Account-Manager logen der Partei über völlig neue Vertriebskanäle die Hucke voll. Die AfD lieferte. Und wie. Ohne rechtsgültige Verträge bekam unsere Firma ohne Geschäftsadresse und Handelsregistereintrag mehr als 5 Millionen Wahlkampfbroschüren an die Bordsteinkante geliefert. Die Logistikzentren platzten aus allen Nähten. Immer neue Orts- und Kreisverbände sprangen begeistert auf den Zug auf und buchten Flyerverteilungen fast zum Nulltarif. Unsere unseriöse Firma saß am Ende auf mehr als der Hälfte des AfD-Werbematerials für den Bundestagswahlkampf. Wir vermarkteten diesen *hidden champion* des deutschen Mittelstands als »Weltmarktführer im Nichtverteilen von Nazi-Flyern«.

Die AfD Baden-Württemberg schrieb uns erst begeistert: »Ihr Angebot ist unschlagbar!« Wochen später klang sie eher entgeistert: »Ich glaube nicht, dass Sie einschätzen können, wie ungehalten ich bin.« Aus Niedersachsen erreichte uns die zufriedene Kundenmitteilung: »Nicht nur, dass die Flyer in der nächsten Woche nutzlos sind, Sie machen uns auch zum Gespött der Nation, wenn die Flyer eine Woche nach der Wahl in den Briefkästen liegen.« Kundenrezensionen wie »Sie sind unser alleiniger Vertragspartner!« machten uns klar: Keiner will die Flyer verteilen.

Außer Höckes Schattenkrieger, die er erst Flügel nennt, um sie dann, als ein Verbot droht, per Erklärung auf Facebook aufzulösen. Das Wort »Auflösung« setzt Höcke dabei in Anführungszeichen. Im Februar 2021 beglückwünschen sich in einem Gasthof in Verden Teilnehmer dazu, »die alten Flügelstrukturen« erfolgreich reaktiviert zu haben. Sie gründen Parallelstrukturen, um bei wichtigen Abstimmungen Mehrheiten zu organisieren. Sie machen einen Malermeister aus Sachsen zum »Bundesparteivorsitzenden«. Diesem Mann, tatsächlich weitgehend frei von erkennbaren Eigenschaften (von einem auffälligen Lausitzer Dialekt abgesehen), sind die Schuhe des Parteivorsitzenden »viel zu groß«, so ein Aussteiger.

Wobei ein Detail am Projekt Chrupalla ins Bild passt. Gefragt nach seiner Meinung zu Höcke, sagt er: »Der ist für mich nicht rechtsextrem.« Was ihn umtreibt, sind die 25 000 Todesopfer beim alliierten Bombardement auf meine Heimatstadt Dresden. Dem *Spiegel* verrät er, seine Gespräche und Ermittlungen mit Augenzeugen hätten 100 000 Tote ergeben. Rein zufällig ist das die Zahl aus der NS-Propaganda. Was den Parteivorsitzenden noch beschäftigt: Er fordert eine »schwarze Liste für unseriöse Pressevertreter« und »Hintergrundinformationen über als Journalisten getarnte Zersetzungsagenten«. Wie das mit der Pressefreiheit (Artikel 5 im Grundgesetz) zusammengeht, weiß er wahrscheinlich selbst nicht. Zersetzung betrieb die Stasi. Für ihn ist vermutlich Journalistin, wen die Reichspressekammer als solche anerkennt. Der Parteivorsitzende fällt aber auch durch Andeutungen zu Schlesien auf. Der Augenblick, in dem die AfD das letzte bundesdeutsche Tabu bricht und von Polen die Ostgebiete zurückfordert – es rückt mit Chrupalla in greifbare Nähe. Das klingt verstörend – aber es könnte eintreten.

Auf dem Bundesparteitag 2022 feiert die Schattenarmee ihren größten Coup. Nach dem üblichen Vorgeplänkel, in dem eine rechtsextreme Gewerkschaft von der Unvereinbarkeitsliste gestrichen wird, geht es an die Wahl des neuen »Bundesvorstands«. Höcke kündigt schon zuvor an, der Vorstand werde »in dieser Form« nicht fortbestehen. Dass er ihn zerschlägt, überrascht dann aber selbst langjährige Beobachter. Die »Halben«, wie Hitler und Höcke sie nennen, werden aus dem »Bundesvorstand« geworfen. Wie der Coup glückt? Höcke soll gedroht haben, etwas »werden« zu wollen. Er drohte mit einer Kandidatur als »Parteivorsitzender«. Die Karriere knöpfen ihm Deiwel und Chrupalla ab, indem sie sämtliche seiner Wunschkandidaten für den »Bundesvorstand« akzeptieren. Bereits 2019 soll Weidel nach Informationen des *Spiegel* einen Nichtangriffspakt mit Höcke geschlossen haben – unter Vermittlung des politischen Romantikers Kubitschek.

Dieser »Bundesvorstand« nun wird bei allen Skandalen um AfD-Abgeordnete, sei es bei Bystrons russischem Bestechungsgeld oder Krahs Mitarbeiterstab, in der Berichterstattung als Pappkulisse aufgezogen. Er droht, prüft und rügt, heißt es. Das soll so wirken, als werde es jetzt ernst für einen der Teufelsanbeter. Das Wort »Bundesvorstand« versprüht die Aura des brenzligen Moments und suggeriert gewissenhafte Fallprüfung. Dabei tummelten sich dort schon vor Höckes Intervention so seriöse Gestalten wie Luzifer, von denen niemand annähme, sie hätten ehrbarere Absichten als der Rest der Bande.

Die Neuen im Bundesvorstandsversteck beweisen schon im Vorfeld dasselbe Händchen für Kontrolle und Wachsamkeit: SS-Bundesversteher Krah macht einen chinesischen Spion zu seinem engsten Mitarbeiter (nachdem er ihn in seiner chinesischen Tarnfirma als Wirtschaftsanwalt noch vertreten hat). Vor Gericht, wo die Frage der Verfassungsfeindlichkeit verhandelt wird, dient der Spion des Bundesvorstands als Ausweis, kein Rassist zu sein. Ein Grünenabgeordneter habe seinen chinesischen Mitarbeiter rassistisch beleidigt – er habe den einen »Spion« genannt! Der Spion wiederum lädt die Sturmabteilung JA reihenweise zu Wohlfühlprogrammen nach China ein. Im April 2024 wird er vom Generalbundesanwalt wegen Geheimnisverrat in einem »besonders schweren Fall« verhaftet. Die AfD hält den Mann fortan für keinen Spion Chinas, sondern des Verfassungsschutzes, das bietet sie im selben Gerichtssaal zwei Wochen nach Krahs Antirassismus-Tanzeinlage dar.

Auch andere Mitarbeiter von Krah sind hochdekoriert für ein Parteiverbot. Einer gibt in einer Chatnachricht zu: »Gegen das Konzept der Menschenrechte muss man immer sein.« Sein Chef sitzt derweil im Unterausschuss für Menschenrechte des EU-Parlaments und wirft der Europäischen Union »Menschenrechtsimperialismus« vor.

Als Krahs Mitarbeiter nun enttarnt wird, beschwören seriöse Medien die Drohkulisse »Bundesvorstand« und unken, für Krah werde es ernst. Statt aber den Status als »Spitzenkandidat« des Europawahlkampfs zu verlieren, solle er »in den Hintergrund treten«. Bedrohlich. Die drakonische Strafe besteht am Ende darin, bei einer Veranstaltung in Donaueschingen nicht auftreten zu müssen. Wie praktisch – konnte sich der »Spitzenkandidat« und selbstrügende »Bundesvorstand« damit gleich auch allen kritischen Nachfragen entziehen. Selbst das reichweitenstärkste Nachrichtenportal verliert im schwefligen Dunst die Orientierung. Nach sechs Tagen ist Schluss mit dem »Auftrittsverbot«. Dass er zu einem einzigen Wahlkampftermin nicht kommt, macht Chrupalla unendlich dankbar: Er dankt dem »lieben Max« dafür, nicht erschienen zu sein zum Wohl der Partei. Das Schmierentheater zu durchschauen – manche ventilieren lieber den blauen Täuschungsnebel.

2022 wird der letzte Lackanstrich der Verfassungstreue vom wichtigsten Steuerungsgremium der Partei, dem »Bundesvorstand«, abgekratzt. Die Bahn ist frei für das »Frühwarnsystem« der Bundesrepublik (so nennt sich der Verfassungsschutz), die gesamte Partei als »gesichert rechtsextrem« einzustufen. Werfen wir kurz einen Blick in diese nicht allzu ferne Zukunft: Was folgt aus dem Gesichtsverlust, wenn »Bundespartei« mitsamt Landesverbänden vom Staat offiziell als rechtsextrem eingeschätzt werden? Werden wir die AfD dann mit vollkommen anderen Augen sehen? Werden wir ihre Glorifizierung der Wehrmachtssoldaten strenger verdammen? Werden sich 700 000 Menschen verabreden und durchs Regierungsviertel ziehen?

In der idealen Welt des Verwaltungsgerichts Köln wird der Gesellschaft dadurch ermöglicht, »Art und Ausmaß möglicher Gefahren zu erkennen und diese in angemessener Weise, namentlich mit politischen Mitteln entgegenzuwirken«. So steht es in einem wegweisenden Urteil gegen die Partei. Der Inlandsgeheimdienst hat bis 2027 Zeit, die Partei zu durchleuchten und eine Neueinschätzung vorzunehmen. Wenn sich die Partei bis dahin nicht entradikalisiert, kann er sie als verfassungsfeindlich einstufen.

Aber haben Sie sich einmal gefragt, was dann *geschehen* würde? Denn was das schwerwiegende Modelabel »gesichert rechtsextrem« bedeutet, können wir längst zuverlässig an den Landesverbänden studieren, die das Gütesiegel schon anhaben: nichts! Absolut – gar – nichts. Sämtliche »gesichert rechtsextremen« Landesverbände der AfD erhalten im Osten selbstverständlich die Gelegenheit, stärkste Kraft zu werden. In Sachsen, wo das Landesamt für Verfassungsschutz im Dezember 2023 vermeldet, dass an der rechtsextremen Ausrichtung »keine Zweifel mehr« bestehen, liegt die Partei bei rund 30 Prozent. Das einzige Novum besteht dann darin, dass der Staat offiziell bestätigt, was der Rest der Bevölkerung längst weiß: dass in den Parlamenten eine rechtsextreme Partei sitzt!

Viele erwarten, dann würde eine Guillotine auf die Partei niedersausen. Im letzten Kapitel werden wir sehen, welche Maßnahmen die verantwortlichen Politiker planen, um »mit politischen Mitteln« der AfD »entgegenzuwirken«, wie das Verwaltungsgericht Köln es formuliert. Kleiner Spoiler: Der Bundeskanzler wird eine Ansprache an die Nation halten, in der er vor der schwefligen Laune der AfD »warnt«.

• • •

Wann verbietet das Verfassungsgericht eine Partei? In Artikel 21 des Grundgesetzes heißt es: »Parteien, die nach ihren Zielen oder nach dem Verhalten ihrer Anhänger darauf ausgehen, die freiheitliche demokratische Grundordnung zu beeinträchtigen oder zu beseitigen oder den Bestand der Bundesrepublik Deutschland zu gefährden, sind verfassungswidrig.« Das Urteil zur NPD aus dem Januar 2017 ergänzt, dies müsse sich »aus ihren Zielen oder dem Verhalten ihrer Anhänger ergeben«. Ziele einer Partei sind das, was sie politisch anstrebt. Dass eine Partei die freiheitliche demokratische Grundordnung beseitigt oder beeinträchtigt, ergibt sich also entweder aus dem Parteiprogramm, aus dem, was sie anprangert und fordert, oder aus dem »Verhalten ihrer Anhänger«.

Für gewöhnlich schreibt eine Partei nicht ins Programm, dass ihre Ziele verfassungsfeindlich sind und darin bestehen, die Regierung zu stürzen, alles »Volksfremde« zu ermorden und den Parteienstaat abzuschaffen. Nein, eine Partei tarnt sich. Oder wie Frohnmaier es intern für die Rückeroberung der Ostgebiete ausgedrückt haben soll: »So etwas schreibt man nicht ins Parteiprogramm, das tut man, wenn man an der Macht ist.«

Tatsächlich existiert ein solches Parteiprogramm, eine auf viel Papier gedruckte offizielle Haltung. Für die nicht gerade bibliophilen Anhänger der AfD sind diese salbungsvollen Worte nicht bestimmt, wohl aber für Staat, Polizei und Gerichte. Im Parteiprogramm von

2017 heißt es tatsächlich über den Islam: »Viele Muslime leben rechtstreu (und integriert) und sind geschätzte Mitglieder unserer Gesellschaft.« Wer sich erinnert, welch islamophobe Stimmung die Partei zwischen 2013 und 2019 schürte, muss bei solch konzilianten Sätzen schmunzeln.

Gauland empfiehlt seiner Schattenarmee auf dem Kyffhäusertreffen dagegen: »Ruhig mal auf die Lippen beißen«, solange man nicht regiert. Der ehemalige »Bundestagsabgeordnete« Witt empfiehlt, die radikalen Inhalte »in buntes Bonbonpapier« zu wickeln. Aber am besten bringt die Strategie der zwei Gesichter der ehemalige »Landessprecher« Arppe zu Papier: »Wir müssen ganz friedlich und überlegt vorgehen, uns ggf. anpassen und dem Gegner Honig ums Maul schmieren, aber wenn wir endlich so weit sind, dann stellen wir sie alle an die Wand ... Grube ausheben, alle rein und Löschkalk oben rauf.« Eine verbotswürdige Partei serviert der Öffentlichkeit ihr Parteiprogramm in Honiggläsern. Was geschieht, wenn sie dann an die Macht gelangt, umreißt Arppe mehr als eindrücklich: »Das ganze rot-grüne Geschmeiß aufs Schafott schicken« und »dann das Fallbeil hoch und runter, dass die Schwarte kracht!«

Deshalb geben die Richter in Karlsruhe nicht sonderlich viel auf das schöne Papier. Selbst Höcke bekennt sich ausdrücklich zur Würde des Menschen. Kurz vor Weihnachten 2015 schreibt er: »Ich vertrete das christliche Menschenbild, und die Würde jedes Menschen ist für mich unantastbar.« Authentischer wäre gewesen, dahinter das in sozialen Netzwerken beliebte Clownsgesicht zu setzen. Aber seine Anhänger brauchen so etwas nicht, um ihren Beelzebub zu verstehen. Die Partei ist geübt in Tarnungen (sie nennt das »Selbstverharmlosung«). Aussteigerin Franziska Schreiber beschreibt die Camouflage in ihrem Buch, wenn neue Mitglieder in Sachsen für die Sturmabteilung »JA« geworben wurden: »Wenn Gäste anwesend waren, potenzielle Neuzugänge, dann fraßen alle Kreide, dann schalteten alle in den Anwerbemodus, sprachen leiser und gewählter.« Niemanden verschrecken, Schafherde spielen. Später kann man härter auftreten.

Wer aber meint, die AfD-Parteiprogramme seien nun schöne Hüllen für unappetitliche Ziele, für den sei die Einschätzung des Juristen Hendrik Cremer hier wiedergegeben, der sich der Lektüre der Parteiprogramme unterzog. In einer Auswertung mit dem Titel *Warum die AfD verboten werden könnte* bilanziert er: »Die AfD zielt demnach bereits nach ihren Grundsatzpapieren darauf ab, die in Artikel 1 Absatz 1 GG verankerten Garantien zu beseitigen.« Niemand will seine Absichten verstecken. Nicht einmal im Parteiprogramm.

Niemand befüllt Honiggläser. Kaum einer macht sich die Mühe, dem Kunstwerk das Bild einer seriösen bürgerlichen Partei überzupinseln. Dieses Image verpassen ihr die Appeaser in unserer Gesellschaft. Diejenigen, die die Partei in Schutz nehmen. Die AfD ist eine Wolfspartei mit Wolfspelz. Sie propagiert unverhohlen den Systemsturz. Niemand befüllt Honiggläser. Niemand beißt sich auf die Lippen.

Als der Druck der Überwachung für ein Verbot zunimmt und sich abzeichnet, dass die Partei die Massenausbürgerung deutscher Staatsbürger als politisches Ziel verfolgt, wehrt sich der »Bundesvorstand« im Januar 2021 mit einer Erklärung, die zu meinen absoluten Lieblingserklärungen gehört. Darin heißt es: »Immer wieder wird seitens der Medien, des politischen Gegners und der von ihm instrumentalisierten Ämter für Verfassungsschutz unterstellt, die AfD vertrete verfassungswidrige[r] Bestrebungen … und ihr [wird] das Prädikat ›demokratisch‹ abgesprochen. Durch unser Grundsatzprogramm und unsere Wahlprogramme auf Bundes- und Landesebene sowie durch zahllose Reden und Verlautbarungen der maßgeblichen Exponenten unserer Partei sind diese vollkommen haltlosen Diffamierungen implizit und explizit hundertfach Lügen gestraft.«

Mir drängt sich zwar der Eindruck auf, das Beweismaterial reicht eher dazu aus, »hundertfach« diese »vollkommen haltlosen Diffamierungen« zu belegen. Aber die Erklärung, die ein lückenloses Bekenntnis zur deutschen Staatsbürgerschaft verkörpern soll, das sich nicht an Ethnien oder Rassen orientiere, wurde unterzeichnet von einigen der größten Hetzer der Partei, darunter Gauland, Chrupalla, Brandner, Hütter, Jongen, Fest, Urban, Glaser, von Storch und Höcke. – Wie heißt es im Internet so schön: 🤡 🤡 🤡. Besser wäre nur gewesen: »Wir sind die Menschenrechtler! – Team Hitler.«

Die clowngesichtigen Verlautbarungen blenden nicht allzu stark. Dennoch schlägt das Bundesverfassungsgericht einen dritten Weg vor, nämlich die Partei aus dem »Verhalten ihrer Anhänger« zu deuten. Die Idee ist kurz gesagt, dass die wahren Absichten der Partei sich in den Augen ihrer glühendsten Anhänger spiegeln müssen, egal, was im Parteiprogramm geschrieben steht. Man tut so, als ob man nichts über die Ziele wüsste, und knöpft sich die Hundertfünfzigprozentigen vor: Welche politischen Ziele ergeben sich aus deren Verhalten?

Der Begriff »Anhänger« ist dabei weit gefasst: »alle Personen, die sich für eine Partei einsetzen und sich zu ihr bekennen, auch wenn sie nicht Mitglied der Partei sind«. Also auch Helfer, Wähler und »Fans«. Für das Verfassungsgericht sind das »Anhänger«, die zur Feldforschung freigegeben werden und beobachtet werden können. Aus ihrem Verhalten – ob nun fünfzig-, hundert- oder hundertfünfzigprozentig von der AfD überzeugt – leitet das Gericht eine generelle Tendenz ab, ob sie mit dem Grundgesetz übereinstimmt oder nicht.

Für das Gericht braucht niemand ein Parteibuch, um »Anhänger« zu sein. Es ist unerheblich, ob ein Hundertfünfzigprozentiger wie Stephan Ernst Mitglied der Partei ist. Wenn das Verfassungsgericht die Frage untersucht, welche Zielsetzungen sich aus »dem Verhalten ihrer Anhänger ergeben«, gilt Walter Lübckes Mörder vor dem Gericht als Anhänger der Partei.

Stephan Ernst filmt Mitte Oktober 2015 eine Veranstaltung mit

Walter Lübcke in Lohfelden und lädt den Mitschnitt auf YouTube hoch. Auf der Veranstaltung wirbt Lübcke darum, Flüchtlinge freundlich zu behandeln, und wendet den rechtsextremen Slogan »Wer Deutschland nicht liebt, soll Deutschland verlassen« gegen die Phalanx der filmenden Menschenfeinde: »Wer diese Werte nicht vertritt, der kann jederzeit dieses Land verlassen, wenn er nicht einverstanden ist.«

Ernst ist in der Folge bei AfD-Stammtischen und Demonstrationen unterwegs. Bei der Bundestagswahl 2017 klebt er Plakate für die Partei und wird fotografiert, wie er Prospekte für die AfD in der Fußgängerpassage austeilt. Am 1. Mai 2018 marschiert er in Eisenach bei einer Kundgebung von Höcke mit. Am 1. September 2018 wird er auf dem »Schweigemarsch« der AfD in Chemnitz abgelichtet. Am 1. Juni 2019, eine Stunde vor Mitternacht, sitzt Lübcke auf der Terrasse vor seinem Haus in Istha-Wolfhagen. Ernst schleicht sich von hinten heran und schießt Lübcke mit einem Trommelrevolver in den Kopf. Vor Gericht bezeichnet Ernst die Parteiveranstaltung der AfD am 1. September 2018 in Chemnitz als »Auslöser« für seine Tat.

Man könnte also Anhänger wie Ernst betrachten und fragen: Was treiben die so? Was wollen die Hundertfünfzigprozentigen? Womit glauben sie den Zielen ihrer Partei zu dienen? Ihre Äußerungen, Parolen und Handlungen spielen für das Verfassungsgericht eine Rolle. Wenn der Parteianhänger Ernst das AfD-Parteiprogramm dahingehend interpretiert, den CDU-Politiker Walter Lübcke auf seiner eigenen Terrasse hinzurichten, könnte es sich dabei um das Ziel der Partei handeln, die »Alteliten« zu »vernichten«?

Ein derart eindrücklicher politischer Mord wird aber nur verfahrensrelevant, wenn insbesondere die Parteileitung, die Vorsitzenden und der Vorstand ihn billigen. Nur wenn eine Partei sich davon »trotz Kenntnisnahme nicht distanziert«, so heißt es im wegweisenden NPD-Urteil, wird es ernst. Wenn Höcke oder Gauland den Mord an Lübcke scharf verurteilt, vielleicht sogar einen Trauer-

oder Schweigemarsch durch Kassel organisiert haben, dann kommt Ernsts Verbrechen für die Verurteilung der AfD nicht in Betracht. Selbstverständlich hat sich die AfD von ihrem mordenden Anhänger aus Kassel distanziert. Oder? Das wird sie doch getan haben?

Das Verfassungsgericht wird genau diese Frage »entscheiden«. Auch David Sonboly sollte nicht vergessen werden, der im Sommer 2016 in München einen Massenmord verübt und neun Menschen erschießt (alle mit sogenanntem Migrationshintergrund). Er bewunderte Breivik für dessen Mut und war nachweislich Anhänger der AfD. Auch der Anhänger Frank S. sollte nicht in Vergessenheit geraten, der die Bürgermeisterin Henriette Reker schwer verletzte. Er wollte ihr mit einem Messer buchstäblich die Kehle durchschneiden: »Ich wollte, dass die völlig realitätsferne Herrscherkaste wieder den Volkszorn fürchtet«, gab er als Tatmotiv an. Einen Augenblick mal, fordert nicht die AfD stets exakt dasselbe?

Auch über Stephan Balliet, dem Attentäter aus Halle, der mit hundertfünfzigprozentiger Tötungsabsicht in eine Synagoge einbrechen wollte, die Tür nicht aufbrechen konnte und dann zwei Menschen auf offener Straße niedermetzelte, heißt es, die AfD habe ihn in seinem Antisemitismus bestärkt. Die AfD trage im »politischen Sinne eine Mitschuld«, kommentiert Ronen Steinke in der *Süddeutschen Zeitung*. Höcke und andere strickten »an der großen Erzählung«, wenn er »›de[n] völkerauflösende[n] und als pervers zu bezeichnende[n] Geist eines George Soros‹« heraufbeschwöre, jener amerikanische Investor, der jüdisch ist. »Das muss der AfD-Mann gar nicht aussprechen. Höckes Anhänger wissen, was gemeint ist.« Balliet wusste, was gemeint ist.

Würde sich die AfD zur Verfassung bekennen (was sie nicht tut) und wären ihre Anhänger überzeugte Demokraten (was sie nicht sind), hätte die Partei in Karlsruhe nichts zu befürchten. Die hundertfünfzigprozentigen Anhänger der AfD attackieren aber den Bundestag. Sie legen ganze Landstriche in Schutt und

Asche. Sie steuern ihre Pick-ups in Anti-AfD-Demonstrationen (wie Melvin Schwede) und richten mit »Mut«, »Entschlossenheit« und ihrer »Intelligenz« Menschen hin.

• • •

Um dem verfassungsfeindlichen Wolf die Schafspartei vom Leib zu reißen, untersucht das Verfassungsgericht also »Anhänger«. So kann es die wahren Ziele einer Partei enträtseln – jenseits des im Weihwasser des Grundgesetzes getränkten Programms. Dabei geht es nicht nur um Hundertfünfzigprozentige. Die Hundertprozentigen wie der Beelzebub-»Landesvorstand« Thüringens tun es auch. Würde Höcke nicht nur behaupten, das »christliche Menschenbild« zu vertreten, sondern wie der Papst aus lauter Nächstenliebe Flüchtlingen die Füße waschen, erwüchsen der Partei in Karlsruhe keine Probleme. Höcke glaubt jedoch eher beelzebübisch an »die Sehnsucht der Deutschen nach einer geschichtlichen Figur, welche einst die Wunden im Volk wieder heilt, die Zerrissenheit überwindet und die Dinge in Ordnung bringt«.

Anhänger ist für das Verfassungsgericht nicht gleich Anhänger. Der Goldstandard zum Verbot von Parteien ist im NPD-Urteil (2017) in einem Satz festgehalten: »Zuzurechnen ist einer Partei zunächst einmal die Tätigkeit ihrer Organe, besonders der Parteiführung und leitender Funktionäre.« Die Verfassungsfeindlichkeit wird nicht mit den rassistischen volksverhetzenden Aussagen einfacher Mitglieder oder sechstrangiger Kreistagsabgeordneter bewiesen, sondern mit denen von Fraktionsvorsitzenden, Landesvorsitzenden, Parteivorsitzenden, Bundesvorstand und Bundestagsabgeordneten (Letztere, weil sie das Kriterium der »Potenzialität« für das Gericht erfüllen). Das sind die relevanten Anhänger bei der Beurteilung der Frage, ob eine Partei verboten wird.

Es lohnt sich deshalb nicht, die kleinen Leuchten und Rücklichter der AfD zu betrachten. Die »Basis« ist marginal. Wie etwa das einfache Mitglied, das empfiehlt: »Wir sollten eine SA gründen und aufräumen.« Oder der Abgeordnete, der sagt, »das mit den Juden ist mir völlig egal, ich fand einfach die Zeit dufte«. Oder der, der ruft: »Sieg Heil!« Oder der, der den Holocaust für einen »Mythos« hält, »ein Dogma, das jeder freien Geschichtsforschung entzogen bleibt«. Oder der, der glaubt, der Zweite Weltkrieg wurde »von Polen provoziert«. Der, der empfiehlt, die letzte Zeit in Freiheit noch zu genießen: »Gott Gnade dir, wenn die AfD an der Regierung ist.«

Wenn sich jedoch »Bundestagsabgeordneter« und Beisitzer im »Landesvorstand« Helferich als »das freundliche Gesicht des NS« bezeichnet, verdient er sich seine Sporen für das Parteiverbot. Das einfache Mitglied jedoch, das die deutsche Botschaft in Washington mit den Worten kommentiert: »Kann ja nichts werden, das hat ja auch ein Jude gebaut« – verfassungsrechtlich unerheblich. Auch das mittlerweile ausgetretene Mitglied, das präventiv drohte, wenn die AfD die Mehrheit stellt, werde dies »das Ende DIESER Bundesrepublik sein« oder den 8. Mai 1945 als »eines der größten Verbrechen gegen die Menschlichkeit« bezeichnete, geschenkt. Oder der einfache »Stadtrat« aus Freiburg, der schreibt: »Der schwarze Mensch schaut zu Weißen auf, wenn sie hart und gerecht regieren.« – All diese Stimmen, der ganze Chor mag für uns ein stimmiges Gesamtbild abliefern. Dieser Gesang muss mit den Strophen zusammenpassen, die von der Parteileitung vorgesungen werden. Ansonsten ist er wertlos.

Das Gericht in Karlsruhe wird eher interessieren, wie die Parteiführung darauf reagiert, wenn ihr »Landtagsabgeordneter« Gedeon wieder den Holocaust leugnet oder Juden für alles verantwortlich macht. Verurteilt sie die Äußerungen? Billigt sie sie? Nur im letzteren Fall drehen die Richter einen Strick für die Verfassungsfeinde. Wenn André Ufer dem Bundespräsidenten droht, dieser werde sich noch wundern, »was für ein Problem er und seinesgleichen mit uns bekommen haben«, dann interessiert das Gericht die Drohung geradezu brennend, weil Ufer »Vorsitzender« der AfD-Sturmabteilung »JA« war. Noch bedeutsamer dürfte nur der aktuelle Vorsitzende der AfD-SA sein, weil er im Frühjahr 2019 sein Auto als Waffe benutzte und damit in eine Gruppe von AfD-Gegendemonstranten fuhr, wofür er rechtskräftig verurteilt wurde.

Das Gericht könnte sich auch all die verfassungsfeindlichen Anträge genauer anschauen, die auf Bundesparteitagen angenommen werden. Um Schlimmeres zu verhindern, beauftragt die Partei teure Kanzleien, die ihr in Gutachten und »Handlungsempfehlungen« darlegen, was sie alles nicht sagen darf. Rechtsanwälte erklären, wo die Grenzen zur Verfassungsfeindlichkeit verlaufen.

So geschieht auf den Parteitagen dann Überraschendes: 2020 beschließen die Mitglieder ihre eigene verfassungsmäßige Unbedenklichkeit: »Wenn ein Mitglied sich gegen die freiheitliche demokratische Grundordnung richtet, ist das ein sehr schwerwiegender Verstoß gegen die Grundsätze der Partei.« Was ist da los? Wurde die AfD demokratisch unterwandert? Kreide gefressen?

Die Parteianhänger nehmen das Manöver gar nicht wahr. 2021 setzt sich das »Weg mit den Denkverboten«-Gegröle wieder gegen den Bundesvorstandsschützengraben durch, wo alle bestens Bescheid wissen, wann welche Grenze übertreten wird. Und so führen die Anträge regelmäßig zu katastrophalen Flurschäden. Als ob man die eigene Verfassungsfeindlichkeit noch bestätigen will, wird 2021 ein Antrag angenommen, der durch und durch verfassungsfeindlich ist. Die Partei beschließt Sozialpolitik – aber nur für Deutsche. Das AfD-Rentenkonzept will Ausländer aus der Rentenkasse werfen. Der Antrag wird mit 90 Prozent der Stimmen angenommen – und zielt auf den Kernbestand der freiheitlich-demokratischen Grundordnung. Die juristisch bewanderten Parteimitglieder wissen, dass die Partei damit nicht mehr soziale Gerechtigkeit fordert, sondern national-soziale Gerechtigkeit. – Verfassungswidrig.

Aber da die Partei nicht nur aus Richtern und Juristen besteht, wird auf den Bundesparteitagen mit dem Hintern umgestürzt, was zum Schutz vor staatlicher Verfolgung zuvor mühsam aufgebaut wurde. Da hilft auch keine teure Beratung und juristische Expertise.

Mit Luzifer als »Landesvorsitzendem« und Mephistopheles als »Ehrenvorsitzendem« hat die Partei den Bock schon mehrfach zum Gärtner gemacht. Für das Verfassungsgericht ist unerheblich, ob Luzifer nun der »Landesvorsitzende« von Sachsen-Anhalt, Brandenburg oder Böhmen-Mähren ist. Dass der Rechtsextremist es bis in den »Bundesvorstand« schafft, ist, was Karlsruhe interessiert. Kein Richter wird dort auf eine Landkarte pinnen, welche Aussage in Stuttgart oder Mülheim an der Ruhr getroffen wurde (weshalb auch dieses Buch auf diesen merkwürdigen Brauch verzichtet).

Greifen wir vor und betrachten zuletzt für das Gericht, welche Parteiböcke im Bundesvorstandsgarten aktuell herumspringen. Denn atemberaubender hätte man dem Verfassungsschutz die Bedenken gar nicht ausreden können, ob die Partei »gesichert rechtsextrem« ist. Der Wolf steht nackt da. Der Schafspelz liegt vor ihm auf dem Boden. Da ist beispielsweise »Bundesvorstand« Baum, den Höcke als die »Jeanne d'Arc der AfD« bezeichnet: »idealistisch, patriotisch, mutig. Sie ist mir Vorbild und Freundin zugleich.« Baum bekennt sich »zu dem Begriff des schleichenden Genozids an der deutschen Bevölkerung« und wünscht sich öffentlich, für ihre rechtsextremen Ansichten vom Verfassungsschutz überwacht zu werden: »In Deutschland gilt das Denken als rechts und das Schlussfolgern als radikal«, schimpft sie. Dazu muss man wissen, dass die gelernte Zahnarztgehilfin Baum 1988 aus der realen DDR-Diktatur floh. Gegen die aktuellen Flüchtlinge hat sie nur noch die Giftzähne übrig: »Deutschland muss deutsch bleiben!« Auf Facebook diagnostiziert sie einen Kampf zwischen einer »Hochkultur« und »Menschen aus zivilisatorisch unterentwickelten Ländern«, die unsere »Kinder weiterhin als Freiwild« abschlachten. Die Warnung vor

Muslimen – »Wir sollen unterwandert und unterworfen werden« – verbindet sie direkt mit dem Aufruf zum Widerstand: »Wollen wir es einfach hinnehmen oder wollen wir uns endlich dagegen auflehnen.« Für die Bundesviper sind die Menschen, die kommen, »eben nicht Menschen wie du und ich«. Ihnen sind Werte »von klein auf vermittelt« und »in ihrem Kopf fixiert« worden. Welche? Dieser etwa: »selbst in Friedenszeiten unsägliche, zumeist religiös motivierte Gewalt« zu praktizieren. Baum scheint mir eher selbst ihre unfriedlichen Zähne politisch motivierter Gewalt in gewissen Köpfen fixieren zu wollen. Wenn sie ihre verschleiernde Theorie von den kulturellen Werten vergisst, spricht sie ganz offen »von diesen psychisch gestörten und moralisch deformierten Totalversagern«.

Wo Höcke wegen der Verbrechen des Holocaust völlig unverständlich vom »Gemütszustand eines total besiegten Volkes« lamentiert, spricht die Jeanne d'Arc Klartext: Entstanden sind »entwurzelte, orientierungslose, letztendlich mental verstörte Persönlichkeiten«. Die Regierung ist für den »krankhaften Selbsthass« und die Selbstzerstörung verantwortlich. Man kann davon ausgehen, dass sie als »Bundesvorstand« ähnlich gewissenhaft Mitglieder rügt wie seinerzeit im Landesverband. Da stellte sie sich hinter einen »Landtagsabgeordneten«, der ein T-Shirt mit der Aufschrift »Deutschland 88« für eine »schöne Sache« hielt.

Baums »Strafregister« auf *afd-verbot.de* umfasst 24 Beweise. Bei dem, was sie sturmgewehrartig an verfassungsfeindlicher Munition verschießt, wäre es einfacher, die Aussagen von ihr zusammenzustellen, die nicht verfassungsfeindlich sind. Die Vorstandsviper zeigt auch der Verfassung ihre Zähne: »Bedenkt bitte, es geht nicht nur um ein paar kleine Korrekturen. Nein, es geht um alles.« Was ist alles? Ein »Wahlrecht nach Abstammung«, denn: »Ansonsten werden in Zukunft Özdemirs und Özuguzes die politischen Entscheidungen in Deutschland herbeiführen – aller Voraussicht nach gegen den Willen der ethnischen deutschen Bevölkerung.«

Eine Partei ist nicht erst verfassungsfeindlich, wenn sie ihre Anhänger zum Sturz der Regierung anfeuert oder den »Parteienstaat« abschaffen will. Jede Partei in Deutschland wäre schon verfassungsfeindlich, wenn sie deutsche Staatsbürger nicht als Deutsche anerkennt und nach ethnischen Abstammungskriterien in den Biografien herumstochern will. Deutsche Staatsbürger auszugrenzen und ihnen Grund- und Menschenrechte abzusprechen, verstößt gegen die Menschenwürde und ist verfassungsfeindlich. Etwas, das der AfD nie einfiele.

Es gibt zwei Möglichkeiten, das Staatsbürgerschafts- und Wahlrecht zu definieren: Der NS-Staat entschied sich für die Lösung des Blutrechts *(ius sanguinis)*. Die Bundesrepublik nahm im Grundgesetz den Ort *(ius soli)* der Geburt, der die Staatsangehörigkeit begründet, und wendete sich damit gegen Abstammungsprinzip und Rassenlehre der Nazis. Als Bundesviper will sie sich Land und Volk »zurückholen«. Aber nicht nur Baum will zur Abstammungslehre zurück. Alle Mitglieder des neuen »Bundesvorstands« wollen dies. Das ehrenwerte Vorstandsmitglied Jongen sagt, dass »der Pass alleine … noch keinen Deutschen« mache. Er sieht dringenden Bedarf, die Eliten auszutauschen. Die Identität des Volks sei schließlich »eine Mischung aus Herkunft, aus Kultur und aus rechtlichen Rahmenbedingungen«. Auch er will »das sogenannte Abstammungsprinzip, das bis vor Kurzem noch gegolten« habe.

Im Wolfsbundesvorstand sitzen Baum und Jongen mit dem Parteimephisto (»Wir sollen als Volk und als Nation allmählich absterben.«), Tucholskys Bundestagswildschwein Brandner, Bundestagsuntergräber Boehringer und NSDAP-Versteher Krah im Rudel und heulen um die Wette, um das deutsche Staatsbürgerschaftsrecht vom Boden ins Blut zu reißen. Wenn Krah »Deutsch-Iraner« oder »Deutsch-Kenianer« höre, so führt er seine angestrengten Überlegungen in der Sache aus, denkt er an seine »Hund-Katze«. Als Altherrenwitz getarnter Rassismus, der ihm merkwürdigerweise gegen

»Russlanddeutsche« nicht einfällt. Die Kreuzung von Tierrassen beschäftigt ihn des Öfteren: »Wie wird eine Taube zum Pferd? Ach ja, stimmt, durch einen gesunden Tieraustausch.« Es ist wichtig zu verstehen, dass der Bevölkerungsaustausch nur das neue Codewort für Rassenschande ist.

Immerhin soll jetzt Schluss mit den Tierwitzchen im Bundesvorstand sein. Nach den jüngsten Relativierungen der Waffen-SS kündigte Krah seinen Rückzug aus dem Gremium an. Der Wolfsvorstand bezeichnete Krahs Äußerungen wörtlich als »Vorwand«, der offenbar schamlos ausgenutzt wurde, um der Partei zu schaden.

Dabei gilt mit und ohne Krah: Ein deutscher Pass wird niemanden vor der AfD retten. Der »Bundesvorstand« wird bestimmen, wer hier Deutscher sein darf und wer nicht. Das Grundgesetz will, dass politische Parteien politische Missstände bekämpfen. Aber wenn der Bundesvorstand einer Partei plötzlich die ganzen Hund-Katze-Menschen als Missstand definiert und erkennt, wen es politisch zu beseitigen gelte, wird es eng. Entweder für die Verfassung – oder für die AfD. Wir haben die Wahl. Worauf warten wir? Wie weit nach rechts soll es im »Bundesvorstand« denn noch gehen?

TEIL ZWEI

Vor der Stille

»Sie hätte vielleicht Mittel gehabt im Jahr 1928,
wenn sie sich da noch, vor einer Entwicklung, die dann auf Papen,
Schleicher und Hitler zuläuft, mit anderen organisiert hätte.
Also die Organisationsfrage liegt 1928 und
das dazugehörige Bewusstsein liegt 1944.«

Alexander Kluge (über eine Frau,
die 1944 hilflos im Luftschutzkeller kauert)

»Verlassen Sie sich darauf,
gegen die Nazis werden wir schießen,
wenn es eines Tages erforderlich sein wird.«

Karl Stützel

5

Die Stürmer: Wortemacher des Faschismus: Gedankenmacher einer neuen Diktatur

Die NSDAP wird nicht in Karlsruhe, sondern in Nürnberg verboten. Die Partei sei eine »großsprecherische Verbrecherbande«, die sich »enorme Menschenmassen zum Werkzeug für die schwersten Verbrechen« gemacht hat, so der Hauptankläger Roman Rudenko an Prozesstag 189. Die NSDAP steht vor Gericht als verbrecherische »Gemeinschaft«, als »Bande von Räubern und Dieben«, die sich »der Staatsmaschine« *(Crowley's Law)* bemächtigt hat, um »ihren fanatischen Plan« in die Tat umzusetzen. Der erste Nazi habe sich »mit dem Problem der ideologischen Schulung« befasst, der nächste mit der Armee, der dritte mit der Kriegsindustrie: »Deswegen hört die faschistische Verschwörung aber nicht auf, eine Verschwörung zu sein, sie ist vielmehr besonders gefährlich, da sich in den Händen der Verschwörer der Staatsapparat« befand. Unter den Bandenmitgliedern sei es um der Hierarchie willen zu unumschränkter Gewalt, zu Chaos und Anarchie gekommen. Die Rangstreitigkeiten seien »bis zur Entscheidung über Leben und Tod« geführt worden; »deswegen hört aber die Bande nicht auf, eine Bande zu sein«. Das klingt wenig nach den stolzen Titeln, mit denen sich die Nazis zwölf Jahre schmücken: »Reichskanzler«, »Reichspropagandaminister« und – tatsächlich – »Reichsjägermeister«.

Das Gericht vertritt nun »den Willen und die Interessen der ganzen fortschrittlichen Menschheit«, so Rudenko. Am 16. Oktober 1946 wird der »Publizist« Julius Streicher wegen dieser »Nazi-Verschwörung« gegen die gesamte Menschheit zum Tode verurteilt und gehängt. Noch am letzten Tag beschwört er seine ewige Treue zu Hitler. 22 Jahre hetzte der Nürnberger Schmierfink mit der Wochenzeitung *Der Stürmer* gegen Juden, fantasierte von der »Schändung deutscher Mädchen und Frauen« und publizierte die »Stürmer-Juden«, stereotype Karikaturen fratzenhafter Figuren. In den hintersten Ortschaften wurde das Blatt in »Stürmerkästen« ausgestellt. Rudenko sieht Streicher deshalb als »Pogrom-Anstifter«.

Eine neue Verschwörerbande tritt heute mit dem Slogan »Mut zur Wahrheit« an, was dem Untertitel des *Stürmer*, »Deutsches Wochenblatt zum Kampfe um die Wahrheit«, verdächtig nahekommt. Gewagter wäre nur »Mut zur Lüge« gewesen. *Der Stürmer* hatte eine denkbar einfache Antwort auf alle Probleme seiner Zeit: Die Juden sind schuld! Nicht nur für die Redaktion, für die NSDAP steckten sie hinter der Niederlage des Ersten Weltkriegs. Die Juden erdachten den Friedensvertrag von Versailles. Sie steckten hinter dem globalisierten Phänomen »Kommunismus« (die eine »Internationale« gegen das Volk sei). Sie sind für die Weimarer »Judenrepublik« verantwortlich. Sie hindern Hitler daran, an die Macht zu kommen. Jahrelang, wofür er sich bitter rächte. Was immer den Nazis oder dem Volk im Weg stand (das war im Grunde identisch), *Der Stürmer* machte daraus eine »unvölkische«, »verjudete« Verschwörung. Das ging so weit, den Universalismus mitsamt den Ideen der Menschenrechte, des Kosmopolitismus, sogar den Begriff der »Menschheit« selbst als ideologische Splitterteile einer »jüdischen Weltverschwörung« zu sehen. Das Wort »Menschheit«, einzig in die Welt gesetzt, um die Kraft des »Volkes« zu schwächen. Wir können uns die Absurdität nicht ausmalen. Selbst die Vernunft gilt der NSDAP als Ausdruck einer »üblen westlerischen und jüdischen Eigenschaft«.

Die Intellektuellen bemerkten rasch: Die Lügenmärchen zu zerpflücken, veränderte für die Wählerschaft der NSDAP nicht das Geringste. Der Intellektuelle Wilhelm Schlamm meint in der *Weltbühne*, dass den Franz Huber, »der ja kein Privatgelehrter« sei, die Frage gar nicht interessiert, ob der Nationalsozialismus wahr ist. Die Ursachenforschung »Waren es die Juden?« hilft ihm, seine verstörende und komplizierte Wirklichkeit zu bewältigen. Die Sehnsucht nach einer Erklärung für alles, was Menschen erleben und erleiden, ist so tief wie die Welt komplex. Der Glaube an eine »Theorie« kürzt die Suche nach der Wahrheit ab. – Lügen sind Abkürzungen der Weltdeutung.

Selbst wenn die Leute eine Lüge durchschauen, können sie ihr treu bleiben. Die Lüge vom Wahlbetrug in den USA schweißt die Trumpisten zusammen. Mit Lügen gelingt es der NSDAP, die Glaubensgemeinschaft hinter sich zu scharen und hoch aufgelöst zu erkennen, wer hundertprozentig für die Sache einsteht. Lügentreue. Ein besserer Treuebeweis der Anhängerschaft als, die Lehre offensichtlicher, hanebüchener Lügen zu verbreiten, ist kaum denkbar. Begriffe wie »Volksverräter« oder »Lügenpresse« sind Zugangscodes – verbale Hakenkreuzfahnen – in die AfD-Kirche. An diesen Passwörtern erkennen sich die Gläubigen und versichern sich gegenseitig ihrer Bruderschaft.

Die AfD hat diesen Krieg gegen die Wahrheit mittlerweile eskaliert. Dieses Kapitel befasst sich mit der Frage: Wie wirkt die Propaganda auf die Menschen? Den meisten von uns fehlen die Zugangscodes zur Kirche. Andere sind aus Abscheu vor der Propaganda unempfindlich, tun sie als Lügengespinst ab. So bleibt das Gotteshaus zugenagelt und versperrt.

• • •

Im ersten Teil konnten wir erkennen, dass führende Politiker der Partei erstaunliche Lügenmärchen verbreiten. Sie wähnen sich wie Höcke in multiplen Kriegen gegen die fortschreitende »Afrikanisierung, Orientalisierung und Islamisierung«. Sie stemmen sich mit Gauland gegen den »Bevölkerungsaustausch«. Unter denen, die das Verbrechen eines »schwer geschundene[n]« Deutschlands zu verantworten haben, wollen sie »aufräumen«, »ausmisten«, die »Schweine« an die Mauer stellen, sie »entsorgen« und »vernichten«. Wie der *Stürmer* abstrakt um die »Wahrheit« rang und konkret gegen die Juden austeilte, so wehrt sich die AfD mit Bystron gegen den Druck des Verfassungsschutzes als »Exekutivorgan für den völkerauflösenden und als pervers zu bezeichnenden Geist eines George Soros«. Bei Höcke wird die Kanzlerin zur »Soros-Kundin«. Alle in der Glaubensgemeinde wissen – Soros, das ist ein Jude.

Der Verschwörungswahn spricht Bände über die Bodenhaftung der Partei, die sich viel auf ihre Erdung einbildet. Aber die Angstdresche wirkt. Nach einer *Forsa*-Befragung aus dem Jahr 2018 lösen Einwanderer bei 77 Prozent der AfD-Wähler Ängste aus. Im Rest der Bevölkerung sind es 22 Prozent. Volksnähe? 55 Prozentpunkte Differenz veranschaulichen den Abgrund zwischen einer AfD-Minderheit und der Bevölkerung. In Sachsen sieht das schon anders aus für die Partei: 64 Prozent halten dort das Land für »in einem gefährlichen Maß überfremdet«. Der Ausländeranteil in Sachsen liegt bei 7,3 Prozent. Egal: Damit Sachsen wieder zum lebenswerten Ort wird, müssen nicht vorhandene Ausländer weg. Bei der Begründung glitscht Höcke allerdings die Sprachseife aus den Händen: Er vergleicht das Volk mit einem »Stück Seife«, das von den anderen Parteien unter »einem warmen Wasserstrahl« gehalten und aufgelöst wird. Der Vergleich – die reinste Häresie. In der AfD-Fantasie wird das Volk sogar zur Brausetablette, um zu veranschaulichen, wie es sich im Wasserglas der Einwanderung auflöst.

Die Anhänger schlucken den Schaum aus Beelzebubs Einseiferei. Das Parteiziel, die Glaubwürdigkeit der Medien zu zerstören, rückt in greifbare Nähe: 76 Prozent der AfD-Anhänger glauben, dass die vierte Gewalt »von ganz oben gesteuert« wird. Im Durchschnitt der Bevölkerung sind es 17 Prozent. – Tretminen gegen die Behauptung, für das Volk zu sprechen. Weder die Wahlergebnisse der AfD noch die Mitgliedsarmut von 30 000 (externe Schätzungen) bis 40 000 (Eigenangabe) Personen zeugen von der Mehrheit. Aber die AfD ist erfolgreich darin, das Vertrauen in die seriösen Medien zu zerstören, um das Volk umfassend einseitig über die neuesten Entwicklungen zur »Abschaffung« des Landes auf dem Laufenden zu halten. Der YouTube-Abgeordnete Pasemann überrascht den Bundestag mit folgenden Begrüßungsworten: »Sehr geehrter Herr Präsident, sehr geehrte Damen und Herren, verehrte Zuschauer an den Fernsehgeräten und – für die AfD viel wichtiger – auf YouTube, Facebook und sonstigen sozialen Kanälen.«

Wann immer illegale Spenden in Millionenhöhe in die Partei fließen, wird das Geld in den Aufbau der *Social-Media*-Kanäle investiert. Das gilt für große Teile des Geldes aus den Spendenaffären von Meuthen bis zu Parteichefin Deiwel. Selbst bei der Deportationskonferenz von Potsdam geht es zentral darum, eine Influencer-Agentur mit beträchtlichen Mitteln auszustatten, die der Jugend den Rechtsextremismus in die Köpfe einhämmert. Ein Mitarbeiter von Krah erläutert die Strategie so: »Man hat 90 Minuten am Tag ein Fenster in deren Gehirn, wo man reinsenden kann.«

Und wie sie da reinsendet. Laut Politikwissenschaftler Hillje dominiert der »Reichweitenchampion« das Geschehen aller Sendeanstalten. Sie hat mehr als doppelt so viele Facebook-Fans wie jede demokratische Partei. Ihre YouTube-Videos haben mehr Zuschauerabrufe als die Videos aller anderen Parteien zusammen. Die Reichweite der AfD-Bundestagsfraktion auf TikTok: pro Video 430 000 Aufrufe (die FDP folgt »dicht« mit 53 000 Aufrufen). Ein unbeholfenes TikTok-Video des pomadigen Bundesvorstandshaars Krah erreicht 1,4 Millionen Menschen. Goebbels würde vor Neid erblassen. Der musste ein »Reichsministerium für Volksaufklärung und Propaganda« aufbauen, um die Sprache zu lenken. Heute stehen kostenlose Möglichkeiten zur Verfügung, um Hetzbotschaften zu verhunderttausendfachen. Durch die Wunder der Hochtechnologie kann der Franz Huber, »der ja kein Privatgelehrter ist«, mittlerweile vom Küchentisch aus die ganze Nation mit seinen jüngsten Ermittlungen zum »Genozid« am deutschen Volk unterhalten.

Es ist das schmutzige Betriebsgeheimnis des Silicon Valley, dass die Techunternehmen ihrer gesellschaftlichen Verantwortung nicht nachkommen. Die Zahl der Arbeitsplätze entsprechen nicht ihrer ökonomischen Größe: Meta beschäftigt 67 000 Menschen – weltweit (Stand 2023). Alphabet kommt auf 180 000. Unternehmenshüllen. Zum Vergleich: Der Volkswagen-Konzern hat 684 000 Arbeitsplätze, selbst die Deutsche Post 591 500. Viele deutsche Familienunternehmen beschäftigen mehr Menschen als alle Techkonzerne des Silicon Valley zusammen.

Der eklatante Mitarbeitermangel hat Folgen. Wenn Gründer wie Mark Zuckerberg vor dem US-Senat aussagen, haben sie keine Ahnung, was drei Milliarden Menschen in ihren hochtechnologischen Dampfkochtöpfen vor sich hin kochen. Die Unternehmen fassen die Töpfe nicht an. Wo Fäulnis ist, ist die AfD nicht weit. Ihre Propagandisten fingern an den bunten Knöpfchen herum. Statt den Diskurs über ein Ministerium zu vergiften wie zur NS-Zeit, übt sich die AfD in Guerillakriegsführung. Aus Zehntausenden Kanälen schießt sie das digitale Sperrfeuer dezentral in die Gesellschaft. Julius Streicher würde heute TikTok-Konten eröffnen.

An der chinesischen Wunderplattform beißen sich alle demokratischen Parteien die Zähne aus. Die AfD kommt unter allen Bundestagsparteien laut *Intermate Medienhaus* auf einen Marktanteil von

81,2 Prozent. Eine Armada von AfD-Fans und telegenen Influencerinnen, die sich »Tradwifes« nennen, verleiht den Stürmerkästen der AfD mehr Reichweite. Etwa die Anhängerinnen der sexuellen Konterrevolution wie »Malischka«, deren Videos 3,4 Millionen Menschen erreichen. »Newsfluencer« klären auf TikTok über die Geheimnisse der Regierung auf, patriotische Wanderer planen Survival-Camps, und rechte »Foodfluencer« bringen die braune Sauce zum Kochen. Die Auswirkungen dieser Einflussnahme auf Kinder und Jugendliche liegen nicht in weiter Ferne. Bei den unter 30-Jährigen ist sie stärkste Partei.

Die neue Mitte-Studie der Friedrich-Ebert-Stiftung weist nach, dass Jugendliche rechtsextremen Einstellungen erstmals mehr zustimmen als ältere Menschen. Bei den 18- bis 34-Jährigen haben 12 Prozent ein rechtsextremes Weltbild – bei 65 plus sind es 4,4 Prozent. Noch aufsehenerregender ist die rasend schnelle Verbreitung des hitlerischen Lauffeuers: Zwei Jahre zuvor war noch 1 Prozent der 17- bis 30-Jährigen als »manifest rechtsextrem« gemessen worden. Warum auch immer die Alterskohorte auf 34-Jährige ausgedehnt wurde, der Wert kletterte von 1 auf 12 Prozent. Eine Steigerung von 1 100 Prozent in nur zwei Jahren. Dank der globalisierten Konzernplattformen ist das ein weltweiter Trend. Die Jugend schreit nach autoritärer Führung. Laut der *World Values Survey* fand es im Jahre 1995 nur einer von 16 Befragten in den USA großartig, wenn das Militär das Land übernimmt. Aktuell ist es jeder sechste.

Die AfD investiert gewaltig in ihre »Präsenz« auf *Social Media*, was sie bei der Bundestagsverwaltung als »Medien- und Öffentlichkeitsarbeit« abrechnet. Wir finanzieren die Ausländerhetze mit. Auf Facebook veröffentlichte die Partei schon vor Jahren 4 000 Bildkacheln – pro Woche! Mit ungeahnten Folgen selbst für diejenigen, die diese Bildkacheln entwerfen: »In meinem alten Facebook-Profil … bestanden die Neuigkeiten auf meiner Startseite nur aus Katastrophen und Skandalen – sie las sich ungefähr so ausgewogen wie der *Stürmer.*« Die AfD-Aussteigerin Schreiber berichtet, wie sie in der JA Senioren im Umgang mit Computern schulte, um daraus einen Rentner-Sturmtrupp zu formen – »zu einer unserer Geheimwaffen«. Ihre Erklärung: »Die hatten tagsüber viel Zeit, konnten Kommentare schreiben, Beiträge liken und selbst Artikel teilen. Eine ganze Armada russischer Bots hätte nicht zuwege gebracht, was diese älteren Damen und Herren im Folgenden für die Partei geleistet haben.«

Die Jungen helfen den Alten, Software zu installieren und Konten zu eröffnen. Dann geben die mit 15 Profilen die Volksmehrheit. Die sozialen Medien sind das zentrale Mobilisierungsinstrument der Partei. Hier beeinflusst und manipuliert sie die Öffentlichkeit in ihrer Wahrnehmung. Und in einer Demokratie sind, wie der Politologe Ivan Krastev sagt, »Wahrnehmungen die einzige Realität, die zählt«. Die AfD führt einen digitalen Krieg um diese Wahrnehmung. Ihre verbalen Geschosse – zum Beispiel über das Ausmaß des selbst gebastelten und geglaubten Irrsinns eines groß angelegten »Bevölkerungsaustauschs« – werden aus dem Bundestag in die sozialen Netzwerke gestreamt und detonieren dort wie Bomben in einem Munitionsdepot. Ein paar Beispiele:

»Die Bundeskanzlerin will … den Bevölkerungsaustausch unumkehrbar machen. Wir sollen als Volk und als Nation allmählich absterben.« Gaulands Geieraugen fixieren dabei nicht den großen Austausch, sondern die Rassenschande. Auch das Folgende sagt er in den Bundestag, mit großem Applaus auf YouTube: »Ist erst mal die relative Homogenität der europäischen Völker aufgelöst, löst sich allmählich auch der nationale Zusammenhalt auf.« Auflösung der Völker? Auf Merkel ist der alte Herr dabei schlecht zu sprechen. Seine humanistische Bildung treibt ihn aber zu wahren Formulierungsblüten (zu bestaunen auf dem YouTube-Kanal »Deutschland Vaterland«): »Ludwig der 14., der Sonnenkönig, hätte sich nicht getraut, was sie sich traut, dass sie ein Volk völlig umkrempelt und viele fremde Menschen uns aufpfropft und uns zwingt, die als Eigenes anzuerkennen.«

»Bundesvorstand« Jongen spricht Kurioses in den Bundestag-Livestream: »Deutschland soll als Nation, als Land, als Volk verschwinden, es soll ein mehr oder weniger offenes Siedlungsgebiet für Migranten aus aller Welt werden …, einer EUdSSR.« Einer was? Der Facebook-Abgeordnete Münzenmaier (auch stellvertretender »Fraktionsvorsitzender« und »Landesvorstand«): »Wer hat denn diese Zustände in unseren Städten eigentlich zu verantworten? … all jene …, denen ein deutsches Deutschland stets ein Dorn im Auge war.« Ein deutsches Deutschland?

Der YouTube-Abgeordnete Curio im Bundestag und auf all seinen anderen Plattformen: »Wie wäre es, wenn man mal jung [sic!] deutschen Familien die Milliarden zukommen ließe, die man hier ans Ausland und illegale Eindringlinge veruntreut?« Der »Bundestagsabgeordnete« Ehrhorn macht dem Hohen Haus klar: »Wer nun aber glaubt, es ginge hier tatsächlich um … Humanität …, dem muss ich an dieser Stelle leider sagen, dass er nicht ansatzweise verstanden hat, welcher Film hier gerade läuft. Denn tatsächlich befindet sich unser Land, ja ganz Europa, in der entscheidenden Phase eines kulturmarxistischen Umbruchs.«

Im kulturmarxistischen Umbruch? Ganz Europa? Für Bundesschopf Krah werden die Regeln durch den Umbruch »nicht mehr klar sein. Es ist … dort, wo wir jeden Tag aufs Neue die Regeln des Zusammenlebens aushandeln müssen – vermutlich mit Messern.«

Wer in der AfD glaubt an den Austausch der Bevölkerung durch »Flüchtlinge«? *Alle. Wirklich alle.* In einer vertraulichen E-Mail, wo keine Notwendigkeit besteht zu verstecken, was er denkt, referiert Bundestagsuntergräber und »Bundesvorstand« Boehringer dasselbe, was er öffentlich sagt, nur im Tonfall gewisser YouTube-Kommentare: »Die Merkelnutte lässt jeden rein, sie schafft das. Dumm nur, dass es UNSER Volkskörper ist, der hier gewaltsam penetriert wird. […] [Es handle sich] um einen Genozid, der in weniger als zehn Jahren erfolgreich beendet sein wird, wenn wir die Kriminelle nicht stoppen.«

Bundesviper Baum auf ihrem Facebook-Artilleriegeschütz: »Ich bin der Lobbyist der ›Biodeutschen‹! Liebe Bürger, ich stelle immer deutlicher fest, dass die autochthonen Deutschen, das hellhäutige, hier seit Jahrhunderten ansässige Volk, fast keine Interessenvertreter mehr hat. Jede noch so unbedeutende Minderheit hat ihre Lobbyisten, nur die ethnische deutsche (Noch-)Mehrheit nicht.«

Der YouTube-Kanal des für seriösen Journalismus stehenden *Deutschland-Kurier* steinschleudert die Weisheiten des »Landesvorsitzenden« Thüringens ins Volk: Einwanderung – »Angriff auf die Verfassung«. Ja, sogar »Angriff auf die Demokratie«! Die Oberen mischten sich nach Art eines Cocktails ein neues Volk: »Wir wissen aber, dass Demokratie nur funktioniert, wenn es ein Mindestmaß an Homogenität gibt … Wir Deutschen müssen lernen, sich [sic!] wieder selbst gern zu haben, sie [sic!] müssen einen neuen vitalen Patriotismus ausprägen.« Patriotismus, damit ein »Landesvorsitzender« sich wieder gern hat?

Stellvertretender »Vorsitzender« Weiß schießt aus seinem Facebook-Profil in die Menge: »2050 soll es kein erkennbares deutsches Volk mehr geben: Regierung plant den Volkstod!« 2050 ist noch etwas hin, aber in dieser Zeitspanne denkt die AfD. Über Risiken und Nebenwirkungen – fragen Sie diese »Bundestagsabgeordneten« – oder »Generalsekretär« Schmidt: »Die Bevölkerung wird ja in dem Sinne ausgetauscht, dass sie eben durch diese Asylbewerber ersetzt werden soll. Sie wird gar nicht mehr angeregt zur Reproduktion der eigenen Bevölkerung.«

Rassenreinheitswahn. Im Deutschen Bundestag. Nie wieder? Wer will, wer kann das über Jahrhunderttausende gewachsene Menschheitsgemisch auseinanderdividieren? Die AfD will es versuchen.

Schon wieder. Wie heißt es so schön in *Leb wohl, Berlin* von Christopher Isherwood: »Die Nazis schreiben vielleicht wie Schuljungen, aber sie sind zu allem fähig. Deshalb sind sie ja so gefährlich. Man lacht über sie, und dann ist es irgendwann zu spät.«

* * *

Die Kampfbegriffe von »Volkstod« (Höcke) bis »Umvolkung« (Krah) mittels »Ausländer-Import« sind die Schlüsselbegriffe eines Hakenkreuzgemäldes. Glaubten Sie, die AfD denkt sich den rassistischen Quatsch selbst aus? 1982 wurde in der rechtsextremen Szene eine Broschüre mit der Aufschrift verteilt »Ausländer-Integration ist Völkermord«. Vom »Rassenselbstmord« raunen Skinheads seit Jahrzehnten. Worin besteht der Unterschied zwischen der »national-sozialen« Linie der AfD und der »Nationalen Sammlung« (NS) eines Michael Kühnen, der 1988 seine Wahlliste »Ausländer raus!« nennt und eine Frankfurter Trabantenstadt in »die erste ausländerfreie Stadt« der Bundesrepublik verwandeln möchte? Kühnen wird von der mitarbeiter- und moralfreien Suchmaschine Google als »deutscher Dichter« bezeichnet. Blut- und Bodendichter vielleicht. Auf Kühnens Flugblättern steht nichts anderes als die AfD-Geschichte von einer unzumutbaren »Asylanten- und Gastarbeiterflut« (Kühnen).

Allerdings schreitet die AfD in einem Punkt über ihre Lehrmeister hinweg. Statt wie Kühnen die Betonung auf die Ausländer zu legen und sie direkt zu Opfern zu machen, beweint die AfD zunächst das deutsche Volk als Opfer. Die Heilmittel bleiben dieselben – Gewalt. Der »Fraktionsvorsitzende« von Sachsen-Anhalt regt auf der Deportationskonferenz von Potsdam an, es den Ausländern in seinem Bundesland so unangenehm wie möglich zu machen. In Magdeburg und Umgebung soll es »für dieses Klientel möglichst unattraktiv sein zu leben«. Das lasse sich mit einfachsten Mitteln bewerkstelligen, sagt der neue Kühnen.

Die Gewaltfantasien und -sorgen drehen sich dabei auffallend häufig um das deutsche Straßenbild. Bundesviper Baum sieht dort Folgendes: »Ihr guckt in die großen deutschen Städte. Ihr guckt in die Schulklassen. Ihr guckt in die Kindergärtengruppen. … Und es ist ganz offensichtlich, dass ein Bevölkerungsaustausch stattfinden soll.« Das »Replacement« sei »offiziell bestätigt«: »So oft habe ich gehört, dass der Bevölkerungsaustausch eine rechte Verschwörungstheorie sei.« Nicht doch! Für ihren Vorstandsverstand tritt er offen zutage: »Zudem sieht und erkennt jeder mit Verstand, wie es mit unserem Land – dem Land der Deutschen – seit diesem bewussten Umbau zum Einwanderungsland in allen Bereichen kontinuierlich bergab geht.« Was Baum genau wie Meuthen mit dessen Aussage zum Straßenbild, das »kaum mehr etwas mit dem Land zu tun hat, in dem ich groß geworden bin«, umtreibt, ist die Rassenschande, die da staatlich organisiert wird. »Bevölkerungsaustausch« ist nur der harmlos klingende Ersatzstoff für das Hakenkreuzwort.

Alle neun Höllenkreise der AfD handeln von einem Verbrechen, das völkerstrafrechtlich relevant wäre: ein geplanter Genozid. Die Geschichte erzählen sie nicht lachend hinter vorgehaltener Hand; nein. Panisch! Oder trotzig wie die Bundesviper: »Ich stehe weiterhin zu dem Begriff des schleichenden Genozids an der deutschen Bevölkerung durch die falsche Flüchtlingspolitik der Grünen. Der Genozid bezeichnet nach einer UN-Resolution die Absicht, eine nationale, ethnische, religiöse Gruppe teilweise oder ganz zu zerstören. Und diese Absicht unterstelle ich den Grünen.« Die Grünen organisieren hinter unserem Rücken einen Genozid. Von Wirtschafts- und Außenministerium aus? Warum werden sie dafür nicht in Den Haag zur Rechenschaft gezogen? Das fragt sich die AfD auch.

Warum ordnen wir nun die Legende vom biologischen Überlebenskampf des Volkes trotz des Geschichtsunterrichts nicht der NS-Zeit zu? Das deutsche Volk habe ein »elementares Bedürfnis«, schreibt der Parteimephisto im rechtsextremen Magazin *Sezession*, das darin besteht, »sich im Dasein zu erhalten«. Aber selbst bei dieser Erklärung, die nach Gauland »im Grunde unser Parteiprogramm in einem Satz« zusammenfasst, denkt niemand an die NSDAP. Wieso nicht? Worin besteht der Unterschied zwischen dem biologistischen Überlebenskampf der Nazis und dem Elementarbedürfnis des Volkes, »sich im Dasein zu erhalten«? Wie damals Juden stören jetzt die Einwanderer das Elementarbedürfnis. Als bekämen Blutdeutsche weniger Kinder, sobald sie Einwanderung im Fernsehen sehen.

Wie hält man ein Volk im Dasein? Als 1979 die Serie *Holocaust* die Bundesrepublik erschüttert, werden im Anschluss Zuschauerreaktionen gezeigt. Ein Anrufer liest folgende Deklaration vom Blatt ab: »Allerdings waren die Maßnahmen gegen die hässlichen Figuren undeutschen Daseins eine Notwendigkeit, die arische Rasse reinzuhalten. Leider haben einige Kreaturen die Endlösung überlebt und vergiften heute unser aller Blut mit ihrer Habgier und ihrem Egoismus. NPD voran und Heil Hitler!«

Auch Höcke käut in einem rechtsextremen Magazin lange vor der Parteigründung (unter seinem Pseudonym Landolf Ladig) nur das jahrzehntealte rechtsextreme Gedankengut wieder: »Seit 1964 ist die NPD die einzige politische Kraft, die sich gegen alle Widerstände für das Lebensrecht unseres Volkes eingesetzt und immer wieder auf die verhängnisvolle Kombination von Masseneinwanderung und deutschem Geburtenschwund hingewiesen hat.« Nichts davon ist neu. Aber aufschlussreich. Die rechte Szene propagiert das, was die AfD sagt, seit dem Parteiverbot der NSDAP. Dennoch fällt es selbst klügeren Zeitgenossinnen schwer, das Propagandarecycling als Nazi-Ideologie zu durchschauen. Weshalb?

* * *

Um zu begreifen, wo die Möglichkeiten und Grenzen von Propaganda liegen, wollen wir betrachten, wie es dem Großkonzern Coca-Cola gelang, ein Erfrischungsgetränk so in den Köpfen zu verankern, dass wir an Weihnachten, ausgerechnet zur kältesten Jahreszeit, Coca-Cola trinken. Wie bei jedem Erfrischungsgetränk steht der Weltkonzern vor dem Problem, dass sein Produkt zur Weihnachtszeit so sinnvoll ist wie eine Wärmflasche im Sommer. Falls Sie sich einmal gefragt haben, warum die Marke in ihrer Farbgebung feuerrot ist oder was der Konzern eigentlich mit seiner Dauerberieselung des Weihnachtsmanns mitteilen möchte, spricht das sehr für Sie. Entscheidend ist: Coca-Cola hat es geschafft, dass wir das Gebräu im Winter trinken.

Stellen wir uns vor, eine Partei will uns als Ursache für wirklich jedes Problem ganz konkret »Flüchtlinge« unterjubeln. Sie finden seit drei Jahren keine Wohnung? Das wäre ohne die verbrecherische Migrationspolitik des Regimes nicht möglich! Sie sind verschuldet? Der Staat hilft doch nur »seinen« Flüchtlingen. Ihre Frau hat sich getrennt? Undenkbar ohne die linksgrünfeministische Umerziehung. Playmobil ist pleite? Die Regierung gibt alles Geld den »Rapefugees«.

In der Propaganda der neuen *Stürmer* ist das gesamte Weltgeschehen ein Verteilungskampf zwischen *Volk* und *Geflüchteten.* Obschon sie Marx verachten, betten sie alles in dieses ultramarxistische Klassenkampfmärchen um. Sie appellieren dabei an den niederen, aber wirkmächtigen Instinkt der Benachteiligung.

Entweder ziehen sie dafür Meldungen aus renommierten, international prämierten Nachrichtenquellen wie WhatsApp heran. Oder sie schöpfen die Nachrichten der seriöseren Medien ab. Aber am Ende stehen fein sortiert hier die privilegierten Flüchtlinge und dort das geschundene Volk. »Für die Flüchtlinge tut ihr alles und für uns nichts«, lautet der gängige Chart-*Stürmer*.

Das wurde sogar als offizielle Strategie beschlossen. In einem als vertraulich eingestuften Papier für eine Bundestagswahl heißt es:

»Soziale Gerechtigkeit ist für die AfD untrennbar damit verknüpft, dass eine massenhafte Einwanderung … unweigerlich das Äquivalenzprinzip infrage stellt …: Wer für die Gemeinschaft Leistungen erbringt … hat auch einen Anspruch auf die Unterstützung der Gemeinschaft.« Auf Deutsch: Wer hier arbeitet, muss »Vorrang vor Neuankömmlingen und Trittbrettfahrern« haben. Denn: »Auf diese gerade bei den ›kleinen Leuten‹ populäre Position haben die linken Parteien keine Antwort.«

Bei allem, was die AfD politisiert, taucht irgendwann der Flüchtling auf. Es geht darum, ihn (ganz nach dem Geschmack Horst Seehofers) zur Mutter aller Ursachen und Probleme in die Köpfe zu bekommen. Es ist völlig unerheblich, dass nicht »Flüchtlinge« Löhne drücken können, sondern Manager, Konzerne und Unternehmensverbände. Dass nicht der Exportweltmeister von faulen südeuropäischen Ausländern ausgeplündert wird, sondern Deutschland seit Jahrzehnten horrende Überschüsse auf Kosten Spaniens, Griechenlands und Italiens (mit teils einer Jugendarbeitslosigkeit von 40 Prozent) erzielt. Dass Menschen weniger von Einwanderern (oder gleichgeschlechtlichen Ehen) als von deregulierten Märkten bedrängt und verunsichert werden.

Aber mit dieser gedanklichen Einkesselung manipuliert sie mit Weltkonzernen wie Coca-Cola um die Wette. Letzterer stieg mit seiner aggressiven Strategie in den 1990er-Jahren zur wertvollsten Marke der Welt auf. Die AfD-Propaganda zapft Ängste an. Wer Angst vor Ausländern hat, wer sie gar für das eigene Versagen verantwortlich macht, gerät bei den Bundesfacebookrednern über die privilegierten Fremden in Wallung. Obwohl es oft heißt, die AfD sei destruktiv, bietet sie sogar eine politische, wenngleich verfassungswidrige Lösung an: Ausländer raus! Die AfD bewirtschaftet in Menschen den Kältestrom der Benachteiligung. Wer bestätigt bekommt, dass es Schuldige für die eigene Misere gibt, fühlt sich ernst genommen. Und auch das Gegenstück, der Wärmestrom eines ordentlichen, sauberen, ausländerfreien Staatswesens lässt sich in Flaschen und Parteilogos abfüllen. Genauso wie die thermische Glaubensgemeinschaft. Indem die Partei das Tremolo »Die Flüchtlinge sind schuld!« wiederholt und wiederholt, verfestigt sich ein Zusammenhang. Wer auf den AfD-Zug aufspringt, wenn er vorüberfährt, bekommt den Eindruck, die Menschen seien überzeugt von der Predigt im Waggon – nach dem Motto: Leute, fresst Scheiße, Millionen Fliegen können nicht irren.

Irgendwann genügt das Parteilogo, um das gute Gemeinschaftsgefühl auszulösen. So wie wir darauf konditionierbar sind, an ein Brausegetränk zu denken, wenn der Weihnachtsmann klingelt, erinnern sich viele beim Glöckchen der AfD an das Wonnegefühl einer ausländerfreien Welt. Die gibt es zwar nicht (weil wir alle irgendwo Ausländer sind). Aber das Gefühl schon. Wenn das Glöckchen dreimal klingelt, läuft der Speichel nach Bedürfnisbefriedigung. So macht es die AfD. Für sie sind Menschen nichts als Hunde.

• • •

In den neuen blauen Stürmerkästen, in den sozialen Kanälen der Partei, läuft in Endlosschleife das Programm: Flüchtlinge sind unser Unglück! Wenn dort von »Ausländern« die Rede ist, wird versucht, uns dazu das Wort »Kriminalität« beizubringen. Germanisten nennen dieses Phänomen Bindungsstärken. Sie beobachten, dass Worte immer Bindungen (Kollokationen) zu anderen Wörtern (oder ganzen Wortfeldern) eingehen. Das Wort »Hase« lässt einen unweigerlich an »Möhre« denken, obwohl Hasen Möhren nicht sonderlich mögen.

Wie ist das möglich? Die Wiederholung macht's. Sie verfestigt das Gelernte. Vernunft? Fakten? – Wird alles in einer Endlosschleife in den Online-Stürmerkästen niedergewalzt. Die AfD wendet die Pawlow'sche Einprägung in einem fleißig geteilten »Einzelfallticker« an, der Straftaten systematisch mit sogenannten Ausländern in

Verbindung setzt. Nach eigenem Bekunden schlüpft die Partei dabei in »die Rolle des objektiven Aufklärers«, um das »wahre Ausmaß« der »Tatverdächtigen ohne deutschen Pass«, so Bundeswildtrüffel Brandner, unter dem Blätterwald zu erschnüffeln.

Das geht so: »Stuttgart: Mann und Frau attackieren 23-Jährigen mit Messer und Pfefferspray. Am Mittwochabend haben zwei Unbekannte versucht einen 23-Jährigen auszurauben. ... Ihr Komplize zog ein Messer und schlug ihn damit mehrmals ins Gesicht und verletzte den 23-Jährigen am Bein. In der gleichen Zeit zog die Frau ein Pfefferspray und besprühte damit das Opfer.« – Raub, Pfefferspray und Messer. Ein klarer Fall für die AfD. Ausländer.

Allein im Zeitraum 9. – 11.4. lauten nur einige der Einzelfallmeldungen: »Dortmund: Vier Südländer attackieren zwei Männer mit Messer und rauben sie aus«, »Neubrandenburg: Tunesier attackiert Mann (34) mit Messer«, »Hamburg: Staatsanwaltschaft und Polizei fahndet nach MANSOUR I. (29) wegen Anstiftung zum Mord und versuchten Mordes«, »Pforzheim: Zwei Südländer rauben 60-Jährigen nach Barbesuch aus«, »Freiburg: 17-jähriges Mädchen von Mann mit dunklem Teint sexuell belästigt«, »Rostock: 15-jähriger Afghane verprügelt drei Schüler auf Pausenhof und verletzt einen mit Messer«.

Anfang April steht da unter Berufung auf eine Polizeidienststelle: »Völklingen: Unbekannter raubt Geldbörse einer 74-jährigen Frau. An den vergangenen Mittwochen war eine 74-jährige Frau in der Rathausstraße unterwegs, als ihr ein unbekannter Mann (südländischer Phänotyp) in Höhe der Poststraße entgegenkam.« Klarer Fall für die AfD. Ausländer. Die Frage des »Phänotyps« muss hin und wieder etwas faktenfrei interpretiert werden: »Jena: Polizei fahndet nach unbekanntem Mann nach gefährlicher Körperverletzung. Nach einem richterlichen Beschluss fahndet die Polizei Jena mit Fotos nach einem Tatverdächtigen, der am 06. November 2023 einen Mann ohne jeglichen Grund körperlich angegriffen hat.«

Körperlicher Angriff – klarer Fall. Ausländer. Woher weiß die AfD, dass die Täter keinen deutschen Pass besitzen? Als Quelle wird die Landespolizeiinspektion Jena angegeben. Auf deren Webseite ist ein Foto des Täters zu sehen. Es zeigt einen Mann in Tarnfleckhose, mit Sonnenbrille und kurzem grauem Haar. Er sieht alles andere als nach südländischem Phänotyp aus, aber was kümmert das den Stürmerkasten? Umso schlimmer für den Phänotyp.

Der »Einzelfallticker« ist nur einer der denkwürdigen Beiträge der AfD zur Völkerverständigung in Deutschland. Dass bildungsferne Einwanderer gefährlich sind und mit Messern Straftaten begehen, ist in der AfD-Blase derart geläufig, dass sie schon eine eigene Hochkultur danach benannt hat: die »Messerstichkultur«.

Schuld sind für den Rechtsextremismus immer seine Opfer. In der griechischen Antike lief das deutlich humaner ab. Die Athener luden beim Fest der Thargelien durch Handauflegen symbolisch alle Schuld und alle Vergehen auf zwei Sündenböcke, die sie aus der Stadt trieben. Sie hofften so auf Gnade der Götter – für eine anständige Erntesaison. Statt an den Feldern sollten sich die Götter an den nunmehr schuldbefleckten Tieren austoben.

Sich zu reinigen und alle Sünden auf ein Medium zu übertragen, funktioniert mit »Flüchtlingen« ganz vorzüglich. Dass man scheitert, dafür muss irgendwer verantwortlich sein. Wenn man keine bezahlbare Wohnung findet, liegt das nicht am geldgierigen Vermieter oder am Hakenkreuz-Tattoo im Nacken, sondern an Flüchtlingen. Nichts nimmt die Fantasie der AfD so in Beschlag wie straffällig gewordene Ausländer. Es ist eine Obsession. Die Einwanderung ist der blauen Anhängerschaft grundsätzlich nur aus Alarmmeldungen über Morde, Messer oder Raubüberfälle geläufig. Diese Negativschlagzeilen brandbeschleunigen dann die Ängste.

Die Hängebrücke zwischen »Messer« und »Ausländer« ist mithin genauso kurz wie die Eselsbrücke zur »Kriminalität«. Der »Schriftführer« des Wolfsvorstands Hohloch zählt 2024 »jeden Tag drei Messerattacken und jeden Tag zwei Gruppenvergewaltigungen« (Hohloch ist derjenige, den Luzifer mit einem Milzriss ins Krankenhaus schickte). Bundeshaar Krah drückt es philosophischer aus. Eine deutsche Ministerin mit afrikanischen Eltern macht für ihn die Regierung nicht nur »kulturell afrikanischer«, sondern: »Korruption korreliert mit Kultur und Kultur mit Ethnie.«

Wie sieht Bundesviper Baum die Lage? »Kein Tag vergeht, an dem nicht irgendein – Herbert Kickl nennt eine solche Person ›Zuschuss-Subjekt‹ – in Deutschland mordet, schändet, vergewaltigt und unschuldige Menschen ins Krankenhaus befördert.« Für die Viper wäre nicht die Vergewaltigung das Schlimme, sondern der damit begangene Tatbestand der Rassenschande. Rechtsextrem ist, wer den Wert eines Menschen durch dessen Ethnie, Religion oder Nationalität bestimmt. Ein solch kapitaler, weil verfassungsfeindlicher Fehler würde dem anwaltlich teuer beratenen »Bundesvorstand« niemals unterlaufen. Deshalb werden ausländische Anführer zitiert, weil sie nicht unter den Paragrafen »Volksverhetzung« im deutschen Strafgesetzbuch fallen.

Maria Fiedler berichtet im Buch *Die Methode AfD* von einem Wahlkampfauftritt Höckes, der völlig unverfänglich mit einem Referat über Altersarmut, niedrige Löhne und steigende Mieten beginnt. Aber irgendwann kommt er dann doch auf die »Illegalen« zu sprechen und was sie den Staat kosten.

Die Schreckenslehre vom kriminellen Flüchtling wirkt. Und wie: 6 Prozent der Bevölkerung hat laut Forsa-Befragung von 2018 schon einmal Nachteile durch Einwanderer erlitten. Unter AfD-Wählern sind es sage und schreibe 43 Prozent. Nicht reale, »gefühlte« Nachteile – bekannt aus Telegram, WhatsApp und Facebook. Die Kultgemeinde »AfD« kennt Einwanderer nicht aus nächster Nähe. Die Spezies wird in *BILD*-Schlagzeilen über »Nafris« gesichtet. Letztere lachten mich bei einer Fahrt durch die Thüringer Landschaft von NPD-Plakaten an, als ich meinem Nachbarn Höcke hinterherfuhr. Wem soll denn hier im Hinterland ein Polizeibegriff wie »Nafri« geläufig sein, dachte ich? Zu meinem Erstaunen praktisch allen Gästen im Wirtshaus »Zum Blauen Bock« (das heißt wirklich so) im Nachbarort von mir und Höcke. Die Macher des Plakats bauten darauf, dass ihr voraussetzungsreicher Code auch im hintersten Hinterland schon verstanden wird.

Es geht aber nicht nur darum, das Wort »Ausländer« konsequent mit anrüchigen Wortfeldern (Messer, Migration, Kriminalität) zu verknüpfen. Es geht um Metaphysik. Es geht um das Hundekunststück, das Publikum bei buchstäblich jedem Glöckchen-Problem ganz grundsätzlich an Flüchtlinge denken zu lassen! Das Prinzip dieser Reiteration auf dem Weltniveau von Coca-Cola ist manchen der AfD-Strategen derart geläufig, dass sie es auch hinter allen anderen Kampagnen wittern. In einem wegweisenden Urteil des Verwaltungsgerichts Köln zur Verfassungsfeindlichkeit findet sich dazu eine kuriose Episode. Das Modehaus C&A bespielt im Oktober 2021 die Litfaßsäulen mit einem Motiv mit (laut Gerichtsurteil) »dunkelhäutigen männlichen Models«. Dem stürmerischen »Bundestagsabgeordneten« Renner stockt der Atem. Seinen Jüngern auf Facebook teilt er mit: »So eine Werbung, hier, kommt mir komisch vor. Aber schon alleine, dass ich das komisch oder sogar merkwürdig finde, wird man mir als naxihaft raxxistisch auslegen wollen. *Ich frage mich: Soll ich und auch andere an irgendetwas gewöhnt werden?*« Wer den lieben langen Tag versucht, seine Gefolgschaft an etwas zu gewöhnen, vermutet das irgendwann auch bei anderen.

* * *

Propaganda hat die angenehme Eigenschaft, als Denkschablone zu fungieren: Mit ihr ist nur der Teil der Realität hinter den Ausstanzungen zu sehen. Wo nichts ausgestanzt ist, wird nicht durchgeblickt. Nicht zu sehen ist, wenn deutsche Frauen sich auf dem Nachhauseweg vor Hermann fürchten und Mehmet und Ahmet ihnen zu Hilfe kommen. Im Saarland wollte die AfD vom Landtag die häufigsten Vornamen derjenigen wissen, die bei Messerattacken straffällig geworden sind. Es waren die fremdländisch anmutenden Namen Michael, Daniel und Andreas.

Niemals haben kontraintuitive Befunde den Gehirnschleuderwaschgang einer Propagandamaschinerie gestört. Bei der »Messermigration« werden die Ausländer munter weiter mit Gewalt verbunden. Die »Parteichefin« singt die strategische Linie sogar als Schlagerhit dem Bundestag vor: »Burkas, Kopftuchmädchen und alimentierte Messermänner und sonstige Taugenichtse«. Schon halten laut ARD-Deutschlandtrend 95 Prozent derer, die die AfD wählen, die Aufnahme von Zuwanderern für nicht oder »auf keinen Fall verkraftbar«. 96 Prozent der AfD-Wähler erwarten, dass die Kriminalität »künftig stark« zunimmt.

Bundesviper Baum tropft das Gift aus dem Maul: »Was wollen sie überhaupt in Europa? Gesetze und Menschenleben interessieren viele dieser ›Neubürger‹ überhaupt nicht. Ein friedliches Zusammenleben, wie es für uns bisher normal war, ist ihnen fremd. Während sich für uns unvorstellbare Aggressionen nun bereits auf hoher See vollziehen, quellen die Nachrichten von Tötungen und schwerer Körperverletzung auch in Deutschland über: Tötung mit einem Schraubenzieher, Kopfstoß-Attacke oder schwerste Gesichtsverletzungen durch ein Messer.«

Zum Jahresbeginn 2015 konnte der Parteigründer Lucke seine Kultbewegung noch davor warnen, »die Gewalttat zweier Extremisten einer ganzen Religionsgemeinschaft« anzulasten, »deren Großteil aus friedliebenden, unbescholtenen Menschen besteht«. Kaum ist er gestürzt, gilt die neue Devise, man kann, nein, man muss ihnen nicht nur jede Gewalttat, sondern alle Probleme der Welt anhängen. Nach diesem Strickmuster funktioniert die verlässliche »Politisierung« ganzer Bevölkerungsschichten.

»Landesvorsitzender« Frohnmaier verlangt aufgrund des glöckchenhaften Problemdrucks aus der Propagandaabteilung: »Wir haben daneben generell ein Problem mit sich zusammenrottenden Mobs aus jungen männlichen Asylbewerbern, die Straftaten begehen. ... Ich fordere deshalb eine generelle Ausgangssperre für männliche Asylbewerber im Alter unter 50 Jahren ab 20.00 Uhr.« Auch Gauland kann eine gewisse Lösungsorientiertheit der von seinen *Stürmern* geschaffenen Probleme nicht abgesprochen werden: »Das Asylrecht für Muslime [muss] umgehend ausgesetzt werden, bis alle Asylbewerber, die sich in Deutschland aufhalten, registriert, kontrolliert und deren Anträge bearbeitet sind.«

Interessanterweise sind Einwanderer in der blauen Mythenwelt aber nicht die wahren Täter. Die Regierung und die Verräter von den »Altparteien« sind die Täter. Die Einwanderer sind nur ihre Erfüllungsgehilfen. In der knappen, aber eindringlichen Schlagzeilensprache der AfD lautet die »Theorie« so: »Merkels Tote«! Als der Münchner Hauptbahnhof wegen einer Bombendrohung geräumt wird, verschickt der »Bundestagsabgeordnete« Bystron eine Rundmail an die Lügenmedien und klärt sie darüber auf, dass die Regierung »Hand in Hand« mit den Terroristen arbeite.

Wer glaubt das? 77 Prozent der AfD-Wähler – die haben Angst vor Einwanderern. Sie sollten besser Angst vor den AfD-*Stürmern* bekommen, die ihnen derartig in die Köpfe hämmert. Ich war lange geneigt, das als reine Propaganda abzutun. Als Ausdruck eines viralen Gehorsams, aber sicher nicht als Ausdruck von ehrlicher Überzeugung und Angst. Kein Mensch mit einem Mindestmaß an Informationen könnte ernsthaft derartige Übertreibungen glauben, oder?

Der Journalist Erich Kuttner, dem wir die großen Bildbände über die »Kriegszermalmten« des Ersten Weltkriegs verdanken, könnte mit seiner Kamera umherfahren, um heute Angstzermalmte einzufangen – Propagandaopfer der AfD. In einer Schlüsselszene des Dokumentarfilms *Eine deutsche Partei* des Regisseurs Simon Brückner stehen drei AfD-Abgeordnete im europäischen Hinterland von Bosnien-Herzegowina, in einiger Entfernung zum Flüchtlingslager Lipa. »Landesvorstand« Lindemann bekommt es mit der Angst zu tun. Einer müsse auf jeden Fall beim Auto bleiben, rät er. Sein Kollege versucht zu beruhigen: »Ich setz mich ins Auto, lass den Motor laufen …« Als sie in weiter, kilometerweiter Entfernung Einwanderer ausmachen, stockt ihnen der Atem. »Die joggen richtig!«, fällt der Reisegruppe zu ihrem Entsetzen ein. Angst überkommt sie, echte ehrliche Angst: »Da kommen schon zwei, drei Migranten angelaufen …, nicht dass wir irgendwann umzingelt sind« und: »Kommt mal lieber her, wer weiß, was die für Pläne haben.«

Im Tollhaus der AfD bringen sich die Menschen ihre Ängste bei. Bis sie von ihnen heimgesucht und regiert werden. Die Abgeordneten packen die Urängste, wie in diesem Film. Mit Kafka lässt sich dichten: In den sozialen Netzwerken gehen Käfige jeden Morgen ihre Vögel suchen. Die Anhänger sperren sich selbst in Angst- und Hasskäfige. Sie haben keine Angst mehr. Die Angst hat sie.

Das erste Opfer der blauen Kirche ist ihre eigene Anhängerschaft. Da wir diese Zwischenwelt nicht betreten, sehen wir nur die Wirkung der Propaganda: Wie in einem Experiment, bei dem die Flamme unter dem Reagenzglas auf den Kittel des Chemikers überschlägt, rennen Menschen lodernd umher. Oder um mit Kafka im Bild zu bleiben, sie prallen flügelschlagend immer munter weiter gegen die Käfiggitter. Wir rätseln, was sie haben.

Die Insiderin Franziska Schreiber hält die Technik, die Angst wachzuhalten, zu stimulieren und zu kultivieren, für »das Lebenselixier der AfD«. In den fiktiven Auslagen der Stürmerkästen sehen die Anhänger, was ihnen mundet: »Der ängstliche Mensch will hören, dass seine Sorgen berechtigt sind. … Also gaben wir ihnen, was sie haben wollten.«

Die AfD schöpft das Reservoir menschlicher Ängste für die ganz eigenen braunen Zwecke ab. Um reale Gefahren wie die Feinstaubbelastung geht es merkwürdigerweise nie. Nach den Daten der *European Environment Agency* erstickten in Europa allein 2021 über 253 000 Menschen daran. Das Land bräuchte eigentlich eine Feinstaubpartei. Mut zum Atmen!

Aber die AfD kennt nur ein Glöckchen. Mit Folgen. Inzwischen sind alle demokratischen Parteien restlos davon überzeugt, dass die Sache mit der Einwanderung ein heikles politisches Problem ist. Größer als die 253 000 Feinstaubtoten jedes Jahr. Das ist der Erfolg der neuen Stürmerschaft. Die Vergiftung wirkt.

Wie sehr AfD-Politiker glauben, was sie predigen, zeigt sich auch daran, wie müde sie von ihren eigenen Niedergangsvorstellungen sind, von ihrer Angst richtiggehend demoralisiert. Sie machen sich, das gehört zur Wahrheit, echte Sorgen um das Land. Sie werden von echten Magengeschwüren über die nicht existierenden Verhältnisse aufgefressen. Dazu die Nachricht aus einem Parteichat, in dem ein »Kreisvorsitzender« am 4. Dezember 2020 mit allem abrechnet: »Diese regierenden Verbrecher, mit den meisten deutschen Schlafschafen ja simpel zu realisieren, werden uns derart zum Absturz bringen, in eine gewaltige Katastrophe treiben, die seinesgleichen erst mal gefunden werden muss. Ohne Umsturz und Revolution erreichen wir hier keinen Kurswechsel mehr. Der Abgrund ist nahe. Wahlen helfen hierzu ohnehin nicht mehr.«

Der Ton der Demoralisierung ist echt. Er ist absolut ehrlich, wenn er an einen »Absturz«, »eine gewaltige Katastrophe« und den »Abgrund« glaubt. In einer parteiinternen WhatsApp-Gruppe, wo sie sich untereinander austauschen, sagen sie *genau dasselbe*, was wir in ihren öffentlichen Verlautbarungen für bloße Propaganda halten.

Wir müssen uns von der Vorstellung verabschieden, Propagandisten seien nicht ernsthaft von den Anschauungen überzeugt, die sie in *Stürmer*-Manier so hart herbeikämpfen. Bereits von der Parteichefin haben wir im zweiten Kapitel eine Mail gelesen, in der sie von »molekulare[n] Bürgerkriege[n]« schreibt, die die Funktion erfüllten, »das deutsche Volk kleinzuhalten« – verfasst lange vor der Machtergreifung des Deiwels. Ohne jede Not, ihren wahren Glauben zu dokumentieren, bezeugen sie immer und immer wieder dieselben Dogmen derselben *Stürmer*-Lehre.

* * *

Mein Umdenken in dieser Angelegenheit setzte mit einem Video von Xavier Naidoo ein, in dem ihm ehrlich empfundene Tränen über das Gesicht liefen angesichts der Verschwörungserzählung »QAnon«, die heute Amerika spaltet. Das Kürzel steht für einen regierungsnahen Informanten namens »Q«, der dem Volk die Wahrheit über das Treiben der Mächtigen hinterlässt. Er behauptet, dass ein globaler Ring korrupter Eliten die Welt regiert und Kinder unter der Erde gefangen hält, diese foltert, ermordet und ihr Blut trinkt, um sich zu verjüngen. »In diesem Moment«, sagt Naidoo im Video schluchzend, rotzend und stammelnd, weil er so froh darüber ist, was er jetzt verkünden darf, würden »in verschiedenen Ländern der Erde Kinder aus den Händen pädophiler Netzwerke befreit«.

Wer glaubt das? Nun, Donald Trump lässt seine Reden und Wahlkampfauftritte mittlerweile mit der Musik unterlegen, die als Erkennungsmelodie der QAnon-Bewegung bezeichnet wird. Im Fernsehen wirken die Auftritte nur bizarr. Geradezu larmoyant winselt der 78-jährige Präsidentschaftskandidat völlig unverständlich einen Sermon und wiegt dabei den Körper im Takt der Klänge, als sei er hypnotisiert. Wir verstehen die Wirkmächtigkeit der QAnon-Verschwörung nicht, weil es uns niemals gelingen wird, solch morbides

Treiben ernst zu nehmen. Aber als Trump im April 2024 in New York vor Gericht steht, übergießt sich vor dem Gerichtsgebäude ein Mann mit einer Flüssigkeit und zündet sich an. Die QAnon-»Theoretiker« glauben ihre Lehre. Und QAnon metastasiert längst in der AfD.

Die Aufrichtigkeit an Naidoos Tränen stimmte mich nachdenklich. Wir können ihn nicht verstehen, weil uns der Eingang zu Platons Höhlengemeinschaft versperrt bleibt. Aber die Höhlenkirche der AfD ist aufrichtig überzeugt von ihrer Lehre einer korrupten Elite, die kriminelle Ausländer ins Land karrt, um die Bevölkerung zu zersetzen. Ihre Leidenschaftlichkeit ist genauso echt wie ihre Unbeherrschtheit, wenn sie die Kabalen und Lügen auftischen. Wir sollten aufhören zu glauben, dass die Okkultisten es mit dem, was sie wollen, ankündigen und drohen, nicht äußerst ernst meinen.

Wer daran zweifelt, dass QAnon, Donald Trump oder Xavier Naidoo von ihren Erzählungen überzeugt sind, werfe einen flüchtigen Blick auf die Verirrungen der eigenen Urgroßmutter im Dritten Reich. Die glaubte fest daran, dass die jüdische Weltverschwörung das zaristische Russland in die Katastrophe des Kommunismus gestürzt habe. In *Mein Kampf* stehen Sätze wie: »Siegt der Jude mit Hilfe seines marxistischen Glaubensbekenntnisses über die Völker dieser Welt, dann wird seine Krone der Totentanz der Menschheit sein, dann wird dieser Planet wieder wie einst vor Jahrmillionen menschenleer durch den Äther ziehen.«

Die NSDAP-Untergangslegende geht unter anderem auf das mittelalterliche Buch *Leben und Passion des Märtyrers Wilhelm von Norwich* zurück, das Juden unterstellte, die Ortschaften auszulosen, aus denen sie sich Naidoos Blutopfer holen. Im Jahr 1144 fällt die Wahl auf Norwich. Wer würde das glauben? Im Zweifelsfall unsere direkten Vorfahren. Niemand hätte 1928 für möglich gehalten, dass fast die Hälfte der Deutschen einmal dem Unsinn von der Rassenlehre folgt, nach der Menschen wie Hunderassen gekreuzt und gemischt werden. Hitler opfert vor aller Augen Millionen seiner genetisch so hochwertigen Soldaten auf den Schlachtfeldern, ohne dass irgendwer einen Widerspruch zur Rassenlehre zu erkennen vermag. Wir schauen in die Geschichtsbücher und lesen peinlich berührt, was damals *herrschende Meinung* war. Im Gegensatz zu uns hatte der Schriftsteller Christopher Isherwood die Gelegenheit, sich für seinen Roman in der Weimarer Republik vor ihrem Untergang ausgiebig umzusehen und seine Beobachtungen für uns zu notieren: »Die politische Moral ist zweifelsohne bedrückend: Diese Leute konnte man dazu bringen, dass sie an alles und jeden glaubten.«

Die AfD-Okkultisten glauben, dass »Ökosozialisten« den Tod bringen und dass der Feminismus dafür verantwortlich ist, wenn die Frau sich trennt (statt der AfD-Parolen). Die Intellektuelle Mely Kiyak weist einen Weg, wie leicht es ist, mit Hass zu arbeiten: »Als Autorin weiß ich: Der Hass braucht nur eine Sekunde, um seinen Weg ins Herz zu finden, aber Generationen, um diesen Ort wieder zu verlassen.«

Den reaktionsfreudigen Weinteufel der neuen *Stürmer* aus den Kommunikationsschläuchen auszutreiben, ist keine leichte Aufgabe. Der alte Hass ist seiner Natur gemäß verbreiteter, ätzender und deutlich schneller als alle guten Absichten. Allerdings: Nicht nur die AfD propagiert »Hass«. Auch die Gegner:innen gehen gegen »den Hass« auf die Straße und skandieren: »Ganz *[setzen Sie hier die Stadt ihrer Wahl ein]* hasst die AfD!« Als demokratische Haltelinie wird zum Einsatz von »Liebe« geraten. Aber es geht nicht ums Hassen. Im *Social-Media*-Zeitalter der Lösungsvorschläge im Kollektivsingular mögen Ratschläge für mehr Liebe sinnvoll erscheinen; als politische Rezepturen taugten sie im Endkampf der Weimarer Republik genauso wenig wie heute. Das Denken in Hashtags ist intellektuell noch niemandem bekommen (»Niewiederistjetzt«). Mit den gefälligen Begriffshülsen herumzufuchteln, wird an der Einheitsfront einer totalitären Bewegung jäh zerschellen.

Einem hilfreicheren Sprachbild nähert sich Stefan Zweig in seinem Buch *Die Welt von gestern*. Als er die seelische Atmosphäre seiner Zeit rekonstruiert. Für Zweig ist es »tausendmal leichter, die Fakten einer Zeit zu rekonstruieren als ihre seelische Atmosphäre«. Am Vorabend des Ersten Weltkriegs betritt er in der französischen Kleinstadt Tours einen Kinosaal, randvoll »mit kleinen Leuten ..., richtigem Volk«. Vor dem Film flimmern wie damals üblich die Nachrichten über die Leinwand. Die Menschen nehmen kaum Notiz, bis der österreichische Kaiser erscheint. Da beginnt sich der Saal zu regen. Als auch noch der deutsche Kaiser aus einem Zugabteil steigt, gibt es kein Halten mehr: »Alles schrie und pfiff, Frauen, Männer, Kinder höhnten, als ob man sie persönlich beleidigt hätte. Die gutmütigen Leute von Tours, die doch nicht mehr wussten von Politik und Welt, als was in ihren Zeitungen stand, waren für eine Sekunde toll geworden. Ich erschrak. Ich erschrak bis tief ins Herz hinein. Denn ich spürte, wie weit die Vergiftung durch die seit Jahren und Jahren geführte Hasspropaganda fortgeschritten sein musste, wenn sogar hier, in einer kleinen Provinzstadt, die so arg aufgestachelt worden war, dass selbst ein flüchtiges Bild auf der Leinwand sie schon zu einem Ausbruch verleiten konnte. Es war nur eine Sekunde, eine einzige Sekunde.«

Zweig beschreibt die Vergiftung einer Bevölkerung. Den französischen *Wochenschau*-Propagandisten genügt ein einziges Signal, um eine »gutmütige« Menge im Frühjahr 1914 in eine rasende Meute zu verwandeln. Und heute? Beim bloßen Gedanken daran, als Land Flüchtlinge »zu haben« (als handle es sich um die Pocken), setzen im Osten Buhruf- und Pfeifkonzerte ein. Wie saurer Regen prasselt die organisierte Verachtung auf Mitglieder der Regierung herab, wie 2016 auf Angela Merkel in Dresden oder Sigmar Gabriel in Salzgitter. Gabriel, der die pöbelnden Neonazis nicht im Sinne der AfD als »Volk« verstanden wissen wollte, zeigte ihnen den Stinkefinger. Später räumte er im ZDF ein Versäumnis ein: »Ich habe nur einen Fehler gemacht, ich habe nicht beide Hände benutzt.«

* * *

Brülldeutschland ist zurück. Mit abfälligen Gesten verspotten die Allwissenden die »Gutmenschen« als arme Unwissende, während sie, die Eingeweihten, die Vorgänge der Regierung durchschauen. Die Höhlenkirche ist nicht aus Fakten gezimmert, sondern aus Mythen. Und deshalb umso mächtiger. Kantig feiern sie sich in Demonstrationen für ihr Insiderwissen selbst. Johlend werfen sie mit Bierflaschen nach der »Lügenpresse«: »Wir werden sie aus ihren Redaktionsstuben vertreiben. Wir werden uns ihre Lügen nicht länger anhören. Das ist erst der Anfang des Sturms«, verspricht der ehemalige »Stadtrat« Mandic, ein kämpfender Anwalt im finsteren Hooliganlook. Die Presse, ein Kollaborateur der Regierung beim Volksgenozid.

Der »Bundestagsabgeordnete« Heßenkemper verkündet auf einem »Bundesparteitag«: »Wir müssen die Medien und den öffentlich-rechtlichen rot-grünen Propagandaapparat angreifen und schwächen.« Nach allem Werben um die Gunst der Partei, nach den Anstrengungen, die AfD nicht zu benachteiligen, in alle Sendeformate einzuladen, sie »fair« zu behandeln, als sei man der Schiedsrichter der Politik, bedankt sich die Partei mit unverhohlener Gewalt. Das Werben um die Gunst – vergebens. Zu den Übergriffen von Hardcoreparteifans fehlen belastbare Zahlen. Nach den ersten heimtückischen Attacken von Pegida versprach der Deutsche Journalisten-Verband (DJV) ein Dokumentationsprojekt. Auf Nachfrage erhielt ich die Auskunft, das Projekt sei eingestampft worden.

Im inbrünstigen Ton der Überzeugung schreit ein Parteimitglied, das Höcke für »die Stimme Deutschlands« hält, auf einer Demonstration in Cottbus: »Ich bin ein Nazi! N-A-Z-I – nicht anpassungswillig zur Islamisierung.« Sie wollen keine Argumente. Der »Stadtverordnete« Schöngarth, der seine Gefolgschaft auf Facebook mit Videos über »Holocaust am deutschen Volk« unterhält, mit denen er beweisen will, »was die Juden den Deutschen angetan« haben, schreibt einer Achtzehnjährigen auf der Plattform TikTok: »Hoffentlich wird dich mal ein Schwarzer so richtig drannehmen, ohne dass du das möchtest. Dann wirst du vielleicht normal im Hirn.« – Die junge Frau hatte ihm nur geraten, erwachsen zu werden. Gewaltfantasien als Überzeugungshilfe, wenn die Argumente bei den Nicht-Gehirngewaschenen versagen. Die Achtzehnjährige veröffentlicht die Chatnachrichten, damit »die Menschen wissen, wie manche AfD-Abgeordnete drauf sind«. Das Problem ist nicht, dass der Abgeordnete des höchsten Stadtgremiums so drauf ist, sondern der Großteil der Kultgemeinde.

Auf das Kommando einer *BILD*-Schlagzeile hin über die Einwandererverbrechen schreit Brülldeutschtum auf, als hätte es ein glühendes Eisen in die Hand gelegt bekommen. Das Wort »Ausländer« fällt wie ein Hammerschlag auf die Patellasehne und weckt uralte Blutinstinkte aus Niedertracht und Demütigenwollen.

Stefan Zweig erschüttert, dass »bis tief in die Provinz, bis tief in das gutmütige, naive Volk der Haß sich eingefressen« hat. Im Spiegel unserer Zeit können wir entgegenwerfen: *Gerade dort!* In den abgedunkelten Kinosälen, in den wirklichkeitsfernen Ecken wie Tours oder Facebook gedeiht das Geschäft der *Stürmer*. In Sachsen entsteht 2015 eine Straßen- und Gewaltbewegung, die sich »gegen die Islamisierung des Abendlandes« richtet. Nach *Zensus*-Angaben lebten dort seinerzeit 0,48 Prozent Muslime. Pegida entsteht dort, wo es keine Berührungspunkte mit der Wirklichkeit gibt. Dort wirkt das Gift am stärksten. Aus sicherer Entfernung zum »Problem« (dem Glöckchen) lässt sich am besten Deutsche (in Zweig Tours) oder den Islam (Pegidas Sachsen) hassen. Die Wirklichkeit behindert dort die freie Ausübung des Glaubens nicht.

Zweigs Beobachtung eines Kinosaalpublikums ist auch deshalb so bezeichnend, weil Wochen später »Millionen hüben und drüben einzig davon träumten, einander auszurotten und vom Erdboden zu vertilgen« und sich bis auf den letzten Mann zu vernichten. Vier Jahre wird von Staats wegen »Mord und Raub unter dem Namen

Heldentum und Requisition« verstanden. Es ist dieser Vernichtungswille mitsamt Flammenwerfer und Giftgas, der den Parteimephistopheles mit ganzem Stolz erfüllt – »auf Leistungen deutscher Soldaten in zwei Weltkriegen«. Weltkriegsleistung.

Die Giftmischer in ihren tausend neuen *Stürmer*-Redaktionshinterzimmern hassen aus der Ferne. Sie wissen, was die Anhänger sehen, lesen und glauben wollen. Sie produzieren und vertreiben den Stoff wie eine Droge. Sie schaffen eine Endzeitstimmung, die die Gemeinde der Gläubigen so *restlos* und innerlich erfüllt, dass sie in ihrer Schlagstockmentalität am liebsten sofort losstürmen würden. Ein ehemaliger Mitarbeiter der Bundesviper gibt an, wohin ihn der Hass, gepaart mit einer Portion lösungsorientierten Denkens, drängt: »Ich bin so voller Hass. Die Belästigungen werden auch immer mehr. Ich würde niemanden verurteilen, der ein bewohntes Asylantenheim anzündet.«

Warum sollte die Partei die Scharen hungriger, hasswütiger, dampfender, weißer Männer vom Gegenteil dessen überzeugen, was sie denken wollen? Gebt den Anhängern, wonach sie dürsten.

* * *

In den blauen Echokammern flimmert Tag und Nacht die Weltuntergangstimmung. Schon 2012 schreiben die Parteigründer in ihrem Aufruf für die »Wahlalternative 2013«: »Die Bundesrepublik Deutschland ist in der schwersten Krise ihrer Geschichte.« Rückblickend wirkt das nur noch lächerlich. Aber 83 Prozent der AfD-Wählerschaft sind nach einer Studie der Konrad-Adenauer-Stiftung davon überzeugt, »wenn das so weitergeht, sehe ich schwarz für Deutschland«. Bei den demokratischen Parteien liegt der Wert bei 24 Prozent. Die Scharfmacher und Giftmischer wissen, dass sich Untergangsstimmung in Wahlerfolg bezahlt macht: »Je schlechter es Deutschland geht, desto besser für die AfD«, bringt es der langjährige AfD-Pressesprecher Lüth auf den Punkt. Die Konsequenzen seien mit Mephisto »lange besprochen« worden: »Wenn jetzt alles gut laufen würde …, dann wäre die AfD bei drei Prozent. Wollen wir nicht. Deshalb müssen wir uns eine Taktik überlegen zwischen: Wie schlimm kann es Deutschland gehen? Und: Wie viel können wir provozieren?«

Die *Stürmer* brauchen ein paar Untergänge. Die selbst ernannten Patrioten wünschen ihrem Land nichts sehnlicher. Untergang für Stimmenfang. Der ehemalige »Landtagskandidat« Samtleben veröffentlicht angesichts der miserablen Umfrageergebnisse eine Art Hilferuf: »Helfen würden bei den sinkenden Umfragen ein pa[a]r islamistische Anschläge in Deutschland direkt vor der BTW.« Genauso sieht es der »Landtagsabgeordnete« Barth: »Was die Partei jetzt bräuchte, ist ein Anschlag, Anis Amri 2.« Scheinbar erschrocken fügt er hinzu: »So was darf man sich natürlich nicht wünschen.« Je mehr Opfer, desto besser. Gefallen im Dienst des Vaterlandes. Wenn die AfD an die Macht kommt, wird sie ihnen Denkmäler bauen. Schon Hitler verkündete im Oktober 1932: »Wenn das Glück da wäre, dann brauchte ich nicht da zu sein, und dann wäre ich nicht da!«

Einzig: Mit Untergangspsychosen in Dauerschleife aus dem Werkzeugkasten des *Do-it-yourself*-Extremismus käme eine Bürgerkriegsbewegung nicht weit. Für den Erfolg braucht sie Fantasie. Hitler gewinnt Wahlen nicht damit, den Holocaust zu plakatieren. Hitler verspricht den Wiederaufstieg Deutschlands und die Erlösung aus der Zerstrittenheit. Er sieht sich als Idealist. Als er 1930 einen Gerichtssaal als Bühne nutzt, gibt er bekannt: »Ich lasse mir nicht von irgendeinem meine Ideale mit Gewalt austreiben.« Der Kampf um die Macht ist immer die Frage: Wem gehört die Fantasie?

Es wäre falsch, der AfD zu unterstellen, sie habe keine Lösungen für ihre politischen Probleme. Die AfD hält die Migration nicht für unlösbar (genauso wenig wie die NSDAP die »Judenfrage« für unbeantwortbar hielt). Die AfD deutet nicht nur endgültige »Lösungen« an. Sie macht Hoffnung auf diese bessere Zukunft. Im AfD-Staat aus Eisenstärke herrscht sie allein. Da ist nicht nur Hass, Angst und Wut. Da ist Fantasie, Utopie, die Verheißung einer neuen Zeit. Ohne diese Ingredienzien könnte sie keine Erfolge feiern. Die AfD-Politiker sind in ihren Sirenengesängen an die Wählerschaft Helden. Sie retten Deutschland. Sie versprühen Hoffnungen – nur nach der Art wie Gärtner Pestizide. Die Gegenwart mag ihnen verwahrlost erscheinen. Die Zukunft ist flüchtlingsfrei.

Die Veränderungen, die Millionen von Menschen das Leben oder die Liebe erleichtern, vermarkten und brandmarken konservative Kreise gern als Gesellschaftszerfall. Statt die Freiheitsgewinne zu feiern, beklagen sie Verlust. Das größte Kapital der AfD besteht darin, den bürgerlichen Kreisen etwas zu bieten zu haben. Vor etwas mehr als einem Jahrzehnt mussten diese ein Buch von Rainer Wendt *(Deutschland in Gefahr, Deutschland wird abgehängt)* oder Heinz Buschkowsky kaufen. Oder das meistverkaufte Sachbuch in der Geschichte der Republik nach diesem hier, mit dem Titel *Deutschland schafft sich ab.* Dessen Autor redete gleich unverhohlen dem biologistischen Rassenwahn das Wort. Wahre Blut- und Bodendichtung. Nicht alles ist schlecht an der AfD. Die hundertfach gedruckten Beschwörungen, der Rechtsstaat habe versagt – spurlos vom Büchermarkt verschwunden. Die Niedergangsgesänge werden nicht mehr gebraucht. Die Partei hat die Geschäfte übernommen. Was die Bücher nur forderten, kann sie jetzt durchsetzen *(Crowley's Law).* Während die Bücher der alternden Politikrentner vor allem geistigen, wenn auch eindrücklichen Schaden anrichteten, kann die Partei den Rechtsstaat jetzt wirklich abschaffen.

Wie nah die Sarrazin-Diskurse Hitlers Gedankenwelt kamen, verstand ich erst, als ich diese studierte. Sie steckt voller wüster Beschimpfungen auf Menschen, die nicht arbeiten. Die Arbeiter der selbst ernannten Arbeiterpartei kamen vom harten Tag aus der Fabrik nach Hause, nur um bei Autor Hitler die »Wahrheit« zu erfahren: dass *der Jude* verurteilt sei, als Parasit am Körper der »schaffenden Rassen« zu schmarotzen. Das sei sein »Rasseschicksal«. Das schrieb der ehemalige Waisenrentenempfänger, der in jungen Jahren eine größere Abneigung gegen jede geregelte Arbeit hegte und ständiger Gast im Obdachlosenasyl war. Dieser Hitler urteilte über das Judenkollektivsingular: »Er kann nicht anders, ob er will oder nicht.«

Die arbeitsscheuen Sozialschmarotzer und ein kulturell in Deutschland tief verwurzeltes Misstrauen, Ausländer könnten es sich auf Kosten der Steuerzahler bequem machen, regieren weite Teile der CDU. Sie macht seit 2023 wieder Front gegen Arbeitslose (wie sie zuvor Stimmung gegen die faulen Südeuropäer gemacht hat). Die Faulen, die Arbeitslosen, die Arbeitsscheuen: der Lieblingsschlager in der Vorbereitung der Gesellschaft auf Faschismus. Niemand sollte sich einbilden, das Werk der AfD sei mit der Deportation von Ausländern getan. Eine Studie kommt zu dem Schluss, dass 85 Prozent der AfD-Wähler Einwanderer ablehnen – dicht gefolgt von den Langzeitarbeitslosen (mit 72 Prozent). Da die Partei von überproportional vielen Arbeitslosen gewählt wird, lässt sich zusammenfassen, dass die AfD sich schon um diejenigen kümmern wird, die ihre Lügen geglaubt haben.

Sarrazins Wirkung war dabei vergleichbar mit dem Spiel, das die blauen Angstmacher heute mit den bürgerlichen Kreisen treiben. Seinerzeit erfuhren sie aus Büchern, wie verkommen das Land war. Meist mit völlig überdrehten Märchen aus Berlin-Neukölln, übervölkert von kriminellen Fremden, die nur das eine Ziel kannten: Sozialmissbrauch. Schade, gründete niemand die Sozialmissbrauchspartei (SMP), in dem sich die Gespenster von Sarrazins Fantasie-Reich vereinigen, um ihre Agenda, das Land zu übertölpeln, an der Macht durchzusetzen (mit einer Erhöhung der Sozialhilfe etwa). Sarrazins Leser waren nie in Berlin-Neukölln (dort hätten sie nur einen zu

Tode gentrifizierten Stadtteil gesehen, über den sich Jens Spahn wenige Jahre später in der *Zeit* beklagte, nur noch Englisch zu hören).

Menschen glauben, was sie glauben wollen. Sie bedürfen keiner Beweise für die Gewissheit, wie schlimm es um das Land steht und dass sie als hart arbeitende Steuerzahler von allen Seiten nur betrogen werden. Was sie damals umständlich aus der Lektüre von Büchern ziehen mussten, reicht ihnen die AfD heute bequem per Bildkachel. Die AfD hat gelernt, an die konservativen Sehnsüchte nach der totalen Maßregelung und Gängelung von Menschen anzudocken: Zucht, Ordnung und Schlagstockmentalität. Natürlich ist sie *keine* Zucht-und-Ordnung-Partei. Was sollten das für Ordnungsleute sein, die *law and order* in Waiblingen und München-Nord fordern, aber im Parlament mit Waffen handeln und Munition und Sprengstoff horten? An Widersprüchen konnte schon die NSDAP nicht scheitern, deren »Führer« ein in Deutschland kriminell gewordener Ausländer (nicht aus Neukölln) war. Ein Serientäter und Warlord. Er sollte mehrfach abgeschoben werden. Auf eine der Vorlagen kritzelte der Referent des Reichstagspräsidenten: »Wir haben genug Idioten im eigenen Lande und brauchen sie uns nicht von auswärts zu importieren!«

Wir können uns die Widersprüchlichkeiten des Faschismus nie monströs genug vorstellen. Ein Funke menschlicher Vernunft hätte nach allen philosophischen Theorien ausgereicht, um die NSDAP in tausend Stücke zu sprengen. Der Journalist Harald Jähner kommt in dem Buch *Höhenrausch* über die Weimarer Republik zu dem Schluss: »Obwohl die NSDAP das mit Abstand destruktivste Element der Weimarer Republik darstellte, gelang es ihr, sich als Partei der Einheit aufzuspielen, die das Tollhaus der Widersprüche zu einer neuen Gemeinschaft formen könnte.«

Die zweijährigen Recherchen für dieses Buch im Umfeld der Partei haben mich zu einer Neubewertung des Phänomens geführt, mit dem wir es zu tun haben:

Erstens: Die AfD betreibt Propaganda auf höchstem Niveau! Es gelingt ihr, Menschen in erschreckend hoher Zahl von völligem Unfug zu überzeugen. In der schärfsten Form der Agitation, wie sie Deutschland nur zu Zeiten der NSDAP gesehen hat. Sowohl die Propagandisten als auch die Schar der Anhänger glauben und fühlen inbrünstig, was ihre Partei sagt. Es handelt sich um ein Verhältnis gegenseitiger Hörigkeit mit kuriosen Folgen, aber immer: effizient und durchschlagend erfolgreich.
Zweitens: Die ungezählten *Social-Media*-Abteilungen der Partei (jeder Kreisverband ist im Besitz eigener Kanäle, genauso wie alle Bundestagsabgeordneten, jede Fraktion, jeder Landesverband, alle Mitarbeitenden – neben den offiziellen Kanälen gibt es die informellen; sie organisieren sich über die sozialen Medien) stellen alles, was Julius Streicher je getrieben hat, in den Schatten. Sie sind: *die Stürmer.* Die Scharfmacher. Die Wortemacher des Faschismus. Die Gedankenmacher einer neuen Diktatur. Sie liefern das Denken. Bei der Umsetzung hapert es noch.

In *Schluss mit der Geduld* dachte ich noch, es handle sich um schlechte, aber effektive Propaganda. Effektiv, weil sie alle anderen, die nicht wissen, was mit den AfDlern los ist, dazu verleitet, den Blick vor Fremdscham abzuwenden. Stellen Sie sich vor, die AfD würde nicht nur die atomare Aufrüstung Deutschlands fordern, sondern sich in der Materie auch gut auskennen. Das zwänge uns, genauer hinzuschauen. Aber als schon dem Anschein nach vollständig missratenes *Ready-made* der deutschen Politik schaut niemand bei den Implosionen des Dilettantismus überhaupt zu. Und so wachsen dem Tier relativ widerspruchslos die eigentlichen Krallen heran, die Hundertfünfzigprozentigen.

Wenn Sie dem hier Entwickelten eine Lehre entnehmen möchten, dann die: Nehmen Sie die Worte der Partei ernst. Hören Sie zu. Tun Sie nichts davon ab nach dem Motto: »Das glauben die doch selbst nicht, diese Zyniker.« Hören Sie auf damit. Es wird geglaubt. Von Massen, die die kritische Schwelle längst überstiegen haben. Wir haben es nur noch nicht bemerkt. Der überragende Erfolg der Gehirnwäsche ist es, der die *Stürmer* so gefährlich macht. Die AfD-Propaganda erzeugt *glühende* Verehrer. Massenhaft. Am besten nähern wir uns dem Phänomen von seinen pathologischsten Seiten, sonst werden wir es nie verstehen.

* * *

Reisen wir an den Nullpunkt des Schreckens. 1930 wird die Weimarer Republik von der zweiten schweren Wirtschaftskrise innerhalb nur eines Jahrzehnts getroffen. Sie verkraftet sie nicht. Die Präsidialkabinette, die Notstandsverordnungen, der Bruch mit dem Parlamentarismus – das alles sollte die zweite Wirtschaftskrise beenden. Die erste konfrontierte die Menschen mit einem beispiellosen Kollaps, einem Gefühl der Entwirklichung. Stefan Zweig schildert, wie ein Luxushotel in Salzburg »für längere Zeit ganz an englische Arbeitslose vermietet war«. Wie ein zerbrochenes Fenster zu reparieren plötzlich mehr als zuvor das ganze Haus kostet. Wie eine ganze Nation sich beschmutzt, befleckt, erniedrigt und betrogen fühlt: Die Ausländer fallen ein und kaufen in ihrer harten Fremdwährung auf, was sie bekommen können: »Für hundert Dollar konnte man reihenweise sechsstöckige Häuser am Kurfürstendamm kaufen.«

Diese Demütigung der ersten Wirtschaftskrise sitzt den Menschen tief in den Knochen. Die zweite Krise macht die Republik hitlerreif. Die Zeitgenossen leben in ständiger Erwartung eines Bürgerkriegs. Ein Bekannter Zweigs klagt, »München würde schon wieder unruhig«. Da sei ein »wüster Agitator namens Hitler, der Versammlungen mit wilden Prügeleien abhalte und in vulgärster Art gegen die Republik und die Juden hetze. Der Name fiel leer und gewichtlos in mich hinein.« Wie eine Münze fällt der Name durch Zweigs

Leben hindurch. Noch. Als eine wichtige Bank zusammenbricht, stellt eine der Figuren in *Leb wohl, Berlin* von der Straße kommend fest: »Der Milchmann sagt, in vierzehn Tagen haben wir Bürgerkrieg!« Eine kriegsmüde Gesellschaft sehnt sich nach Ordnung, Ruhe und Sicherheit. Viele verachten die Republik dafür, die »Zügel zu locker« zu halten.

Mehr noch geht die Urangst vor einer neuen Inflation um. Die Furcht vor einem neuerlichen Verdampfen des Geldes: »Eine ganze Generation hat der deutschen Republik diese Jahre nicht vergessen und nicht verziehen und lieber seine Schlächter zurückgerufen.« Die Angst vor dem Tod des Geldes wühlt die Bevölkerung derart auf, dass laut Zweig »ein ungeheures Verlangen nach Ordnung« durch das Volk lief, »dem Ordnung von je mehr galt als Freiheit und Recht«.

Obwohl es um die Wirtschaft geht, sind uns heute die großen wirtschaftspolitischen Reformvorschläge der NSDAP aus den beiden Reichstagswahlen (1932) nicht mehr geläufig. Die großen fiskalpolitischen Pläne, mit denen die Partei geschickt Millionen von Stimmen gewann? Für die NSDAP unerheblich. Nicht, weil den Menschen die Wirtschaft nicht wichtig gewesen wäre – sie war sogar zentral. Die Oper der NS-Wirtschaftstheorie war nur anders komponiert. Es ging der NSDAP nicht um das Schicksal des Einzelnen oder Steuersätze. Aus wirtschaftspolitischer Sicht lag sie mit ihrer dezidierten Geldverachtung sogar goldrichtig (etwa gegen Brünings Austeritätspolitik). Es ging der NSDAP aber überhaupt nicht um den ganzen Kleinkram der »Systemparteien«. Es ging um die Reinheit des deutschen Volkes.

Es ging um Ordnung. Die NSDAP versprach Menschenzucht und Ordnung. Sie wollte aufräumen. Ähnlich hält die AfD sich heute nicht mit dem Kleinklein volkswirtschaftlicher Maßnahmen auf. Den Blut-und-Boden-Dichtern geht es um die erb- und rassenpolitische Wende – um 180 Grad. Sie sagen der offenen, durchmischten

Gesellschaft mit großem Anlauf den Kampf an. Und wir begreifen es nicht einmal.

Die AfD ist für Höcke eine Partei der »Inländerfreunde«. Was wird aus der Wirtschaft, wenn ein Viertel der Bevölkerung verschwunden ist? Mit solch kleinlichen Problemen wird er sich später befassen. Erst muss die Volksfeindlichkeit aufhören. Denn »volksfeindlich« zu sein, ist der Passwort- und Schlüsselbegriff in der Vorstellungswelt der Stürmerschar. Er bedeutet, dass die gesamte Politik der Regierung, all ihr Wirken sich gegen das eigene Volk richtet. Mitunter klingt das so eifersüchtig wie eine enttäuschte Geliebte: »Sie lieben die Fremden, nicht uns, nicht die Deutschen, denen dieses Land gehört.« So wehleidig jammert kein Geringerer als Gauland.

Für Höcke ist die Volksfeindlichkeit das neue Verfassungsfeindlich: »Heimat verliert man auch dadurch, dass man zur Minderheit im eigenen Land wird. ... Diese Politik ist verfassungsfeindlich!« Mit einer volksfreundlichen Rassenpolitik können die weniger wertvollen Ausländer abgeschoben oder beseitigt werden. Natürlich widerspräche die Ausschaffung derer, die man als Ausländer erkannt haben will, dem Gedanken der Gleichheit aller Menschen, einer tragenden Säule im Grundgesetz. Aber was kann Höcke für einen derart volksfeindlichen Text, der die biologische Überlegenheit der germanischen Rasse untergräbt? Für politische Romantiker ist die Welt die Gelegenheit, sich selbst und groß zu fühlen.

Der große Traum der NS-Propaganda ist die »Volksgemeinschaft«. Reinheit und Zusammenhalt werden dabei großgeschrieben. Eine böse Fiktion, die das Verwaltungschaos bemänteln hilft, in der das Volk liebevoll und mit inniger Wärme auf sein totalitäres Regime blicken soll. Oder wie Goebbels sich als frischgebackener Propagandaminister beschwert: »Das Volk soll anfangen einheitlich zu denken, einheitlich zu reagieren und sich mit ganzer Sympathie zur Verfügung zu stellen.«

Die Volksgemeinschaft speist ihre Überzeugungskraft aus dem Initiationserlebnis des Ersten Weltkriegs, als vier Millionen Männer begeistert an die Front rennen. Für viele ist es die euphorisierende Erlösung vom kalten Frost der Freiheit: »Jeder Einzelne erlebte eine Steigerung seines Ich«, berichtet Zweig, »er war nicht mehr der isolierte Mensch von früher, er war eingetan in eine Masse, er war Volk, und seine Person, seine sonst unbeachtete Person hatte einen Sinn bekommen.« Intellektuelle von Ernst Jünger bis Thomas Mann erwarten, der Krieg werde jetzt Neues schaffen. Jünger vermeint, »durch ein uraltes Erlebnis« zu schreiten (Krieg), einen »Urnebel psychischer Möglichkeiten, von Entwicklungen geladen«. Max Weber schwärmt: »Der Krieg ist groß und wunderbar.« Thomas Mann jubelt: »Krieg! Es war eine Reinigung, Befreiung, was wir empfanden, und eine ungeheure Hoffnung.« Mann klingt sogar nach Höckes »Verwesungsgeruch der Demokratie«: »Wir kannten sie ja, diese Welt des Friedens. Wimmelte sie nicht von dem Ungeziefer des Geistes wie von Maden? Gor und stank sie nicht von den Zersetzungsstoffen der Zivilisation? Wie hätte der Künstler, der Soldat im Künstler, nicht Gott loben sollen für den Zusammenbruch einer Friedenswelt, die er so satt, so überaus satt hatte?«

Wie bei allen Drogen hält der Rauschzustand nicht lang. Verlaust und verdurstet kauern deutsche Soldaten unterirdisch im Regenwasser der matschigen Schützengräben. Sie warten die Zeit tot, bis sie von schwerer Artillerie zerschmettert oder verstümmelt werden. Oberirdisch experimentiert die deutsche Armeeführung mit den neuesten Errungenschaften: Flammenwerfern und Giftgasen. Die Kriegszermalmten werden in Viehwaggons gezwängt und wie in einem rollenden Sarg weggekarrt. Man fühlt sich schuldig, noch unverstümmelt durch die Stadt zu gehen, berichten manche. Es war nicht alles schlecht früher. Die Realität war viel finsterer. Zweig bringt den zivilisatorischen Rückfall auf den Punkt: Die Menschheit sei »mit dem Schützengraben … glücklich zur Höhlenzeit zurückgeschritten«.

Krieg als thermischer Wärmestrom ist schnell ausgeträumt. Die NSDAP will zu dem süchtig machenden Gefühl des Augusterlebnisses zurück. Aus der Volks- wird eine Terrorgemeinschaft. Deshalb hält das Verfassungsgericht die Volksgemeinschaft nach allen gängigen Urteilen für verfassungsfeindlich. Das hindert den ehemaligen »Bundestagskandidaten« Göbel natürlich nicht, den Traum für das Gericht erneut zu träumen: »Unsere deutsche Volksgemeinschaft ist krank. ... Unser Deutschland leidet unter einem Befall von Schmarotzern und Parasiten, welche dem deutschen Volk das Fleisch von den Knochen fressen will.«

Die Volksgemeinschaftsfamilie ist imaginäre Gemeinschaft *und* blanker Hass. Ein Wärme- und Kältestrom. Die »Parasiten« gehören vom Volkskörper gekratzt, wie schon in Sarrazins unschuldigem *Law-and-order*-Projekt. Der Bundestagsuntergräber, »Bundesvorstand« Boehringer, schimpft von »sunnitischen Bereicherer[n]«. Vorstandsviper Baum sieht »unser Sozialsystem zur Plünderung freigegeben«: »Das Geld der deutschen Steuerzahler wird verprasst.« Der ehemalige »Landesvorsitzende« von Sachsen-Anhalt wendet die Denkformel gleich gegen die Regierung, um sie als Zielobjekt abzustempeln: »arbeitsscheues Lumpenproletariat«. – Arbeitsscheu und schmarotzend, daran erkennt man zu allen Zeiten die gefräßigen Antipoden der Volksgemeinschaft.

In die überschäumende Wut der aufs Deutschtum im engsten und brutalsten Sinne festgerannten Agitatoren möchte man mit Tucholsky fragen: »Wenn ich recht unterrichtet bin, gebären unsre Mütter nicht Deutschland ..., sondern kleine Menschenwesen.« Wenn sie von einer Partei nicht zu hemmungslosen Nationalisten erzogen werden, vermögen sie später über das Land hinauszublicken, weiter als nach Mallorca. Oder wie Christopher Isherwood das Phänomen für das Jahr 1932 freier formuliert: »Als ich zum ersten Mal in China war, habe ich mich dort ganz zu Hause gefühlt.«

Die AfD möchte das wertvolle deutsche Erbgut vom Rest der Menschheit abkapseln, bevor die verlumpte schmarotzende Welt es vollends zerstört. Den deutschen Frauen schiebt die sexuelle Kontrarevolution dabei die zentrale Rolle zu, viele Kinder zu gebären, am besten zehn. Es muss ja nicht nur für die Rente, sondern auch für einen Krieg reichen.

Die AfD verspricht Deutschlands Aufstieg. Wohin? Womit? Von der Propagandastrahlung und Rassismus wird niemand satt. Nicht einmal von den wohlformulierten Schweinereien des ehemaligen »Europaabgeordneten« Fest (Sohn des Historikers mit der bekanntesten Hitler-Biografie): »Insofern muss man das Wort von Max Frisch, dem zufolge wir Gastarbeiter riefen, aber Menschen bekamen, vielleicht korrigieren: Wir riefen Gastarbeiter, bekamen aber Gesindel.« Wir sind inzwischen Eingeweihte: Das Gesindel muss vom Volkskörper runter. Die Juden wurden im Vernichtungslager Auschwitz-Birkenau mit einer Blausäure namens Zyklon B vergast. Ein Ungeziefer-Vernichtungsmittel. Wie gedenkt die AfD ihr Volk zu »befreien«?

Würde die AfD allein schon die soziale Minderwertigkeit einer der beiden Teilhaber am Klassenkampf zwischen Volk und Flüchtling postulieren oder Menschen in ihrer Wertigkeit unterscheiden; es wäre – verfassungsfeindlich. Aber die Partei hat Größeres, Reineres mit dem Land vor. Je düsterer die Gegenwart erscheint, desto heller strahlen Gaulands Soldaten aus den bisschen Weltkriegen. Die Fakten sprechen gegen die Nachrichten von Untergangsdeutschland? Umso schlimmer für die Fakten! *Only bad news are good news.* Das gilt nicht nur im Nachrichtengewerbe, sondern auch in den *Stürmer*-Zentralen. Haben Sie von der AfD jemals aufrichtige Freude über die positiven Konjunkturaussichten und Wirtschaftsdaten vernommen?

Die AfD weiß, dass sie nur die eine Wirtschaftskrise braucht, um an die Macht zu kommen. Es gibt diesen Anlass zur Sorge. Die

Staatsverschuldung der USA ist in einem Tempo angewachsen, das kein gutes Ende verspricht: 2004 sind es 7,4 Billionen Dollar. 2013 schon 16,7 Billionen. Heute unvorstellbare 34,5 Billionen. Das dürfte in nicht allzu ferner Zukunft Auswirkungen auf unser aller Leben haben. Die Rechtsextremen warten auf diesen Moment. Sie warten nur darauf, bis die Widerstände und Bedenken gegen sie einstürzen. Höckes Vorsager, Götze Nero, formuliert das mit starken Anleihen an Naomi Kleins Schockstrategie so: »Wenn der nächste gewaltige kalte Realitätsschock in die Deutschen fährt, wird es für den Unmut ein sehr viel besser und breiter angelegtes Auffangbecken geben.« Dieses Auffangbecken ist mittlerweile eine große Partei. Dass es angelegt wurde, um »Unmut« aufzufangen, wäre die Untertreibung des Jahrzehnts. Ihre größten Erfolge wird sie erst noch erkämpfen: mit dem politischen Antiökologismus, dem klimapolitischen Backlash gegen alle Maßnahmen zur Verhinderung der planetaren Erhitzung.

6

Ein Volk von Teufeln

Die AfD schließt seit elf Jahren unablässig Menschen an den Stromkreis des extremistischen Wahnsinns an. Dass es dabei zu einer schleichenden Vergiftung aller Beziehungen kommt, bis in den engsten Kreis der Familie hinein, wissen wir. Aber wie verändern die von den Stromschlägen Malträtierten unsere Gesellschaft? Worin besteht das Ziel dieser Sprachlenkungsmaßnahmen? Oder besser: Wozu die ganze Hetze? Wozu die Gehirnwäsche? Wozu der ganze Aufwand? Wir haben die Giftpillen bislang eher behelfsmäßig Hass, Hetze, Angst oder Faschismus genannt. Nach dem Ritt durch die Propaganda-Stürmerkästen möchte ich ein treffenderes Wort vorschlagen.

Der Holocaust und Nuklearweltkriege sind reale politische Möglichkeiten. Gerade Diktatoren schätzen derartig infernale Handlungsoptionen als Gestaltungsspielraum für die Politik. Bis heute gilt das Diktum des Philosophen Leo Strauss über die politische Wissenschaft, dass sie fiedelt, während Rom brennt: »Zu ihrer Entlastung sind zwei Tatsachen zu nennen: Sie weiß nicht, dass sie spielt, und sie weiß nicht, dass Rom brennt.« Die moderne Politikwissenschaft vermag die politischen Gefahren, die in der Anthropologie des Menschen schlummern, weder zu erkennen noch aufzulösen. Strauss weiß, wie zerbrechlich die »Zivilisation« ist. Sein Schüler

Allan Bloom machte die anthropologischen Bedrohungen zum Maßstab der politischen Philosophie.

Falls Sie Stefan Zweigs Diagnose aus dem ersten Kapitel, nie habe die Menschheit sich teuflischer gebärdet und dabei gleichzeitig so Gottähnliches geleistet, für naiv, unwissenschaftlich oder unseriös halten, sollten Sie wissen, dass die amerikanische Demokratie (die Vorlage für unsere Demokratie) vor dem Hintergrund dieser Frage verhandelt und entwickelt wurde. Madison formuliert das *ex negativo* mit einem berühmten Ausspruch: »Wenn Menschen Engel wären, so bräuchten sie keine Regierung. Regierten Engel die Menschen, so wären weder äußere noch innere Kontrollen der Regierung notwendig.« Dass Demokratien funktionieren müssen, selbst wenn sie aus einer Gesellschaft von Teufeln bestehen, beschäftigt Kant als politisches Kernproblem sieben Jahre später in der Schrift *Zum ewigen Frieden.* Es geht dabei stets um bösartige Gesinnungen: »Das Problem der Staatserrichtung ist, so hart wie es auch klingt, selbst für ein Volk von Teufeln … auflösbar und lautet so: ›Eine Menge … so zu ordnen und ihre Verfassung einzurichten, dass, obgleich sie in ihren Privatgesinnungen einander entgegenstreben, diese einander doch so aufhalten, dass in ihrem öffentlichen Verhalten der Erfolg eben derselbe ist, als ob sie keine solche böse Gesinnungen hätten.‹«

Die Weimarer Republik hat nicht nur mit Einstein, Planck, Oppenheimer und Heisenberg einige der klügsten Wissenschaftler der Menschheit hervorgebracht, sondern mit Stresemann, Ebert, Rathenau und Stützel auch die klügsten Köpfe auf dem Gebiet der Politik. Wir mögen in Arroganz auf Weimar herabsehen, weil es diesen Menschen nicht gelungen ist, den Untergang ihrer Demokratie zu verhindern. Aber je tiefer die Propaganda der AfD unsere eigene Gesellschaft zernagt, desto klarer wird: Was konnten sie eigentlich dafür? Die Geschichte scheint die Generalversammlung von Teufeln spontan einzuberufen. Nicht nur für mein Fach, die politische Philosophie, für uns alle ist das eine Überlebensfrage: die Gesetzmäßigkeiten darin zu erkennen. Warum kommt es in manchen Zeitaltern zu einem unverhältnismäßigen Großaufmarsch der Teufel? Wo kommen sie her? Wer macht sie?

* * *

In unsere heile Welt ist jene Gefahr, die die Ideengeschichte mit Leo Strauss beschäftigt hielt, mit der AfD in etwas steifer, aber scheppernder Rüstung eingebrochen. Oder wie es einer ihrer »Bundestagsabgeordneten« im Chat ausdrückt: »Wir müssen wohl warten, bis das Alte Regime wirtschaftlich ans Ende kommt und der Funke … überspringt. Das wird kommen und für die dann ebenfalls kommenden gnadenlosen Kämpfe müssen wir uns rüsten.«

Es geht bei der Machtfrage der AfD um nichts weniger als unser Schicksal. Gibt es Zeiger, die darauf deuten, worin dieses Schicksal besteht? Wann eine Gesellschaft falsch abbiegt? Oder ist es bereits zu spät? Haben wir den gesellschaftlichen Kipppunkt bereits überschritten? Stürzen wir jetzt kopflos – wie die Welt 1933 – in einen AfD-Staat?

Trotz der neuartigen Mode von Demokratien, statt spektakulär mit lautem Knall unterzugehen, von innen ausgehöhlt, in kleinen Arsendosen vergiftet und schleichend von Satanisten übernommen zu werden: Von einem gewissen Punkt an überstürzen sich die Ereignisse, und jedes Wort verhallt in einer »Zeit geistiger Massentollheit gesprochen« (Zweig). Sind wir bereits an diesem Punkt angelangt? 1932 dichtete das Fieber aus Menschen. Aber längst nicht aus allen. Und heute? Welches eigenartige Fieber dichtet aus unseren »Bundestagsabgeordneten«?

Der Intellektuelle Harald Welzer betont angesichts der AfD trocken, dem Rechtsextremismus gelinge es, mit ihren »toxischen Interventionen das zivilisatorische Niveau einer ganzen Gesellschaft« zu perforieren. In den Verlautbarungen der Kultgemeinde haben wir den Massenwahn, die Massenpsychosen und den Massenhass emporflammen sehen. Wird unser Land diesem Wahn, dieser Droge, die einst Millionen von Menschen süchtig gemacht hat, wieder verfallen? Als der genaue Beobachter seiner Zeitgenossen, der Stefan Zweig war, bemerkt er pessimistisch: »Nur der Wahn, nicht das Wissen macht glücklich.« Gleich zweimal sieht er in seiner Welt mit an, wie Menschen, die wesentlich klüger sind als wir, in die Zerstörung rennen. Zeitalter im Wahn. Sie toben. Sie zerstören. Im Leben jedes Einzelnen von uns ist der Fußabdruck dieser Zerstörung bis heute noch nachweisbar.

Beim Projekt der neuen *Stürmer* geht es im Kern nicht um die Vergiftung einer Gesellschaft. Das, was wir mit Angst, Hass, Wut oder Hetze unzulänglich zu fassen bekommen, diese Entwicklung wird in einem anderen Wort viel besser aufgehoben. Die These lautet, dass es der AfD um die **Kultivierung von *Bösartigkeit*** geht. Es ist nicht nur Hass, der gesät, oder Angst, die geschürt wird. Es ist *Bösartigkeit*. Bösartigkeit in seiner Reinform. Die subkutan zu wuchern beginnt.

Die meisten Menschen sind von Grund auf friedfertig und besitzen eine angeborene Tötungshemmung. Im Gegensatz zum Klischee vom Menschen als Wolf unter Wölfen kommt der Mensch nicht als dampfender Nationalist oder Rassist zur Welt. Die meisten Menschen interessieren sich nicht für Rassenpolitik. Sie sind nicht menschenfeindlich. Im Gegenteil, sie überraschen immer wieder als soziale, einfühlsame und mitleidende Wesen.

Da ist etwa die Großzügigkeit einer Mevülde Genç, die nach einem Brandanschlag auf ihr Haus vor die Kameras tritt und statt eines glühenden Aufrufs zur Rache und Gewalt Folgendes an die deutsche Bevölkerung richtet: »Weder Geschrei noch Bösartigkeit haben einen Sinn. Jeder Mensch soll glücklich leben. Wir sind hier alle nur Gäste auf der Erde, wer kam alles und wer ging. Nur wenn sich alle gut verstehen und mit Toleranz begegnen, kann der Mensch ein glückliches Leben leben.«

Eine weise Forderung. Erschütternder wird sie für jene, die wissen, dass der Brandanschlag zwei ihrer Töchter, eine Nichte und zwei Enkelinnen ausgelöscht hat. Es geht uns doch allen darum, uns am Ende gut zu verstehen und glücklich zu leben. Oder? Worum ging es eigentlich den rechtsextremen Brandstiftern?

Wir haben gesehen, was die neuen Brandstifter von Menschen halten, die sich in der Stunde höchster Not zu uns retten. Sind die »Flüchtlinge« aus den Stürmerkästen nicht auch irgendwie »Menschen«, um die sich irgendwer auf der Welt ängstigt und sorgt, wenn sie in Schlauchboote steigen? Überkommt sie kein grauenhaftes Gefühl, die Heimat zu verlieren und ins Leere zu taumeln? Plagt sie nicht längst unablässig das Gefühl, jeden Atemzug Luft einem fremden Volk wegzutrinken?

Ich behaupte, die meisten meiner Landsleute sind tief in ihrem Inneren erschüttert von dem Abwehrschindluder, das in unserem Namen auf dem Mittelmeer getrieben wird. Die meisten spüren, dass wir damit in den Geschichtsbüchern nicht gut wegkommen werden. An den Außengrenzen der DDR, die wir so verdammen, starben rund 1200 Menschen. Für diese Mauertoten brauchte das Regime 28 Jahre. Der Europäischen Union gelingt diese Todesrate an schlechten Tagen in einer Stunde. Wir alle wissen, was auf dem Meer geschieht. Aber uns sind die Hände gebunden. Richtig? Weil »Flüchtlinge« – heißes politisches Eisen. Außerdem ermorden wir sie nicht. Sie ertrinken. Aber haben Sie sich gefragt, warum der Inhaber eines europäischen Reisepasses in Tunesien ins Flugzeug steigt und sicher in Europa ankommt? Fassen Flüchtlinge so etwas nicht ins Auge? Sind sie zu dumm, um Flüge zu buchen? Für eine Spritztour mit dem Schlauchboot reicht das Geld dann aber? Nach Ansicht der überlegenen europäischen Rasse springen die Menschen gänzlich ohne unser Zutun in den Tod.

Wir machen Ausländerbehörden zu Abwehrbehörden. Aber das ist ein Fehler. Weil Ausländerbehörden Begrüßungsbehörden sind.

An der Stelle, wo unsere Abschottungsgesetze wohlformuliert sind, sollten Begrüßungsgesetze stehen. Die Vorstellung, dass Staaten nur ihre Staatsbürger und nicht Menschen *an sich* schützen, überfordert das unser überlegenes Fortschrittsdenken bereits? Manche überrascht schon der Hinweis, dass in der Welt vor dem Ersten Weltkrieg keine Reisepässe existierten. Wie rückständig Europa damals war! Vorbei die finsteren Zeiten ohne Hightech-Befestigungsanlagen gegen Ausländer. Heute wird an der Grenze mit der modernsten naturwissenschaftlichen Technik nach Hautfarbe examiniert. Der Pass – in einer Reihe überlegener Erfindungen wie iPhone, Solarzellen und Glyphosat.

Früher hatte der Mensch Körper und Seele. Heute braucht er schon einen Pass, um als menschliches Wesen anerkannt zu werden. Und das ist eine Grundfrage unserer Zeit: Drängt die Menschheit gerade nach Bindung und Weltbrüder- und -schwesternschaft? So wie jener verstorbene Kanzler, der einst vom »offenen Haus Europas« sprach? Ich weiß nicht, wie es Ihnen geht, aber ich habe mir ein offenes Haus anders vorgestellt. Mit erstunkenen und erlogenen Begründungen reiste ich in zwei militärische Sperrgebiete an den europäischen Außengrenzen, um das Spektakel mit eigenen Augen zu sehen. Die Zäune und Mauern sind höher als alles, womit die DDR die Landschaft einst durchschnitten hat. Ist er jetzt vorbei, der europäische Einigungsgedanke? Ist es vorbei mit der vielbeschworenen abendländischen Humanität? Reicht es mit der Vermenschheitlichung? Der Stundenzeiger unserer Epoche, er steht auf Isolation. An Menschen scheint uns nur der Ausweis zu interessieren.

Wir haben den europäischen Einigungsgedanken in eine Orgie niederster Gefühle verwandelt. Die AfD hat daraus nur eine effiziente Stalin-Orgel gemacht. Seither vermag das Reizwort »Flüchtlinge« auf Kommando zu verhexen. Unsere Welt wurde schon derart in das kleinliche politische Hassfeld hineingesogen, dass uns nicht auffällt, auf welchem Niveau wir uns beklagen. Vom Gipfel des Wohlstands aus halluzinieren wir »Krisen«, nichts als Krisen um uns herum. Jedes Problem wird zur Großkrise aufgeblasen. Wozu dieser Großkrisenwahn nicht mehr führt, bemerkt der Jurist Bijan Moini ganz treffend: »Natürlich soll die Politik auch Probleme lösen, die mit etwas Abstand verhältnismäßig unbedeutend sind. Der Abstand … könnte bewirken, dass Politik und Gesellschaft sich diesen und größeren Problemen gelassener, ja, vielleicht sogar großzügiger widmen könnten.« Im Krisenwahn der Bundesrepublik sinken die Handlungsspielräume. Da wird es eng. Da müssen Menschen weg. Basta.

Wenn sie nicht wegkönnen, können wir sie wenigstens drangsalieren. Wer würde mir glauben, dass der Prophet Höcke am 1. Mai 2016 auf seiner Facebook-Seite die »Bezahlkarte« für Geflüchtete forderte? Er schreibt damals, »die Verteilung unseres Volksvermögens von innen nach außen, also vom Inland ins Ausland« müsse gestoppt werden. Das ist die Idee hinter der »Bezahlkarte« – Geldabflüsse ins Ausland zu stoppen. Wer würde mir glauben, dass Luzifer 2019 für die AfD »Sachleistungen statt Geldleistungen für Asylbewerber« forderte? Keine fünf Jahre später wird aus diesen Worten – Abrakadabra – unsere politische Wirklichkeit. Aber nicht die AfD beschließt Höckes und Luzifers Ideen, nein. Es ist die »Mehr Fortschritt wagen«-Koalition.

Wieso nicht Hundenahrung für Flüchtlinge? Wie kommen SPD, Grüne und FDP dazu, ein Anliegen der AfD zu übernehmen? Sitzt uns die Propaganda derart fest im Gehirn? Fällt uns noch auf, wie kontaminiert wir sind? Daran lässt die Plattitüde Zweifel, unsere Gesellschaft habe sich an den Ausländerhass und die Menschenfeindlichkeit »gewöhnt«. Welch abenteuerliche Vorstellung. Den meisten fällt nicht auf, dass das die Kernerzählung der rechtsextremen Ideologen ist. Sie fantasieren vom »Ideenschmuggel ins Zentrum der Meinungsmacht«. Die Idee einer Hass- und Gewaltnormalisierung suggeriert, dass Menschenfeindlichkeit zum neuen Deutschlandnormal werde. Aber Ausländerfeindlichkeit kann nie »normal« werden. Menschenfeindlichkeit wird nie »gewöhnlich«. Dennoch versuchen nicht nur Verfassungsfeinde kontinuierlich »einzubläuen«, eine steigende Ausländerfeindlichkeit als Normalisierungsprozess zu verstehen. Sie bleibt menschenfeindlich und radikal abnormal!

Wo das absurde Geschwafel von der Gewöhnung herstammt, zeigt ein Blick auf Höckes Antragstext, mit dem er die AfD auf »Fundamentalopposition« einschwört: »Öffnung des Diskursraumes in die von uns bevorzugte Richtung, und zwar so weit, dass langfristig unsere Kernpositionen als mittige Positionen des dann zur Verfügung stehenden politischen Diskursraumes erscheinen«. – Beelzebubs und Gaulands Strategie besteht kurz gesagt darin, sich abseitiger Lügen und extremistischer Reichsbürgerstandpunkte zu bedienen, um damit den »Diskursraum« zu »öffnen«, zu »weiten« oder zu »verschieben«. Gewalt und Bösartigkeit sollen plötzlich als völlig normale, als mittige Positionen erscheinen. Warum schreiben sie nicht gleich: Ausländerfeindlichkeit ist das humanistische Kernanliegen!

Wie eine rechtsextreme Idee unsere Vorstellungswelt kolonisieren konnte, müssen zukünftige Historiker:innen klären. Aber diese Verdrehung der Gedanken ist das Ziel. Eine Gesellschaft kann sich niemals an Rassismus »gewöhnen«, genauso wenig wie Gewalt je »normal« und »mittig« wird. Was sich bedauerlicherweise ereignen kann: dass ein Zeitalter gewöhnungsbedürftig radikal und in seinen Handlungen abnormal menschenfeindlich wird. Haben wir diesen Punkt bereits überschritten?

• • •

Was heißt für ein reiches wohlständiges Land, von Einwanderung, von der es ökonomisch abhängt, mental überfordert zu sein? Der CDU-Politiker Norbert Blüm hinterlässt uns eine erfrischend charakterfeste Betrachtung dieser Frage: »Wenn 500 Millionen Europäer keine fünf Millionen oder mehr verzweifelte Flüchtlinge aufnehmen können, dann schließen wir am besten den Laden ›Europa‹ wegen moralischer Insolvenz.«

Die Frage, wie eine Gesellschaft mit den Zufluchtsuchenden umgeht, war zu allen Zeiten ein verlässlicher Gradmesser für ihre Humanität, ihr Wohlwollen, ihre Gutmütigkeit. Der Umgang mit den Rechtlosen legt schonungslos Charakterlosigkeit und moralische Verkommenheit offen. Die wahre menschliche Überlegenheit zeigt sich nicht darin, Menschen am Boden noch den Fuß in den Nacken zu drücken. Sie zeigt sich nicht in der technischen Möglichkeit, diesen Fuß auf den Mond zu setzen. Das Edle in uns zeigt sich an anderer Stelle. Wer denkt neben der Dunkelheit diese Schönheit? In Menschen sind nicht nur niedere Triebe. In uns sind auch edle Instinkte, die kultiviert werden können.

Leider kommt die neue Schlagstockmentalität in der Medienlandschaft gut an. Kaum eine Talkshow kommt ohne Verweis aus, das Migrationsgeschwür sei »schon wieder« außer Kontrolle. Die Zustände seien schlimmer als 2015. Als Belege werden erschöpfte Landräte vor Mikrofone gezerrt. 26 Prozent aller Bundesbürger (mit Abstand am meisten) halten laut ARD-Deutschlandtrend die Einwanderungsfrage derzeit für »das wichtigste politische Problem in Deutschland, das vordringlich gelöst werden« müsse. Erst darauf folgen in der Reihenfolge: der Krieg in der Ukraine, »die Wirtschaft«, Armut, Umweltschutz. Die AfD reibt ihre faustischen Hände. Die blauen Augen der Umfragen passen dazu.

Während Luzifer 2019 eine »konsequente Abschiebekultur« nur fordert, verspricht die Regierung vier Jahre später sogleich, das Ausländerunheil zu beseitigen. In preußischer Pose blickt der Bundeskanzler drohend vom Titelblatt des auflagenstärksten Nachrichtenmagazins und verkündet die neue Heilslehre: »Wir müssen endlich im großen Stil abschieben.« Sein Gesetzespaket trifft dann nicht die Millionen unschuldig Geflüchteter aus der Ukraine, sondern im ersten Quartal 2024 sage und schreibe 4791 Schuldige, die den europäischen *Survival-of-the-Fittest*-Parcours des Mittelmeers aus unerklärlichen Gründen überlebt haben und es bis zu uns schafften.

In der Beendigung der »Migrationsfrage« suchen überraschend viele ihr Seelen-»Heil«. Nachdem König Fußball, Hektoliter Bier, die schönen Urlaube auf Kreuzfahrtschiffen und der malerische Ballermann eine gewisse Lebensunzufriedenheit nicht vertreiben konnten, soll es die Endlösung der Flüchtlingskrise richten.

Manchmal sehne ich mich danach, über ein bestimmtes künstlerisches Prinzip zu verfügen: So wie Christo und Jeanne-Claude, die ein Leben lang nichts anderes taten, als Wahrzeichen in Stoff einzuhüllen. Das Geniale an der Reichstagsverhüllung besteht künstlerisch gesehen darin, die Menschen um etwas zu erleichtern, das ihnen schwer auf der Seele lastet. Wir haben die Kunst, um nicht an der Wirklichkeit zugrunde zu gehen. Das wäre in der »Flüchtlingsfrage« angemessen: alle »Flüchtlinge« für einen Monat in den silbern schimmernden Stoff einwickeln, mit dem auch der Reichstag verhüllt wurde. Einmal alles auf der Zeit Lastende wegzaubern. Statt »wegmachen«. Eine Erlösung von allen selbst erzeugten Projektionen wie Migranten, Messer und Islam.

Wie konnte eine christliche Partei bis in die 2010er-Jahre erbittert gegen den Gedanken an die Nation als »Einwanderungsland« wettern, obwohl sie seit den 1960er-Jahren nichts anderes ist? Manche mögen denken: Was geht uns das Gerede an! Dieser ewige Streit um den Flüchtling. Lasst uns doch in Ruhe! So haben sie 1933 über die Verhetzung einer Religionsgemeinschaft auch gedacht, nur dass die mit den zeittypischen Begriffen nicht als »Krise« (davon kannte man wirklich welche), sondern als »Frage« gefasst wurde: die »Judenfrage«. Viele verstanden schon die Frage nicht. Sie plagten echte Probleme. Sie ahnten nicht, dass diese »Frage«, der ganze brodelnde Streitkessel, auf einen zweiten Weltkrieg hinauslaufen würde.

Die meisten von uns spielen ihrer menschlichen Natur nach nicht mit bei dem, was NSDAP oder AfD vorhaben. Sie wollen keinen Krieg. Sie wollen keine Vernichtung. Sie wollen nicht mal Hetze. Für faschistische Bewegungen ist das ein Problem. Die große Mehrheit will *partout* nicht in Bewunderung ausbrechen, wenn sie vom diabolischen Plan erfährt, die Regierung mit »Löschkalk« zu überschütten. In derartigen Jubel verfallen wirklich nur verkommene Gestalten.

Wie lässt sich das ändern? Wie macht man aus einer friedliebenden Gesellschaft eine teuflische? Oder besser: Wie kultiviert man die Bösartigkeit des Menschen so, dass das Parteiprogramm der NSDAP nicht nur gebilligt, sondern der Partei derart die Bude eingerannt wird, dass sie die Neuaufnahme von Mitgliedern für vier Jahre stoppen muss? Wie wird ein ganzes Zeitalter so teuflisch? Einem Teil der Antwort haben wir im vorigen Kapitel ins Räderwerk gesehen. Mit einem Propagandaapparat, der eine gigantische Gehirnwäsche beginnt, um die Bevölkerung in brennende Hasshysterie zu treiben. Am Ende ist alles blau und braun, und die Anhänger stürmen auf eigene Faust los. Den anderen Teil der Antwort werden wir jetzt betrachten. An welchen Rand die proliferierte Bösartigkeit der *Stürmer* eine Gesellschaft drängen, können wir zuverlässig studieren. An uns. Wie wirkt die AfD auf die Gesellschaft?

* * *

Wie Pilze schießen sie aus dem Boden, rechtsextreme Gruppierungen, getarnt als Bürgerwehren wie »Initiative Heimatschutz« (Meißen), »Zukunft Heimat« (Spreewald) oder »Kandel ist überall«. Letztere stammt von der Bundesviper, der es im Bundesvorvorstandsleben gelingt, 4000 Menschen in einer 9000-Einwohner-Stadt aufmarschieren zu lassen. Die AfD mobilisiert Massen. In Chemnitz kommt es dabei zu Menschenjagden und tagelangen Krawallen.

Die Partei marschiert dort Seit' an Seit' mit landesweit bekannten Neo-nazigrößen auf. In der ersten Reihe: SA-Wahlkämpfer Oehme. Direkt neben Luzifer, Höcke und Urban. Der Bundesantichrist ist in der Stadt stellvertretender »Vorsitzender«. Er wollte sogar Bürgermeister von Chemnitz werden.

Die Reaktion auf Chemnitz? Der Inlandsgeheimdienst bezweifelte die Echtheit der Videos. Welche Stimmung auf diesen Aufmärschen in der Luft liegt, verdeutlicht ein Satz von Franziska Schreiber beim größten Aufmarsch von Pegida, gerichtet an ihren Stellvertreter: »Stell dir mal vor, ein charismatischer Redner würde jetzt zum Sturm auf die Regierungsgebäude blasen.« Am 30. Mai 2017 verzaubert Luzifer eine Menge in Cottbus: »Jede Revolution ... beginnt mit einer Versammlung. Dafür sind wir hier. Wir holen uns unser Land zurück.«

Wer sich für die Demokratie engagiert, wird dagegen – zusammengeschlagen. Wer sich gegen die AfD wehrt, für den sind zerstochene Reifen, eingeworfene Fensterscheiben und Post von der örtlichen Neonazigruppe »normal«. Wahlkreisbüros werden zerstört, Infostände angegriffen, Hakenkreuze geschmiert. Michael Müller meldet nach den Januaraufbruchstagen 2024 eine Demonstration für »Buntes Waltershausen« an. Gegen die AfD. Zwei Wochen später wird sein Holzhaus mit Benzin übergossen und angezündet. Von der AfD: kein Wort.

In Henstedt-Ulzburg steuert ein AfD-Wähler sein Fahrzeug in eine Menschenmenge, die gegen die Partei des Satans demonstriert. Dem Leiter der Gedenkstätte des KZ Buchenwald werden vor den Augen des Staatsschutzes die Autokennzeichen abmontiert und umgedreht (die filigrane »Message« dahinter lässt sich über umgedrehte Renaissance-Standbilder erahnen). Ein Reporter der *Ostthüringer Zeitung* berichtet dem ARD-Magazin *Monitor*, wie er regelmäßig nach AfD-Lokalveranstaltungen geschlagen wird und Nägel aus den Autoreifen zieht. Journalisten werden ausgespäht, die Erkenntnisse in rechtsextremen Facebook-Gruppen geteilt und gedroht: »Wenn der Tag X da ist, kommt dieses ganze linksgrün versiffte Gesindel keine vier Kilometer weit. Wir haben Fotos und Adressen von allen.«

Der politische Terrorismus ist zurück. Und wir? Wir nehmen das so ernst wie die Weimarer Republik den »Spuk« mit der SA. Die Schriftstellerin Anne Rabe bereist den Osten und berichtet von Schülern, auch Mädchen, die sich mit dem Hitlergruß begegnen. Die Lehrer, die sich dagegen wehren, werden vor lauter Dankbarkeit »mit SA-Methoden in ihrem Wohnort verfolgt«. Auf dem Bahnhof in Neubrandenburg wird eine Regenbogenfahne durch die Hakenkreuzflagge ersetzt. Auf Demonstrationen schallt der Schlachtruf »Deutschland den Deutschen – Ausländer raus!«. Eine Schuldirektorin in Sachsen lässt die Schul-AGs von einem bekannten Rechtsextremen leiten. In einer Ortschaft soldarisieren sich 400 Menschen mit einem Neonazi-Schlägertrupp, der in ein Flüchtlingsheim einbrach.

Ist irgendwer aus der Regierung besorgt? Im Windschatten der AfD gedeihen Ausländerhass, Ausgrenzung und Menschenfeindlichkeit. In ländlichen Regionen Sachsens ist Rechtsextremismus »Leitkultur«: »Hier schämt sich niemand mehr, ein Nazi zu sein«, konstatiert Rabe, »und muss sich weder vor beruflichen Konsequenzen noch vor gesellschaftlicher Ächtung sorgen.« Die rechtsextreme Machtübernahme hat sich in manchen Dörfern schon vollzogen. Hoffnungen macht Rabe da, dass im Osten eine Regenbogenflagge überhaupt gehisst wird und dass Lehrerinnen nicht wegsehen. Noch. – An einer Schule in Cottbus schlägt ein Lehrer seinen Schüler krankenhausreif. Er ist Syrer. Zuvor soll er einem Tschetschenen in den Rücken getreten haben im Rahmen seines »Schulunterrichts«. Die Mutter will die Schulleitung zur Rede stellen. Die schließt beide Augen. Angst? Mitläufertum? Allein in Brandenburg haben sich 2023 die rechtsextremen Straftaten an Schulen verdoppelt.

Nach dem Erfinder des Begriffs der »wehrhaften Demokratie« Karl Löwenstein ist Faschismus »keine Ideologie, sondern bloß eine politische Herrschaftstechnik«: mit Knüppeln und Stacheldraht. Das Fernsehformat *Spiegel TV* zeigt im Februar 2024 in 17 Minuten anschaulich, was in sächsischen Gemeinden los ist, in denen jeder Dritte die AfD wählt. Vor dem Haus des ehrenamtlichen Bürgermeisters Ulrich Töpfer skandieren Hunderte Personen mit Fackeln: »Töpfer an die Wand!« und »Ein Baum, ein Strick, ein Töpfer-Genick«. Strafanzeigen? Folgenlos. Immerhin erhält der gute Mann daraufhin Personenschutz. Wer wie Töpfer Einwanderern hilft, dem wird per Brief gedroht: »Weißt du, was man macht, wenn man Ungeziefer im Haus hat? Man holt den Kammerjäger. Genau das werden wir machen … Werden wir dich samt deiner Familie ausrotten.«

In Hermsdorf verbreitet der »Landtagsabgeordnete« Barth (das ist der, der sich für die Zustimmungswerte seiner Partei einen guten alten Terroranschlag wünschte) nach allen Kräften Pogromstimmung gegen drei syrische Flüchtlingsfamilien. Drei! Vor laufenden Kameras. Für die Einwanderer sei Hermsdorf nun wirklich »die falscheste Gegend, die man sich irgendwie vorstellen kann«, erklärt er. Die Bürger? Wehren sich. Einer berichtet: »Dieser Ort ist jetzt nicht mehr friedlich.«

Nicht, weil drei Familien den Ort betreten haben, nein: »weil sich hier eine große Gemeinschaft aufschaukelt und Hass kultiviert«. Beim letzten Mal habe der Abgeordnete Barth vor ihm gestanden und von seiner militanten Anhängerschar als Ausbund friedlicher Demokraten geschwärmt: »Wir lynchen doch hier niemanden!«, habe er behauptet. Woraufhin einer seiner Kollegen flüsterte: »Ne, wir haben ja tiefe Schächte!«

Brennende Flüchtlingsunterkünfte. Hetzjagden auf Migranten in Meißen, Freital, Bautzen, Heidenau, Chemnitz. Die AfD hat ein Klima geschaffen, in dem Terror den sozialen Frieden bedroht. Die Bundesanwaltschaft wirft der Reichsbürger-Gruppe um Heinrich

XIII. Prinz Reuß vor, das demokratische System »durch eine eigene, bereits in Grundzügen ausgearbeitete Staatsform« stürzen zu wollen. Die Gruppe verfügte über einen kabinettsartigen »Rat« und einen »militärischen Arm« mitsamt Waffenarsenal: 1200 Waffen und 148 000 Stück Munition wurden beschlagnahmt. Soldaten und Polizisten seien gezielt rekrutiert worden, um beim Putsch nachzuhelfen. Staatsbedienstete. Im Mittelpunkt: eine hochrangige AfD-Politikerin – die »Bundestagsabgeordnete« Malsack-Winkemann.

Auch andere Gruppen suchen die Expertise der staatlichen Sicherheitskreise: KSK-Elitesoldaten bereiten in mehreren Bundesländern den Umsturz vor. Das konspirative »Hannibal«-Netzwerk versammelt Reservisten der Bundeswehr und Elitepolizisten, die sich zu gemeinsamen Schießübungen trafen und als gemeinnütziger Verein »Uniter e. V.« mit rund 1800 Mitgliedern organisierten. Die staatliche Ordnung, die sie beruflich verteidigen sollen, wollen sie in der Freizeit beseitigen. Ihr Verein operiert jetzt im Kanton Zug in der Schweiz, wo sie dem Zugriff des deutschen Staats entzogen sind. Der Landtag Sachsen-Anhalt stellt erschrocken fest, dass mindestens drei »Landtagsmitarbeiter« offiziell Mitglieder des Verschwörernetzwerks waren. Die AfD frohlockt auf Facebook: »Unter unseren Mitgliedern befinden sich über 2100 Berufssoldaten.«

Viele der Bundeswehrsoldaten, die zum »Hannibal«-Netzwerk gehören, wurden auf dem Luftwaffenstützpunkt Altenstadt ausgebildet. Und wer geht in der dortigen Franz-Josef-Strauß-Kaserne zwischen 1994 und 2005 mehrere Jahre als Ausbilder ein und aus? AfD-»Bundesvorstand« Luzifer! Medienrecherchen bringen ans Licht, dass in der Kaserne Führer-Geburtstage gefeiert und das Horst-Wessel-Lied der NSDAP gesungen wurden. Der Kommandeur wurde abgesetzt. Er arbeitet heute für die AfD im Fachausschuss Verteidigung – im Bundestag.

Wie groß ist das Ausmaß des Verrats in der Bundeswehr? Das zeigen die großen Mengen an verschwundener Munition, Waffen und Sprengstoff, die vom militärischen Geheimdienst in den Gärten der Netzwerk-Soldaten ausgegraben werden. Nicht zuletzt der MAD lässt die Verfassungsfeinde jahrelang machen. Wie steht die oberste Kommandoebene zum Staat? Wie wahrscheinlich ist es, dass hohe Generäle die Verteidigungs- und Abwehrpläne des Landes nicht längst an Russland verkauft und verraten haben? So wie Alfred Redl vor dem Ersten Weltkrieg?

Wenn AfD-Fans meinen, die Leitlinien ihrer Partei verstanden zu haben, ziehen sie marodierend und mordend durch die Gassen, zeigen Hitlers Gruß, verprügeln Journalisten oder zugewanderte Schüler, zünden Häuser und Autos an und wollen die Leichen der Gegner in tiefen Stollen im Erzgebirge verstecken. Worte sind die Vorstufen von Taten. Bei der Hinrichtung Walter Lübckes durch den AfD-Wahlkampfhelfer Ernst fällt mir nur noch eine Formulierung von Stefan Zweig zur Ermordung Walther Rathenaus ein. Er sei es gewesen, den »der eigentlich erste Mordschuss der Nationalsozialisten elf Jahre vor Hitlers Machtergreifung getroffen« habe.

• • •

Sind das die Umrisse eines Bürgerkrieges, den die Partei dem Land so sehnlichst an den Hals wünscht? Teile des Landes brennen. Den Kanzler lässt das kalt. Er bleibt so neutral wie die Schweiz. Als in Dresden ein Politiker aus seiner Partei beim Aufhängen von Wahlplakaten zusammengeschlagen und in Berlin eine frühere SPD-Bundesfamilienministerin angegriffen wird, gibt Scholz als ultimative Lösung bekannt: »Wählen gehen!«

Für ihn ist die AfD eine »Schlechte-Laune-Partei«. Haben die Terroristen tatsächlich nur schlechte Laune? Statt dem Faschismus den Nährboden zu entziehen, blockiert Scholz das Verbot des Teufelsorts. Statt dem Feuer in seiner kritischen Phase den Sauerstoff zu entziehen, gibt er ganze Landstriche dem faschistischen Verfall preis. Die CDU macht keine bessere Figur. Sie steckt den Kopf in den Sand, als in Burg zwei Lehrer Rechtsextremismus an der Schule beklagen. Wieso verurteilt die selbst ernannte *Law-and-order*-Partei das nicht so öffentlichkeitswirksam wie »Flüchtlinge«, die den Deutschen die Zahnarzttermine wegnehmen? Der CDU-Flugkapitän sagte tatsächlich: »Die sitzen beim Arzt und lassen sich die Zähne neu machen. Und die deutschen Bürger nebendran bekommen keine Termine.«

Für den Kanzler will ich übersetzen, worauf die AfD-Wähler sich beziehen, wenn sie Andersdenkenden den Tod androhen (»Ein Baum, ein Strick, ein Töpfer-Genick«). Das ist die Variation des beliebten rechten Diktums »Dann Gnade euch Gott«. Wenn sie Fotos und Adressen des »linksgrün versifften Gesindels« für den Tag X sammeln, setzen sie Mephistos Proklamation »Wir werden sie jagen« in die Tat um. Wenn sie den Kammerjäger schicken wollen, um das Ungeziefer auszurotten, lösen sie auf gesellschaftlicher Ebene das Versprechen ein, auszumisten.

Die AfD ist der politische Arm des Rechtsterrorismus in Deutschland. Das sage nicht ich. Das sagt der Innenminister Thüringens, Georg Maier. Ist da doch ein Karl Stützel unter den Landesinnenministern? Nein. Maier ist dieser »parlamentarische Arm« im Bundesrat seltsamerweise kein Verbotsantrag wert. Die AfD ist ein Magnet, an dem Terroristen sich ausrichten. Sie ist die Partei des Lübcke-Attentäters Stephan Ernst. Sie ist die Partei der Organisationen »Hoonara« (»Hooligans, Nazis und Rassisten«), »Blood and Honour«, »Combat 18«, »III. Weg«, »Hannibal«, »NS-Boys« und »Adolf-Hitler-Hooligans« (Chemnitz) – denen Sie nicht einmal tagsüber begegnen wollen. Organisationen, denen Teile der Bevölkerung schutzlos ausgeliefert sind – als Stresemanns »Bürger 2. Klasse«. Organisationen, die der Satansbraten im Parlament vertritt – und noch stolz darauf ist.

Gewalt statt Gehirn. Das blaue Gespenst macht mit seinem Verschwörungskurs den Faschismus gesellschaftsfähig und wird es weiterhin tun. Keiner demokratischen Partei gelingt eine derartig durchschlagende Wirkung auf die Gesellschaft. Oder eine derart innige Gefolgschaftstreue. Die gewaltbereiten Kräfte verleihen den Ankündigungen der AfD sogar lange vor der Machtübergabe eine gewisse Glaubwürdigkeit. Der Bundesvorstandsschopf Krah feiert sich, mit dem bläulich schwefelnden Beeindruckungspotenzial hinter seinem Rücken, als »rechter Teufel«: »Wer will schon Luke Skywalker sein, wenn er Darth Vader sein kann?« Er steht durch und durch für die Sonnenseite des Faschismus.

Was die Partei mit vulgären und infantilen Äußerungen im Bundestag nicht erreicht, gelingt ihr mit dem Dominanzgebaren des rechtesten Arms. Wer sich gegen sie stellt, muss um seine körperliche Unversehrtheit fürchten. Es ist nicht eine unbestimmte Angst vor Isolation (wie es die Theorie der einstigen Hitler-Bewunderin Elisabeth Noelle-Neumann will), es ist die faschistische Einschüchterungspolitik durch Löwensteins These von den Schlägen und Tritten des Faschismus, die in östlichen Kleinstädten die »Schweigespirale« längst in Gang hält. Die ostdeutsche Version des Ku-Klux-Klans, der sogenannte Nationalsozialistische Untergrund (NSU), würde AfD wählen.

• • •

Der Historiker Robert O. Paxton legt in dem Buch *The Anatomy of Fascism* eine Definition von Faschismus vor, in der all das wiederkehrt, was wir bislang bestaunen durften: »Faschismus kann definiert werden als eine Form des politischen Verhaltens, das gekennzeichnet ist durch eine obsessive Beschäftigung mit Niedergang, Demütigung oder Opferrolle einer Gemeinschaft und durch kompensatorische Kulte der Einheit, Stärke und Reinheit, wobei eine massenbasierte Partei von entschlossenen nationalistischen Aktivisten in unbequemer, aber effektiver Zusammenarbeit mit traditionellen Eliten demokratische Freiheiten aufgibt und mittels einer als erlösend verklärten Gewalt und ohne ethische oder gesetzliche Beschränkungen Ziele der inneren Säuberung und äußeren Expansion verfolgt.«

Würde Paxton die AfD als faschistische Partei einsortieren? Zumindest ist sie der größte Gewaltunternehmer in der Geschichte der Bundesrepublik. Sie profitiert nicht von der Proliferation der Gewalt, sie mischt federführend mit. Der Jurist Hendrik Cremer, der sich lange mit ihr beschäftigt hat, rät zu einer sachgerechten Einordnung der AfD »als rechtsextreme und nach Gewalt strebende[n] Partei«.

Sie befindet sich auf Kurs. Ihre Truppe steht einbruchbereit vor dem Kanzleramt herum. Sie wartet auf Gelegenheit. Sie sehnt einen Bürgerkrieg herbei und beschwört Gewalt in sämtlichen Zauberformeln, die sie hersagen kann. Höcke verkündet Ende 2023 stolz: »Jetzt, liebe Freunde, ist der Ernstfall offenkundig. Jetzt sind wir in das Stadium des Vorbürgerkrieges eingetreten.« Die »Landtagsabgeordnete« Cyron sieht schon drei Jahre zuvor, dass keine andere Option mehr besteht: »Denke, dass wir ohne Bürgerkrieg aus dieser Nummer nicht mehr rauskommen werden.«

Man könnte meinen, ich hätte in einem *Writer's Room* einen Stab von Drehbuchautor:innen beschäftigt, die sich die Sätze ausdenken. Niemand muss die AfD erfinden. Sie ist schon da: »Ich wünsche mir so sehr einen Bürgerkrieg und Millionen Tote, Frauen, Kinder. Mir egal, Hauptsache, es geht los«, fiebert ein ehemaliger Mitarbeiter der Bundesviper. »Insbesondere würde ich laut lachen, wenn so was auf der Gegendemo passieren würde. Tote, Verkrüppelte, es wäre so schön. Ich will auf Leichen pissen und auf Gräbern tanzen.« Schlimmer geht immer.

Stellen wir uns vor, in Deutschland wäre eine Partei wählbar, die so dumm ist, die Auflösung des staatlichen Gewaltmonopols im Wahlprogramm festzuhalten. Einem »Landesverband« gelingt sogar das. Aufgrund der »Situation« (der mit den Flüchtlingen, so viel Kennerschaft sei inzwischen vorausgesetzt), heißt es da 2016 auf Seite 57, »fordern wir, dass Kommunen mit besonderen Kriminalitätsbrennpunkten das Recht erhalten, eine freiwillige Bürgerwehr auf kommunaler Ebene einzuführen«. Auch an die Finanzierung ist gedacht: »Angehörige der freiwilligen Bürgerwehr sollen eine geringe, im Rahmen der Übungsleiterpauschale, steuerfreie Aufwandsentschädigung erhalten.« Die ehrenwerten Neonazis von »Blood and Honour« und »Combat 18« mit Gemeinnützigkeitsbescheinigung? Sie werden so viel Vaterlandsliebe des deutschen Finanzamts zu schätzen wissen.

Der »Bundestagsabgeordnete« Seitz will die Todesstrafe einführen: »Für solche Fälle braucht es einer [sic!] wirksamen Abschreckung. Dafür darf eine Änderung von Art. 102 GG kein Tabu sein.« Was er mit »solche Fälle« meint? – Den Fall eines Ausländers, der so dreist war, sich in der Erstaufnahmeeinrichtung Ellwangen gegen die Abschiebung eines seiner Invasionskollegen zu wehren. *BILD* springt ihm bei, dem Abgeordneten, nicht dem Ausländer, und nennt ihn: »Skandal-Asylbewerber«. Welch eine Verirrung.

Mehr Hellsicht zeigt das Verwaltungsgericht Köln. Als die AfD gegen ihre Einstufung als verfassungsfeindlicher Haufen klagt, fragen sich die Richter angesichts des zusammengetragenen Beweismaterials, wie die ganzen Gewaltbeschwörungen zu interpretieren sind. Ihre Lösung gegen die wortreiche Verteidigung des Sturmverbands: »Es ist nicht angezeigt, klar erkennbare extremistische Äußerungen gegen jede Logik so zu interpretieren, dass sie noch als verfassungskonforme Meinungsäußerung durchgehen.«

Bei den Beweisen muss über eine verfassungskonforme Auslegung aber gar nicht nachgedacht werden. Die AfD macht es dem Staat spielend leicht, sie verfassungsfeindlicher Bestrebungen zu überführen. Die AfD trachtet danach, den Staat in seiner jetzigen Form abzuschaffen. Sie stellt das Gewaltmonopol infrage. Welcher Staat würde das nicht nur mit ansehen, sondern auch noch mitfinanzieren? Unserer! Es ist eine Frage der demokratischen Selbstachtung, wenigstens die Zahlungen einzustellen.

Der *Stürmer*-Propaganda geht es darum, Bösartigkeit zu kultivieren und die natürliche Tötungshemmung des Menschen niederzureißen. In einer präfaschistischen Gesellschaft sinken die Mitgefühlspegel. Philosophisch könnten wir mit Blick auf Xavier Naidoos Tränen einwenden, dass die Empathie nicht unterdrückt, sondern nur umgeleitet wird, sodass selbst ein prominenter Sänger blau anläuft vor Mitempfinden für die Kinderopfer, deren Blut vom mächtigen Graf Dracula ausgetrunken wird. Dazu müssten wir jedoch alle Grenzen zwischen Wirklichkeit und Fiktion leugnen.

In jedem Fall bereiten die Schwefelteile eine Atmosphäre vor, in der Gewalt wie Fieber in der Luft liegt. Die AfD hat *ganz grundsätzlich* das Problem, einer pazifizierten postheroischen Gesellschaft gegenüberzustehen, die die Anspielungen auf tiefe Schächte im Erzgebirge wenig amüsant findet. Die grundlegenden Sorgen der Menschen visieren den Kontostand an statt der DNA-Analyse ihrer genetischen Abstammung.

Wie wurde aus einem gewöhnlichen Bürgerkind wie Heinrich Himmler ein Hauptorganisator des Holocaust? Er hatte doch eine gut behütete Kindheit, besuchte ein humanistisches Gymnasium und schied als Achtzehnjähriger aus der Armee aus, ohne je an der Front gewesen zu sein. Dem Faschismus in Deutschland stellen sich genau derartige Fragen. Aber nicht aus Schrecken. Als Hürden, die es zu überwinden gilt.

Wie sät man in gewaltarmen Gesellschaften Gewalt? Der NSDAP gelingt dies. Sie sendet ganze Jugendverbände der SA in Kommunistenviertel, damit alles nach Chaos, Unordnung und Bürgerkrieg riecht, bis die Konservativen die Schnauze voll haben und nach dem starken Mann rufen, der damit aufzuräumen verspricht. Wie mutig die Strategie war, die SA gezielt in die roten Bezirke zu entsenden, können wir nur erahnen. Die Straßenschläger sind präzise geschult.

Sie überrumpeln mit Geschwindigkeit. Was Zweig verblüfft, ist die »exakte Technik dieses Ab- und Aufspringen«. Alles ist bis ins Detail geprobt und einstudiert: »mit welchem Griff und bei welchem Rad des Autos und an welchem Platz er aufzuspringen hatte, um nicht dem Nächsten in den Weg zu kommen und dadurch das Ganze zu gefährden«. Es muss schnell gehen, Tempo und Druck gemacht werden.

Dabei sind Rauchsäulen in jedem Bürgerkrieg das gängige Mittel der Kommunikation. Sie erschrecken die Bürgerlichen, weil sie die unmissverständliche Botschaft senden: *Ihr seid hier nicht sicher.* Der Staat schafft es ja nicht einmal, die Brände zu löschen. Mit der Inszenierungsstrategie derartiger »Unruhen«, mit der eine freie Gesellschaft in eine Diktatur umgestrickt wird, befasste ich mich in *Schluss mit der Geduld*. Der Terror einer verhältnismäßig kleinen Truppe schüchtert mit unverhohlener Gewaltbereitschaft die weit überlegene, aber passive Mehrheit ein. In der Weimarer Republik funktionierte das hervorragend.

Im höheren Schleudergang der AfD-Propaganda-Waschmaschine kommt es zu Mordfantasien, Straßenausschreitungen und scheinheiligen Rufen nach Konsequenzen, für die dann ein Sündenbock wie der Flüchtling oder »die Kommunisten« sehr direkt an ihren Haaren herbeigezogen werden. Denken, Sprechen, Handeln, Verrohen. Die menschenverachtenden Beschwörungen des AfD-Kults verbreiten ihr Opium. Die Gehirnwäsche schlägt selbst bei Menschen an, die zuvor vollkommen human gesinnt waren. Vor der *Schwerkraft* des Rechtsextremismus ist nichts und niemand in einer Gesellschaft sicher. Haben sich erst genügend Rechtsextreme an einem Ort verdichtet, entwickelt deren schiere Masse Eigenkräfte. Es entsteht eine rassistische *déformation*, die uns alle in die Tiefe reißen und begraben kann.

* * *

Es heißt, die AfD habe nichts erschaffen, was nicht da gewesen wäre. Der Rechtsextremismus sei nichts, was man besiegen könne, sondern etwas, das man nicht gewinnen lasse – lautet eine der eher für Wandtattoos geeigneten Motivationslehren. Nicht nur die Alliierten haben das anders gesehen. Natürlich hat die AfD die reinrassische Lehre nicht erfunden. Sie haben ja nicht einmal einen Krümel Originalität draufgestreuselt. Aber mit unserer Mithilfe hat sie eine politische Organisation geschaffen: ein kugelsicheres Gehäuse für ihre Menschenfeindlichkeit.

Beim Kampf gegen diesen mächtigen Parteiapparat geht es nicht darum, die Gesellschaft von den SA-Parolen reinzuwaschen, sondern darum, dass dieser inmitten einer vitalen Demokratie keinen Raum für den Faschismus schafft. Bislang mag es soziale Räume dafür gegeben haben (die Strategie »national befreiter Zonen« mitsamt No-go-Areas für Demokraten und Ausländer etwa). *Aber doch keine Bundestagsfraktion!* Keine Armada von mehr als eintausend Landtags- und Kreistagsabgeordneten mit ihren Abertausenden Mitarbeitern, die ihre menschenfeindlichen »Meinungen« in ein politisches Vorhaben überführen, als handelte es sich dabei um ein Vorsorgeprojekt wie die Aktien- oder Mütterrente.

Was ist denn jetzt genau der Plan? Wollen wir ihnen erlauben, mit ihren Parolen vom »Verwesungsgeruch einer absterbenden Demokratie« (Höcke) weitere Gesellschaftsschichten zu verpesten? Sollen wir alle vier Jahre alle Kraft in den Alarmismus stecken, unsere Demokratie könne untergehen? Sollen wir die blaue Anhängerschar aufklären, was ihre Herzenspartei vorhat, wenn selbst der Uninformierteste in der hintersten Gaststätte Thüringens längst weiß, was diese im Mutterland des Rechtsextremismus plant? Das muss nur ein einziges Mal schiefgehen, während wir alle vier Jahre aus vollen Kehlen rufen: Obacht! Bleibt wachsam! Der Wolf!

Wir sollten uns klarmachen, was es bedeutet, alle vier Jubeljahre vor den Bundestagswahlen einen Feldzug gegen rechts neu auszurufen. Es bedeutet, keine Zeit zu haben für die zukunftweisenden Fragen. Es bedeutet, den gesellschaftlichen Fortschritt zu blockieren. Es bedeutet, die Kräfte auszulaugen und auszuwringen, wie es in der Weimarer Demokratie geschah, wo irgendwann auch die letzte Verfechterin enttäuscht abfiel. Es bedeutet eine bis aufs Äußerste gespannte Gesellschaft. Es bedeutet, dass es nur noch um den Status quo geht. Die Demokratie wird dadurch gewissermaßen von unten entkernt. Die AfD könnte zu Recht auf die Mangelernährung zeigen und sagen: Seht her, Verwesungsgeruch. Warum wehrt ihr euch?

Und das alles, weil die Politik sich nicht traut, ein Verfahren in Gang zu setzen? Ich möchte nicht den Preis für Olaf Scholz' Großmütigkeit zahlen. Wie er sich in der Rolle gefällt, den Rechtsextremismus demokratisch auszuhalten. Während sein SPD-Kollege Michael Müller vom Bündnis »Bund Waltershausen« schlechter verträgt, dass sein Holzhaus brennt. Der Kanzler, der zu feige oder nicht willens ist, sich der AfD in den Weg zu stellen. Oder besser: der sogar zu schwach ist, ihr *Karlsruhe* in den Weg zu stellen.

Die AfD gleicht einem Zug, in dem die führenden Kader unter johlendem Beifall der zahlreich zugestiegenen Passagiere im fahrenden Betrieb die Bremsen abmontiert haben. Der Zug rast. Der Tachometer steht kurz vor 300 Stundenkilometern. Ein Mordsspaß. Manche hoffen, in den Bahnhöfen würden Chrupalla und Deiwel noch durch einen vernünftigen Zugführer ausgewechselt werden, der das Steuer herumreißt – und damit unser aller Schicksal. Ein vertrauensseliger Glaube. Sie sollten sich davon verabschieden. Nicht, weil Züge kein Steuerrad haben. Im Stellwerk wird genauso wenig die rettende Hand eingreifen, die in letzter Sekunde die Machtergreifung oder ein ordinäres AfD-Kabinett *für uns* verhindert. Die Vernunft schlägt uns hier Schnippchen.

Die Geschichte weiß nichts vom Richtigen. Oder von Vernunft. Viele erliegen der Selbsttäuschung, sie müssten der Welt nur das

Rettende zeigen, dann folgt sie. Aber die Geschichte wählt mit Vorliebe das schlimmstmögliche Gleis und lässt den Zug in den Abgrund stürzen. Die Welt der Sicherheit und der schöpferischen Vernunft, in der wir erzogen wurden – diese Welt schlägt die Geschichte »in einer einzigen Sekunde wie ein hohles tönernes Gefäß in tausend Stücke« (Zweig).

Wie soll sich die AfD entradikalisieren? Die Aggressivität muss doch irgendwohin. Die Mitglieder zerfleischen sich doch schon gegenseitig. Was erwarten die Konservativen davon? Dass Fanatismus an der Macht lieblich zu schnurren beginnt? In den Runden von *Maischberger*, ja. Aber doch nicht in der Bundesregierung. Einmal an der nächsten Station angelangt, wird der Feuerball seine Hitze schon zu entladen wissen. Er wird sie auf uns werfen. Er hat kein Interesse, uns leben zu lassen. Niemand, der sich für Politik interessiert, sollte sich in Sicherheit wiegen. Und dann? Dann wird er sie nach außen werfen und womöglich Großstädte, wenn nicht ganze Kontinente in Schutt und Asche legen. Sofern die Bundeswehr mit dem Sondervermögen bis dahin funktionstüchtige Waffen beschafft hat.

Manche schützen die sokratische Weisheit vor, wir könnten nicht wissen, wo die Partei in ein paar Jahren steht. Sie könne moderater agitieren. Ermattet und geschlagen von ihrem Feldzug gegen die Demokratie? Wer kann sich eine AfD vorstellen, die sich auf die Gleichheit aller Menschen beruft? Wer sieht eine AfD, die sich auch mal hinter nichtrussische Minderheiten stellt, um diese zu beschützen? Es ist zu spät. Die Partei hält Kurs. Sie wird nicht in letzter Minute umkehren.

Die Partei hatte elf Jahre lang Zeit zu ermitteln, was sie im Kernland des Rechtsextremismus, im Land der Holocaust-Täter, darf und sagen kann. Das Ergebnis der Nachforschungen lautet, dass sie buchstäblich alles machen kann. Sie kann Menschen infrage stellen. Sie kann mit SA-Losungen plakatieren. Sie kann den Holocaust relativieren. Ihr Ehrenvorsitzender kann sogar Ehre für die Holocaust-Mördermannschaft fordern! Hat die Partei sich gemäßigt? Haben starke Stimmen sie zur Ruhe und Konzilianz gebracht? Der, der die Lorbeerkränze für Wehrmachtssoldaten forderte, derselbe Mann sagte, dass der rechtsradikale »Haufen« gar nicht zu kontrollieren sei! Er ist kein Faust. Es pocht nur eine Seele in seiner Brust.

Menschenfeindlichkeit muss in einer wehrhaften Demokratie ohne politische Repräsentation bleiben. Es macht dieses Land nicht ein Gramm demokratischer, wenn es Demokratiefeinden 77 Sitze im Parlament einräumt. Im Gegenteil. Verfassungsfeinde haben kein Anrecht auf Repräsentation und Macht. So etwas gibt das Grundgesetz einfach nicht her. Es besteht kein Grund, eine satanische Partei zu tolerieren. Ihre Vorhaben sind verfassungsfeindlich. Was zu tun ist? Die Verfassung weist einen klaren Weg. Nicht die AfD bricht mit der Verfassung. Wenn, dann sind wir es.

• • •

Mit der AfD stieg ein Titan am Horizont auf, hinter dem sich die zersplitterte rechtsextreme Szene neu sammeln und formieren konnte. Der AfD muss derselbe Vorwurf gemacht werden, der 1952 für das Verbot der SRP ausschlaggebend war. Das Gericht attestiert der Partei, sie habe Nazis angezogen »wie ein Magnet«. Sie verfüge in dieser Hinsicht über »magnetische Anziehungskraft«. Auch die AfD zieht Nazisplitter an wie Eisenspäne. Der Magnet hat ganze Landstriche in seinen Bann gezogen.

Wer wagt zu behaupten, die AfD habe in ihren letzten elf Jahren das deutsche Volk zufriedener gemacht oder mit der Demokratie versöhnt? Oder mit den Medien? Oder mit den Schwächsten? Oder mit der Regierung? Oder mit den anderen Parteien? Oder mit dem wirtschaftlichen Erfolg? Oder mit dem Humanismus? Oder mit politischer Großzügigkeit?

Die AfD vertritt nach allen Umfragen und Analysen den demokratie- und menschenfeindlichsten Teil des Landes, sogar den Willen zur Diktatur. Laut der Leipziger Autoritarismus-Studie hängen ihre Wähler dem Gedanken an, dass »eine Diktatur die bessere Staatsform« sei. 70,5 Prozent der Anhänger wollen das System »grundlegend« verändern (Institut für Demoskopie Allensbach 2017). Die Befürwortung einer totalitären Diktatur ist unter AfD-Wählern 4,7-mal so hoch wie im Durchschnitt der Bevölkerung. 52 Prozent der AfD-Wähler sind nicht mit diesem System zufrieden (Forsa 2018). Nur der Anteil der nicht rechtsextrem eingestellten AfD-Wähler ist noch beeindruckender: Er liegt bei 13 Prozent.

Politiker machen gern die Gesellschaft für den Erfolg der Rechtsextremen verantwortlich. Was aber, wenn das Gedankengut der AfD gar nie auf fruchtbaren Boden fiel, sondern die Partei einen vertrockneten, kümmerlichen, völlig vergessenen braunen Acker in den letzten Jahren durch massenhaft stinkenden Dung in einen fruchtbaren Boden, nein, in blühende Landschaft, verwandelt hat? Wenn die AfD durch das Aussäen von Bösartigkeit den »Nährboden« erst kultiviert hätte, um ihre zweistelligen Wahlerfolge zu ernten?

Es gibt einen klaren Zusammenhang zwischen Charakterlosigkeit und rechtsextremen Flächenbränden: Wo Parteien sich nicht abgrenzen, wo sie Offenheit für Demokratiefeinde (und deren »Rechte«) praktizieren, verrohen die Debatten, was Wähler magnetisch anzieht. Eine CDU ohne Haltung, die sich aus Angst vor Wählerverlust die Fragen und Probleme von der AfD diktieren lässt (und unverhohlen mit Flüchtlingsfeindlichkeit hantiert), kann nur kollabieren. Nach einem völlig missratenen Wahlkampf, in dem die CSU versuchte, die AfD zu kopieren und dafür das größte Debakel ihrer gesamten Parteigeschichte erntete, lautete die Lehre des Generalsekretärs: »Du kannst ein Stinktier nicht überstinken.«

Vergessen. In Schleswig-Holstein, wo der CDU-Ministerpräsident sich scharf von der AfD abgrenzte, flog die AfD aus dem Landtag.

Vergessen. In Sachsen hechelt der Ministerpräsident den Wählern von der AfD hinterher, und das blaue Gespenst steht bei über 30 Prozent. Die Neutralität von CDU und Kanzler sind gut erforscht. Sie hilft stets den Unterdrückern, nie den Opfern. Schweigen ermutigt Peiniger, nie die Gepeinigten. Die Gefahr liegt mitunter gar nicht in einer terroristischen Minderheit, sondern in einer Regierung, die sich bei alledem nicht einmischt.

Gewitzte Zeitgenossen machen auch daraus noch ein Argument gegen ein Verbot. Sie wenden ein, das »Problem« verschwinde nicht, wenn die AfD verboten sei. Die totalitären Einstellungen nagten weiter an der Bevölkerung. Das stimmt! Der CDU-Vorsitzende Friedrich Merz dreht den Deckel dieser Nebelkerze noch ein bisschen weiter auf und fragt im *Münchner Merkur* die Vorsitzende der SPD (die sich für ein Verbot der AfD starkmacht), ob sie »allen Ernstes« erwartet, »dass man eine Partei, die in Umfragen an die 30 Prozent heranreicht, einfach verbieten kann«.

Man kann. Man muss. Gewiss, die AfD-Wähler mit ihrer Vorliebe, Pick-ups in Menschenmengen zu steuern, und dem unstillbaren Verlangen, Häuser anzuzünden, bleiben uns nach dem Verbot erhalten. Wir bekommen die Pest totalitärer Einstellungen vielleicht nie aus der Gesellschaft. Aber warum sollten wir noch riskieren, von der Pest regiert zu werden? Selbstmord aus Angst vor dem Tod? Totalitäre Einstellungen haben in staatlichen Institutionen nichts zu suchen! Will Herr Merz sie dort sich austoben lassen, so wie Hitler zwölf Jahre toben durfte? Für die Frage, wer recht behält, gibt es gar keinen Spielraum.

Merz verwechselt Grundlegendes: Die Karlsruher Richter entscheiden die Frage der Verfassungsfeindlichkeit von Parteien nicht anhand von deren Zustimmungsraten. Sie entscheiden das anhand der Bedrohung für die Demokratie. Merz unterschlägt, wann und weshalb die Bösartigkeiten Auftrieb bekommen haben. Politische Parteien sind nicht einfach nur ein Magnet, der Gleichgesinnte anzieht. Parteien wie die AfD entwickeln, sobald sie ausreichend Masse auf sich vereinigen, Schwerkraft, die auf die Gesellschaft zurückwirkt. Um sie zu deformieren.

So schnell sich der hitlerische Waldbrand ausbreitet, so temporeich könnte die Gefahr auch wieder verschwinden. In der neuen Mitte-Studie der Friedrich-Ebert-Stiftung haben wir gesehen, dass die als gesichert rechtsextrem eingestellten jungen Menschen in zwei Jahren um rund 1100 Prozent angestiegen sind (von 1 auf 12 Prozent). In der Gesamtbevölkerung schnellte der Wert um 400 Prozent nach oben. Wie gesagt: in nur zwei Jahren. 1928 wählten die Deutschen zwölf NSDAP-Abgeordnete in den Reichstag, 1930 waren es 107 und 1932 plötzlich 230 Abgeordnete. Die rechtsextremen Einstellungen einer Bevölkerung sind nicht in Stein gemeißelt. Soziologen hören das nicht gerne. Aber wenn eine rechtsextreme Partei ihre Wählerschaft in nur vier Jahren um 1800 Prozent steigern kann, hat das womöglich überhaupt nichts mit der Frage zu tun, wie die Gesellschaft politisch eingestellt ist und was aus diesen Gesinnungen wird, wenn die dazugehörige Partei ausgeschlossen wird.

Unser Zeitalter wird zwar derzeit nicht in die Umlaufbahn von Aufklärung und Humanismus gezogen, sondern in die von Bösartigkeit und Terror. Und wir können diese Geisteshaltungen weiterarbeiten lassen. Aber niemand soll sich hinter der Gesellschaft, dem Wählerwillen oder den Einstellungen verstecken. Selbst wenn eine Mehrheit der Deutschen Flüchtlingsheime brennen sehen wollte, sieht die Verfassung keine Möglichkeit, derartige »Positionen« im Bundestag abzubilden. Ist es undemokratisch, die Kannibalistische Partei Deutschlands zu verbieten, wo die Bevölkerung die Spektakel sicherlich amüsant fände? Wo ist die Partei der Drogendealer? Drogen sind gesellschaftlich außerordentlich gefragt. Warum sind diese Positionen nicht im Bundestag vertreten?

Weil das Grundgesetz derartige Bestrebungen verbietet. Weil das keine wehrhafte, sondern eine wahnhafte Demokratie wäre.

Zwischen der Frage der Verfassungsfeindlichkeit eines politischen Angebots und seiner gesellschaftlichen Nachfrage gibt es nicht den geringsten Zusammenhang. Merz weiß das natürlich. Aber selbst führende Genossen der SPD wollen mit der AfD in die Wahndemokratie weiterrennen. Der Kanzler allen voran. Merz hingegen benötigt Nebel um seine ganz eigenen Pläne mit der AfD.

Die AfD ist eine Bürgerkriegspartei. Sie ist eine menschenfeindliche Lawine, die mehr und mehr Menschen erfasst. Das ist kein Argument, ihr den Staat hinterherzuwerfen und das Ganze den Abhang hinunterrollen zu lassen. Wachen Sie auf – Verantwortliche in Bundesregierung, Bundestag, Bundesrat. Haben Sie den Mut, sich aus Ihrer selbst verschuldeten Unmündigkeit zu befreien. Die AfD wird es für Sie nicht erledigen.

7

Das Zeitalter der Verantwortungslosigkeit

Linien im Sand

Allein verantwortlich für die Zukunft der AfD sind Bundeskanzler, Bundestag und Bundesrat. Sie vertagten, was nicht mehr aufschiebbar ist: ein Verbotsverfahren. Nach Bekanntwerden der Deportationspläne von Potsdam vermochte der Vorsitzende der Innenministerkonferenz Michael Stübgen nichts Neues in den Enthüllungen zu erkennen. Er zeigte sich verblüfft über die Bestürzung der Bevölkerung. Er habe der Partei alles zugetraut, auch das »Jahrzehnteprojekt« (wie der Rechtsextreme den Masterplan zur »Remigration« von 20 Millionen Einwanderern, Ausländern mit Bleiberecht und »nicht assimilierten« Staatsbürgern vorstellte). – Augenblick. Einem Innenminister ist bewusst, dass die AfD Millionen Menschen deportieren würde, wenn sie (nach *Crowley's Law* mit »Macht«) die Gelegenheit hätte? Mich überrascht Stübgens Abgeklärtheit. Er will so etwas Diabolisches gewusst haben und unternimmt trotzdem nichts? Warum beantragt er nicht, die Verfassungsmäßigkeit der Wolfspartei zu überprüfen, wenn er ihr Deportationen zutraut?

Alles war neu am Aufschrei der Januartage 2024: Die Debatte verlagerte sich vom abstrakten Schutz der Verfassung zum Bewusstsein, dass Menschen gemeint, gefährdet und angegriffen sind. Bundeskanzler Scholz erfasste ungewöhnlich präzise, was auf dem Spiel steht. Er versprach: »Wir schützen alle!« Statt Demokratie- also Menschenschutz. Bedauerlicherweise hat er für das eine genauso wenig konkrete Pläne wie für das andere.

Der konservative Oppositionsführer im Bundestag, Friedrich Merz, sprach sich als Allerersterster gegen ein Verbot der AfD aus. Er wolle die Partei bekämpfen, ließ er wissen. Er wolle »mit aller Konsequenz auch den politischen Meinungskampf gegen die AfD« wagen. Nun wollen die meisten Menschen ihre Fehler »mit aller Konsequenz« zu Ende führen. In unserem Fall ist die Konsequenz allerdings der Sturz in den Faschismus. Mit seinen Verdammungen von Sozialhilfeempfängern, den Grünen als »Hauptgegner« (das verkaufte er nach einem AfD-Wahlsieg als seine Lektion daraus) und der Bezeichnung seiner Partei als »Alternative für Deutschland mit Substanz« hatte Merz die verwahrloste Debatte schon länger mit einiger Konsequenz in den braunen Sumpf geführt. Statt die AfD zu bekämpfen, macht er ihre Themen groß.

Der inhaltliche Kampf soll es nun richten. Was bedeutet das? Soll die »Meinung«, Millionen von Menschen zu deportieren, im Duell gleichwertig neben Plänen für eine kapitalgedeckte Altersvorsorge stehen? Will Merz mit SA-Wahlkämpfer Oehme scine »Meinung« diskutieren, die »links-grünen Ökosozialisten« führten Krieg, »mitten in Europa, gegen unsere Freiheitsrechte, gegen unsere Städte …, gegen unsere Familien, unsere Frauen und unsere Kinder«? Wer diese Art von »Meinungskampf« führen will oder allen Ernstes meint, die Stunde sei gekommen, für den Standpunkt politisch kämpfen zu müssen, Menschen *nicht* zu deportieren, der muss die Verfassungsfeindlichkeit seines Gegners totschweigen. Sonst merkt das Publikum am Ende noch, dass der Rechtsextremismus gar keine legitime Meinung ist und auf den Friedhof zu den ganzen anderen Nazikriegsverbrechern gehört. Die Einzigen, die befähigt wären, mit Geschichtslehrer Höcke zu diskutieren, wären die Historiker. Ansonsten bedürfen Rechtsextreme der resoluten Ausstoßung.

Merz' Vorschlag, die AfD »politisch« totschlagen zu wollen, ist von der uralten konservativen Selbstüberschätzung geprägt, bei der der Faschismus nicht mehr tun muss als abzuwarten. Die Akzeptanz von Wahnvorstellungen als »Standpunkte« schadet der Demokratie. Eine Demokratie ist nicht wehrhaft, indem sie mit einem brachialen Sturmverband, der den »Parteienstaat« abschaffen will, inhaltlich »Streit« sucht. Was soll das Ergebnis dieses Meinungsstreits sein? Halbe Deportationen? Ein Kompromiss von einem Viertel der geforderten Deportationen? Was die CDU darunter versteht, inhaltlich die AfD zu bekämpfen, führt ihr Landesverband Thüringen eindrücklich vor. Er klaut kurzerhand die Kampagnenmotive der AfD und gestaltet sie um. Das Original der AfD ziert eine Frau mit der Aussage: »Ich liebe die Nacht. Aber nicht den Nachhauseweg. Für sichere Städte.« Die CDU Thüringen macht daraus: »Nachts allein nach Hause? Die Angst läuft mit.«

Das Einzige, was hier läuft, ist die CDU – und zwar der AfD hinterher. Die CDU könnte uns alle Mühen nehmen, ihren erratischen Kurs gegen die AfD zu enträtseln. Soll sie doch einfach in Prozentzahlen angeben, wie viel AfD in ihren politischen Lösungen steckt: 30 Prozent, 75 Prozent? Niemand verleiht der AfD mehr Glaubwürdigkeit als diejenigen, die sich mit ihr streiten wollen.

Ganz anders die SPD, die seinerzeit in Umfragen in Sachsen bei drei Prozent lag. Sie spielte Meinungs-Pingpong mit der Öffentlichkeit. Die Bundesvorsitzende verkündete, sie sei für ein AfD-Verbot. Der Ostbeauftragte Carsten Schneider votierte dagegen. Wolfgang Thierse plädierte wieder dafür. Die SPD verhielt sich, als gehe es um die Abstimmung des nächsten Austragungsortes der Olympischen Spiele. Von der Kanzlerpartei hätte ich bei Deportationsplänen für ein Viertel der Bevölkerung mehr Ernsthaftigkeit und auch Einigkeit erwartet. Vielleicht sogar die Freiheit, die Frage dem Gericht zu überlassen. Ob die rechtsextreme AfD verboten wird, ist kein Stimmungstest, für den die Meinungsfreiheit gilt. Nicht die

Mehrheit in der SPD entscheidet diese Frage, sondern die der Verfassungsrichter.

»Wenn wir eine Partei verbieten, die uns nicht passt«, so lässt Schneider wissen, »die in Umfragen aber stabil vorne liegt, dann führt das zu einer noch größeren Solidarisierung mit ihr.« Also. Wenn diese Solidarisierungswelle (andere würden das Phänomen ja als »Mob« bezeichnen) nicht gerade das Verfassungsgericht niederbrennt und Richter lyncht, nützt der Partei die Form von blau-brauner Solidarität herzlich wenig. Herr Schneider bläst nur ins selbe Horn wie Merz: »Die AfD muss inhaltlich konfrontiert werden.«

Dieses brillante Konzept verdient es, weitergedacht zu werden: Auch Mord sollten wir zukünftig »inhaltlich« begegnen. Warum werden Vergewaltiger nicht inhaltlich gestellt? Rassismus wird bei uns ja schon länger nicht mehr konfrontiert. Könnten wir Banküberfälle nicht politisch statt juristisch lösen? Einen Versuch wäre es wert, denkt sich Schneidermerz. Warum verbietet das Strafrecht überhaupt den Mord? Ist so etwas nicht undemokratisch, wo doch so viele Mörder in Gefängnissen sitzen? Wir sehen schon, die AfD inhaltlich zu bekämpfen – es war auch wieder nur das neue Mit-Rechten-Reden.

Der sächsische Ministerpräsident (CDU) schoss aber Satan ab. Er wollte der AfD »die Wahrheit« zeigen. Eine derart geniale Strategie hatte die Welt noch nicht gesehen. Dabei gerät das Spektakel mitunter bedrückend. Als ein angehender Diktator im Fernsehen zur besten Sendezeit von einem Journalisten vorgeführt und auf ganzer Linie zerpflückt, ja, mit den Fakten erschlagen wurde, konterte der: »Ich werde mit deiner Visage den Fußboden schrubben.« Das war der Satz, der hängen blieb. Der Diktator wurde mit überwältigender Mehrheit ins Amt gewählt. Wir glauben an die Macht der Wahrheit? Die Vernunft des guten Arguments verblasst angesichts einer Handvoll unterhaltsamer Drohungen von Satanisten. Das wussten schon die alten Römer besser als der Kretschneiderschmerz. Es ist leichter, den Faschismus zu unterbinden, als ihn inhaltlich zu bekämpfen.

Von Beelzebubs Auftritt in einer Sonntagabend-Talkshow blieben vor ein paar Jahren auch nicht die brillanten Erwiderungen des damaligen Justizministers übrig. Sondern ein Deutschlandfähnchen aus Polyester, das Höcke mit gespieltem Ernst über seiner Lehne ausfaltete. Im Studio – peinliche Stille. Gegen die geballte Einheitsfront konfrontationswütiger Gäste würde es einem Faschisten heute genügen, sich bei *Caren Miosga* eine Zigarre anzustecken und gar nichts mehr zu sagen.

Es ist die alte Selbstüberschätzung, einem Hurrikan entgegenzufliegen, aber noch zu meinen, die Maschine werde das schon schaukeln. Es sei ja immer gut ausgegangen. Der Umgang gewisser Politiker mit der AfD wirkt wie der verzweifelte Versuch, mit den Einbrechern darüber zu verhandeln, wie sie einer Verurteilung noch entgehen können.

Dabei mühen sich Menschen seit Jahren nach Kräften, sauber zu recherchieren, um die AfD inhaltlich zu erlegen oder gegen sie anzukommentieren. Das bremste sie nie. Die AfD telegrafierte munter weiter haltlose Behauptungen, an denen sich die Fakten-Checker abarbeiten durften. Auf der einen Seite erzählen wahre Dramatiker 1001 Märchen aus dem Fantasiereich. Auf der anderen Seite tummeln sich Spielverderber und Pfennigfuchser. Welche Seite ist wohl erfolgreicher? Laut einer Analyse der Universität Oxford von 2019 werden Falschbehauptungen auf Facebook in Deutschland sechsmal häufiger geteilt, geliket und kommentiert als seriöse Nachrichten. Sechsmal. Das Widerlegen gerät zu einem völlig sinnfreien Unterfangen.

Nach dem italienischen Programmierer Alberto Brandolini wurde das Brandolini-Gesetz benannt. Lügen zu widerlegen, erfordere eine Größenordnung mehr Energie, als sie zu erfinden. Die sachliche Widerlegung von Falschinformationen und die Recherchen gegen den Wust an Halbwahrheiten und Lügen der AfD fressen zehnmal so viel Zeit wie überhaupt deren Erfindung. Während die eine Sache geradegerückt wird, hat die AfD schon zwei neue entdeckt. Um Mely Kiyaks Bonmot des Hasses zu arrangieren: Die Lügen brauchen nur eine Sekunde, um ihren Weg ins Herz zu finden, aber eine Kriegsgeneration, um diesen Ort wieder zu verlassen.

Man sollte die AfD-Anhänger eher vor sich hertreiben, statt sich über ihre Gräueltaten zu empören. Den Spieß umzudrehen, könnte helfen. In den sozialen Medien sah ich niemals so viele wütende »Richtigstellungen« der blauen Anhängerschaft wie bei dem Vorwurf, die Vorsitzende Deiwel zahle ihre Steuern in der Schweiz statt in Deutschland, wie es sich für eine ordentliche Patriotin gehört. Was da alles los war! Tausende überzeugte AfDler mutierten zu (frei erfundenen) Faktencheck-Kriegern. Die Themen zu identifizieren, die den Nerv der AfD-Kultgemeinschaft treffen, das wäre nicht nur für die Feinde der Demokratie zentral.

Die AfD auf dem Gebiet von Fakten schlagen zu wollen, so lautet der Eindruck eines Lehrers auf Twitter, ist, »wie im Fußball gegen eine Mannschaft fair gewinnen zu wollen, die eigene Schiedsrichter mitbringt, sich an keine Regeln hält, ihr Tor abbaut und bei der gegnerischen Mannschaft von hinten reingrätscht, um sich dann laut zu beschweren, gefoult worden zu sein«.

• • •

Die AfD mit der Wahrheit zu bekehren, kam dem konservativen Lager wie eine Innovation vor. Jahrelang predigten bürgerliche Kreise, die Partei werde nur umso stärker, je lauter man kämpfe. Kämpft leiser. Seid höflicher! Der Chefredakteur der *Zeit*, Giovanni di Lorenzo, hält das noch heute für eine ausgezeichnete Idee. An Weihnachten 2023 mahnt er an, keine Partei solle den Resozialisierungskampf um rechtsextremistische Wähler aufgeben. Jedoch: »Dabei hilft sicher nicht ein makabrer Wettbewerb: Wer schreit die verletzendsten und vergiftetsten Parolen ins Land?« – Nicht kämpfen. Totschweigen. Mucksmäuschenstill sein, hatte jahrelang auf der Fahne dieses Konsensheroismus geprangt. Als würde die AfD wie ein Judokämpfer Kräfte absorbieren. Die Idee erlebt jetzt sogar eine Renaissance als zentrales Argument gegen das Verbot. Die AfD wird durch die Kreissäge des Verbotsverfahrens nur noch größer und stärker! Himmel, die AfD ist kein Bonsai. Sie muss zersägt werden.

Jahrelang haben mich persönlich führende Bundes- und Landesinnenminister angegriffen. Sachsens Innenminister Roland Wöller sah durch »Soko Chemnitz«, mit der wir nach den Arbeitgebern der Teilnehmer der Bürgerkriegsausschreitungen von Chemnitz fahndeten, den »Zusammenhalt der Gesellschaft« gefährdet. Er selbst hatte versucht, den Zusammenhalt von Demokraten und Rechtsextremisten herzustellen. Horst Seehofer meinte, unsere Aktionen würden die »Polarisierung der politischen Debatte vorantreiben«. Er hatte es fast begriffen: Wir wollten den Rechtsextremismus zur Debatte stellen. Bundesinnenminister Thomas de Maizière hielt »Flüchtlinge fressen« für »eine geschmacklose Inszenierung – auf dem Rücken der Schutzbedürftigen ausgetragen«. Sein Meerwassergebrauch und die Landgrenzen zu schließen, waren dagegen Maßnahmen zugunsten der Schutzbedürftigen?

Die Erwartung der Leisetreter ist stets, dass sich Antichristen wie Gauland mit ihrem verbal Erbrochenen vor der hohen Warte des Bürgertums selbst enttarnen. Stattdessen beschmieren sich Teile des wohlgekleideten Bürgertums mit der braunen Sauce. Statt sich angewidert abzuwenden, finanzieren die gut situierten Müllermilch-Millionäre, Steuerflüchtlinge und Immobilienbesitzer noch das blau verstrahlte Unterhaltungsprogramm. Die Erwartung, die maßlose Sprache der AfD würde sich am Ende gegen sie verkehren, weil sich die gehobenen Kreise davor ekeln, entpuppt sich schon zu des Führers Zeiten als eine märchenhafte Hoffnung. Menschen aus gutem

Hause können ganz entzückt von dem Versprechen sein, mit dem Kopf der ganzen Faktenhuber werde jetzt der Fußboden geschrubbt. Es gibt einen Extremismus der Mitte, nachweisbar bereits in den tiefsten Wählerschichten der NSDAP. Die Missbilligung der Gewalt durch das Bürgertum ist eine Chimäre. Das hatten schon die Verkaufszahlen der Sarrazin-Bücher verraten. Das Bürgertum *liebt* Gewalt, solange sie sich gegen Ausländer, Muslime, Clans und Sozialschmarotzer richtet.

Statt sich mit Vulgärsprache zu desavouieren, reicht der Dialekt aus »Schuldkult«, »zu vollendende Wende« und »Nafris« bis in höchste Kreise. Eine Variante der anachronistischen Idee des großbürgerlichen Ekelgefühls ist die Idee, die AfDler entzauberten sich durch ihre Gewaltbereitschaft. Ebenfalls auf den Bühnen des Bürgertums. Wenn erst die hinteren Reihen des Gesellschaftstheaters mitbekommen, *wie* vulgär, wie proletenhaft, wie ordinär die AfD ist, ja dann… Dann muss ich an die fast 90-prozentige Wahlbeteiligung bei den allerletzten Reichstagswahlen im März 1933 denken. Statt den offenen Terror der NSDAP oder den niedergebrannten Reichstag zu verurteilen, fuhr die NSDAP mit ihrer Gewaltorgie ein saftiges Plus von fast elf Prozent ein.

Die AfD wird sich weder durch ihre rohe Sprache noch durch die Gewaltförmigkeit entzaubern. Sie wird höchstens noch mehr Rudel anlocken und rekrutieren. Die Strategie funktioniert nicht. Weder in den Landtagen noch im Bundestag, nicht einmal bei *Markus Lanz*.

Der strategische Umgang mit der Partei der Höllenfürsten ist eine Geschichte der enttäuschten Hoffnungen. Lange pflegen gutbürgerliche *FAZ*-Kreise die Illusion, die AfD werde nach ihrem Einzug in den Bundestag »vergrünen«. So nannten sie das wirklich. Damit meinten sie, dass sie sich von Zauberhand deradikalisieren werde. Der Journalist Justus Bender gefiel sich in dem Buch *Was will die AfD?* in einer großmütigen Gelassenheitsgeste: »Am Beispiel der Grünen lässt sich im historischen Vergleich verstehen, inwieweit sich Parteien über die Jahre zu staatstragenden und pragmatischen Kräften entwickeln können.« Bender rief dazu auf, die Neulinge erst mal machen zu lassen. Sollen sie doch wüten. Nach dem Toben ist vor dem Einschlafen. Und wie sie gewütet haben! Die Selbsttäuschungen der Konservativen kennen weder Scham noch Grenzen. Statt als Partei zu vergrünen, verbraunte das ganze Land.

Die strategische Leitlinie lautet bis heute: Liberalismus! Das wird der Markt schon regeln. Nun hat es der Markt geregelt. Und wie. Nennen Sie es *Laissez-faire*, Leichtfertigkeit oder Leichtsinn. Das Prinzip hat schon die Zukunftsaussichten dreier Bundesländer entschieden verfinstert. Zynischer Höhepunkt war, die verheerenden Folgen dieser (Satansnarren-)Freiheit für die Feinde der Demokratie noch als Ausfluss einer gelebten Demokratie zu verklären. Dem gängigen Mantra, eine Demokratie müsse das bisschen Rechtsextremismus aushalten, hält Monja Roepke von den Grünen entgegen: »Das klingt für mich ähnlich wie ›Eine Beziehung muss auch ein paar Schläge aushalten können‹. Nein, eine Demokratie kann und muss die AfD vor die Tür setzen und das Schloss austauschen.«

Statt das Schloss auszutauschen, winkten einige die Sturmtruppe mit den Schlüsseln herbei. Für mich ist das die *herostratische Strategie* – nach Herostratos, der den griechischen Tempel der Artemis anzündet, weil er unsterblich werden will. Merz zündet das Land nicht an. Er lässt anzünden. Auf dass sein Name als abschreckende Mahnung niemals in Vergessenheit gerate.

Brandstifter holen sich ihr Land vom Frühjahr 1945 zurück – indem sie es niederbrennen. Welch brillante Idee, ihnen die Regierungsgeschäfte zu übertragen. Es gibt Erste, die das fordern. Denn *dann* würden sich die Höllenfürsten enttarnen. Oder dann gerieten sie selbst in die Knochenmühle der Regierungsbürokratie aus Kanzleramt und G7-Gipfel, verzahmten und hörten auf, so tollwütig zu toben.

Das ist, als würde der Feminismus beschließen, einem ultrachauvinistischen Frauenfeind wie dem »Bundestagsabgeordneten« Bystron die Macht zu übergeben, um allen zu beweisen, wie frauenverachtend der ist. Auf dessen Frauenhass fiel durch die Bewerbungsrede einer im vergangenen Jahr gestorbenen Landesvorsitzenden recht spektakulär etwas Licht: »Den zweiten Grund, warum ich hier bin, habe ich meinem Parteikollegen Petr Bystron zu verdanken, der mich im Wahlkampf darauf aufmerksam machte, dass Frauen wie ich eigentlich besser an einer Stange tanzen sollten.«

Wie die Gleichberechtigung nicht ein paar Frauenfeinde benötigt, um von ihrer Notwendigkeit zu überzeugen, bedarf die Demokratie keiner praktizierenden Faschisten an der Macht, um deren Menschenfeindlichkeit zu erkennen. Konservative vielleicht. Die wollen immer erst ein bisschen mit dem Faschismus spielen. Bis es zu spät ist. Mich beschleicht nämlich ein Verdacht.

Was, wenn der CDU ganz wohlig dabei ist, rechts von sich ein Sturmgeschütz brennen zu sehen? Käme das nicht gelegen? Was, wenn Merz die Verfassungsfeinde nicht nur tolerieren, sondern für seine Zwecke gebrauchen will? Wenn die AfD für ihn ein Schreckgespenst, vielleicht sogar ein Satan ist, mit dem sich erstklassig die politischen Gegner verschrecken lassen? Wenn die CDU sich über die AfD *freut*. Weil die feuerspeienden Idioten den politischen Gegner dermaßen demoralisieren, dass die CDU Bezahlkarten nicht eigens zu fordern und Dieselpreissenkungen nicht zu wünschen braucht. Die Regierung denkt in allen Entscheidungen doch schon länger nur noch daran, was der konservative bis rechtsextreme Flügel von dieser oder jener Maßnahme halten *würde*. Ist sie nicht ein wahres Geschenk für die CDU? Die Konservativen regieren nicht. Sie lassen regieren. Sie vernichten nicht. Sie lassen vernichten.

Die AfD als nützliche Motorsäge, um die politische Konkurrenz zurechtzuschneiden? Die CDU glaubt ja gar, sich als seriöse Alternative zur Alternative präsentieren und den »Streit« für sich entscheiden zu können. Dass dieses Schreckgespenst mit der Motorsäge, der Satan, am Ende den Strategen dieser falschen Idee (Carsten Linnemann, Roland Koch, Dirk Metz und Armin Petschner-Multari) die Gebeine absägt, das ahnen sie nicht. Sollte es genau so kommen, ist der Vorwurf gegen Merz derselbe, den Stresemann in seiner letzten Rede gegen Hugenberg erhob: dass das Verwerfliche an ihm sei, »der Zerstörer jeder bürgerlichen Einheit« zu sein. Merz weiß nichts von Hugenberg. Der hatte mit der NSDAP dasselbe dämliche Ziel verfolgt.

* * *

Nachdem im Januar 2024 die Deportationspläne der AfD aufflogen, tritt der Chef des Bundesamts für Verfassungsschutz vor die Kameras. Mit ernster Miene sagt Thomas Haldenwang, er halte den Staat für stärker gefährdet, als die »Mitte der Gesellschaft« das wahrhaben wolle. Er äußert den bescheidenen Wunsch, die Mitte möge bitte »laut« werden. In einem Interview mit dem ARD-Magazin *Kontraste* appellierte Haldenwang an »die schweigende Mehrheit«, dass sie »wach wird und auch endlich klar Position bezieht gegen Extremismus in Deutschland«. Lautstärke also.

Seit wann ist der Verfassungsschutz nicht mehr für die Verfassungsfeinde zuständig? Als ich letztes Mal nachsah, jagte die »Mitte der Gesellschaft« noch nicht die Mörder. Da war das Aufgabe der Polizei. Warum sollte die Gesellschaft jetzt Leute mit gefährlichen Umsturzplänen und Deportationsfantasien bekämpfen? Und womit? Inhaltlich, oder wie? Seine Kapitulationserklärung setzte der Präsident gleich mit ab: »Sicherheitsbehörden könnten nur bedingt gegen die Gefahren für die Demokratie vorgehen.«

Friedrich Merz nickt. Aber zuständig für die Verfassungsfeinde bleibt der Verfassungsschutz. Stattdessen geht dessen Präsident arglose Bürger:innen »wecken«. Mit Verlaub, die Gesellschaft muss nicht geweckt werden. In weiten Teilen Ostdeutschlands ist sie vom

Kampf gegen rechts übernächtigt. Diese Menschen bräuchten echte Hilfe. Eine Wachablösung durch die Politik. Nicht die Gesellschaft, die Regierung müsste aufwachen! Das Parlament müsste aufwachen. Der Bundesrat müsste aufwachen. Nur sie können das Verbotsverfahren einleiten.

Der Schutz der Verfassung mag *auch* unser aller Aufgabe sein. Überraschenderweise tut die »Mehrheit« dem Verfassungsschutzpräsidenten aber seinen Gefallen. Millionen Menschen erkennen in diesen Aufbruchstagen »die Politik« als ihre Politik wieder. Sie sehen ihr Leben, ihr Schicksal darin liegen und setzen sich als Bevölkerungsmehrheit zur Wehr. Es kommt zu den spektakulärsten Massenprotesten in der gesamten Geschichte der Bundesrepublik. Bis in die kleinsten Kleinstädte hinein. Wir müssen uns einmal klarmachen, wie bedeutend das Phänomen ist: Keine politische Bewegung, weder gegen die atomare Aufrüstung, das Handelsabkommen TTIP, Atomkraftwerke oder den Klimawandel, nicht einmal der Volksaufstand gegen das DDR-Regime brachten jemals so viele Menschen in so vielen Städten in so kurzer Zeit auf die Straßen.

Während der Verfassungsschutz die Gesellschaft zu Hilfe ruft und diese auch noch zusammentritt, sieht die Regierung keinen Handlungsbedarf mehr. Aber Massendemonstrationen ersetzen doch politische Taten nicht. Der Bundeskanzler versteckt sich unter der Potsdamer Bürgermenge – ausgerechnet dort, wo die Deportationskonferenz stattfand. Das Land wartet auf die rettende Tat. Aber der Regierungschef tut, als seien ihm die Hände gebunden. Als habe er mit der Sache nicht mehr zu tun als alle anderen in der Potsdamer Bürgermenge. Sich sonntags als ohnmächtiger Da-kann-man-nichts-machen-Mann zu kostümieren, grenzte an Verhöhnung der Proteste.

Der Präsident der Behörde, die für den Schutz der Verfassung zuständig ist, behauptete mitsamt dem Bundeskanzler, man könne da nichts tun. Aber die Verfassung räumt den verantwortlichen Politikern keinen »Ermessensspielraum« ein. Sie sind verpflichtet, bei organisierten Unruhen und verfassungsfeindlichen Bestrebungen ein Verfahren gegen die Verursacherpartei einzuleiten. Der Verwaltungsrechtsprofessor Mathias Hong formuliert den Spielraum für die verantwortlichen Politiker wie folgt: »Je klarer die rechtlichen Voraussetzungen eines Verbots erfüllt sind, desto geringer ist das Ermessen.« Beamte, Minister und Kanzler, die einen Eid auf die Verfassung geleistet haben, wären verpflichtet, sich ernsthaft mit der Verbotsfrage zu befassen. Hong: »Wofür ist die Verfassungstreue da, wenn nicht für Situationen wie diese?«

Beim Abwehrkampf gegen die AfD gibt es seit jeher diesen Dissens zwischen Politik und Wirklichkeit. Die Politik beschwört rituell, »wir« sollten wehrhaft sein. Wer kann denn die Verfassungsfeinde abwehren? Nicht die Demonstrantin, die sich in Eiseskälte im Regierungsviertel die Zehen abfriert. Es ist das Kanzlerfossil, ihr direkt gegenüber.

Die Floskel, eine Demokratie müsse wehrhaft sein, ist in erster Linie ein *Appell an den Staat, stark, entschlossen und geistesgegenwärtig zu sein.* Während die Rufe nach dem starken Staat bei Clankriminalität, Ausländern und Sozialbetrügern merkwürdigerweise immer unverzüglich Knallhartkonsequenzen nach sich ziehen, ist die Grundessenz der Haltung gegenüber der AfD: Dem Staat sind die Hände gebunden.

Die Politik legt sich vielmehr selbst in Ketten. Beim Lieblingslied der Politiker, wir alle seien wehrhafte Demokratie, ist großes Misstrauen angeraten. Was bringt es denn, wenn die Zivilgesellschaft ihr »Engagement« gegen rechts verstärkt? Wo ist das denn noch nicht stark genug? Vielleicht vor dem brennenden Holzhaus eines SPD-Manns in Thüringen. Franziska Giffey präsentiert sich in einem sozialen Netzwerk in heroischer Pose als die Vorkämpferin in Eiseskälte. Auf der Bildkachel steht: »Dieser widerliche Rechtsnationalismus ist eine große Gefahr für unsere Demokratie. Er ist außerdem pures Gift für unsere Wirtschaft und für die Frage, ob sich internationale Unternehmen in Deutschland ansiedeln. Wir alle tragen gemeinsam die Verantwortung dafür, dass diese Fanatiker nicht zerstören, was gerade im Osten unseres Landes so viele Menschen … seit der Wiedervereinigung hart erarbeitet haben.«

Das klingt gut – aber herrlich unkonkret. Sie spricht zwar von Politik und Wirtschaft. Aber wäre Giffey ernsthaft von der großen Gefahr überzeugt, glaubte sie wirklich, die AfD zerstöre den wirtschaftlichen Fortschritt, müsste sie dann nicht ein Verbot der Giftmischer fordern?

Die Idee, den Abwehrkampf gegen die AfD zu entpolitisieren, wird noch mit Steuergeld gefördert. Das Familienministerium schüttet über das Programm »Demokratie leben!« Jahr für Jahr 182 Millionen Euro an die Zivilgesellschaft aus. Soll die doch antreten. Die Innenministerin schreibt ein »Demokratiefördergesetz« dazu, als sei unsere Staatsform eine förderbedürftige Solarzelle. Die Politik tut, was sie immer tut. Sie fördert. Unterschiedslos. Erneuerbare Energie, Demokratie, alles Wumms. Die Zivilgesellschaft kann den Staat nicht schützen. Das muss die Regierung schon selbst erledigen. Sonst kommt ein ganz anderes Fördergesetz: »Demokratie leben nicht, Demokratie sterben!«

Die Bundesregierung wird ihren »Kampf« unbeirrbar weiterkämpfen gegen die AfD – bis zur letzten Mitbürgerin. Sie individualisiert die Verantwortung. Sie scheut sich nicht einmal, das offen einzugestehen. Der Kanzler in einem Interview: »Ungeachtet all dessen bin ich aber überzeugt: Die AfD muss vor allem politisch bekämpft werden. Ich freue mich darüber, dass so viele Bürgerinnen und Bürger für unsere Demokratie auf die Straße gehen. Ich habe das in Potsdam gemacht und werde das wieder tun. Der Rechtspopulismus ist Gift für unser Zusammenleben und unsere Demokratie.«

Er sagt politisch. Man könnte fast meinen, die Freude über die Bürger sei nur seine Dreingabe. Aber der Kanzler sagt politisch und meint individuell. Abgesehen davon, dass Experten schon länger raten, die AfD nicht als »Rechtspopulismus« zu verniedlichen, versucht der Kanzler gerade, die AfD *politisch nicht* anzugreifen. Dass er tatsächlich den individuellen Straßenkampf im Sinn hat, bestätigt er dann bei Höcke: »Der Mann ist politisch furchtbar und hat schlimme Ansichten, seine Worte klingen wie ein Nachhall aus der dunkelsten Zeit Deutschlands. Deshalb ist es so wichtig, dass wir als demokratische Bürger und Bürgerinnen zusammenstehen, damit er nicht das Unheil anrichten kann, das sich in seinem Kopf zusammenbraut.«

Wie bitte? Der rechtsextreme Wortführer kann kein Unheil anrichten, wenn genug »Bürger und Bürgerinnen zusammenstehen«? Sind wir beim Fußball, wo die Abwehr sich beim Freistoß zur Mauer formiert, um den Schuss eines Stürmers abzuwehren? So unglaublich es klingt, das ist die Idee, mit der der Kanzler Land und Demokratie gegen die AfD retten will. Drei Bundesländer sind bereits in der Stunde ihrer höchsten Not. Für den Kanzler sollen Menschen ohne Machtinteressen vor dem Holzhaus von SPD-Mitglied Michael Müller in Waltershausen »zusammenstehen« und die versierten Fackelfaschisten mit Machtinteressen zurückschlagen.

Absurder wird es nicht. Diese politische Blassheit ist es, die Historiker meinen, wenn sie von Totengräbern der Demokratie sprechen. Da hat Scholz wohl nicht zugehört, als Charlotte Knobloch den Bundestag 2021 beehrte und ihm ins Gewissen redete: »Die Nationalsozialisten, Hass *und Gleichgültigkeit* besiegelten das Schicksal von Millionen Juden in Europa.« Und: »Zweifellos: Die größte Gefahr für alle in unserem Land war und ist der Rechtsextremismus.« Knobloch sagte dem angehenden Kanzler, die Zeitzeugen würden jetzt »den Stab der Erinnerung an Sie« abgeben. Die Damen und Herren im Bundestag sollen sie nicht vergessen. Aber der Kanzler hat vergessen. Er hat längst vergessen, wie schnell es mit einer Gesellschaft abwärts ging und »wie zerbrechlich die kostbaren Errungenschaften der letzten 76 Jahre sind«!

• • •

Seine Gedankenwelt teilt der Bundeskanzler etwas gewöhnungsbedürftig in Form einer iPhone-Notiz auf der neuen Plattform »Threads« mit. Auf dem Screenshot ist zu lesen: »Wer sich gegen unsere freiheitliche demokratische Grundordnung richtet, ist ein Fall für unseren Verfassungsschutz und die Justiz.« Endlich! Wobei – der Verfassungsschützer hatte schon an die Gesellschaft appelliert, »wach« zu sein. Schmierentheater. Aber immerhin, der Kanzler sieht jetzt in der AfD einen Fall für »die Justiz«. Wen meint er damit? Denn eines ist klar: Es ist nicht die für deportationswillige Wolfsparteien zuständige Teufelsjustiz in Karlsruhe. Die müsste er ja selbst anrufen. Der Bundeskanzler blockiert aber gerade »die Justiz«, die die Verfassungsmäßigkeit der ganzen Angelegenheit einmal gehörig durchprüfen könnte.

Die Rufe nach Verfassungsschutz und Justiz sind wohlfeil. Eine der größten Parteien im Bundestag und laut Umfragen führende Kraft in drei Landtagswahlen 2024 schmiedet politische Pläne zur Bereinigung des deutschen Volks, und der Bundeskanzler tut was? Wie die meisten Politiker inszeniert er sich als harten Wachhund, aber den wohlklingenden Bildkacheln und iPhone-Notizen erwachsen keine Taten. Der Kanzler deckt auch nur den Katastrophenkurs, der es den Satanisten erlaubt, an drei freien Wahlen in Ostdeutschland gleich noch stärkste Kraft zu werden.

Aus dem Kampf um die wehrhafte Demokratie, die im Kern eine Abwehrschlacht des Rechtsstaates sowie seiner Institutionen ist, macht der Kanzler den ultimativen Kampf von David gegen Goliath. »Bürger und Bürgerinnen« (Scholz) gegen Verfassungsfeinde. Das ist uns so vertraut, dass nicht weiter auffällt, dass eine gewaltmittellose Zivilgesellschaft eine hochgradig rechtsextreme und Gewalt beschwörende Partei nicht bezwingen kann. Oder um präziser zu sein: Sie kann es, aber nur mit den Notwehrrechten, die das Grundgesetz ihr zur Abwehr der Diktatur zubilligt. Die sind wirklich das allerletzte und idiotischste Mittel zur Landes- und Verfassungsverteidigung. Dann, wenn alles andere zu spät ist.

Wie sieht die Machtübergabe an die AfD überhaupt aus? Kommt es dann zu Heldenüberfluss? Treten Scholz und Haldenwang bewaffnet auf die Straße, um sich ihr Land zurückzuholen? Oder werden sie doch nur apathisch rumstehen und sagen: Das konnte man nicht ahnen. Jetzt kann man nichts mehr machen. – Ja, wäre das nicht die Vollendung selbst verschuldeter Wehrlosigkeit?

Die Strategie, Verantwortung zu leugnen und Taten durch sinnfreie Appelle an irgendeine »Gesellschaft« zu ersetzen, durften wir in den vergangenen Jahren schon öfter bestaunen. Beim desaströsen Fall von Kabul rief der Außenminister Heiko Maaß ernsthaft zu Demonstrationen in Deutschland auf, statt die von den Taliban bedrohten Hilfskräfte der Bundeswehr auszufliegen. Beim Kampf gegen die Erderhitzung steht die Individualisierung der Verantwortung schon länger an erster Stelle. Sie ist nicht nur gängige Praxis, sondern von einem fossilen Ölkonzern mit dem Diabolo-Konzept des CO_2-Fußabdrucks sogar gesponnen worden. Der Appell an Konsumenten, mit ihren Kaufentscheidungen gefälligst das Klima selbst zu retten, weil der Politik die Hände gebunden seien. – *Wozu gibt es dann noch Politik?* Was macht die Regierung eigentlich, außer die Verantwortung beim Volk abzuladen?

Statt Regeln zu beschließen, wird gepredigt: Flieg weniger, iss kein Fleisch, kauf nachhaltig (oft per Du). Wir alle seien der und beeinflussten den Klimawandel. Im Kampf gegen den Faschismus fällt der Politik nichts Besseres ein: Wähl halt anders, geh demonstrieren. Wie lange denn noch? Diese Maßnahmen sind so sinnvoll, wie Aspirintabletten in Vasen zu werfen, um die Blumen aufzufrischen. Die Wohlfeilheit der Ideen kennt wirklich keine Scham. In der Grundschule meiner Kinder gibt es einen Bunte-Socken-Tag. Alle Kinder sollen sich bunte Socken anziehen. Gegen die AfD! Dem Kanzler dürfte das gefallen.

Es ist schön und gut, wenn Lehrerinnen trotz des desolaten Zustands unseres Bildungssystems Kinder gegen Rassismus sensibilisieren wollen. Aber das ist keine Strategie im Kampf gegen den politischen Faschismus, der in Deutschland schon länger in den staatlichen Institutionen nistet, bevor die AfD an der Macht ist.

Das Ausmaß der Tatenlosigkeit, nein, unsere *Erfüllungs- und Beförderungspolitik* gegenüber dem Rechtsextremismus in Deutschland stellt die Weimarer Republik in den Schatten! Stellen wir uns das strategische Kartenhaus, das manche einen »Plan« gegen die AfD nennen, nur für eine Sekunde im Einsatz gegen die NSDAP des Jahres 1932 vor. Die Regierung hätte mit 200 Milliarden Reichsmark die Demokratie nicht fördern können, weil »die Gesellschaft« kein taugliches Mittel ist, um fanatisierte Faschisten mitsamt ihrem bundesweiten Parteiapparat zu zerschlagen. Erst durch solch einen Vergleich tritt zutage, wie viel stärker, wie viel wehrhafter die Weimarer Demokratie um ihr Leben kämpfte! Die Bundesrepublik? Die hätte Hitler längst schon übernommen.

Wir können uns nicht länger leisten, mit blödsinnigen Rufen nach Verfassungsschutz, Justiz und Gesellschaft unsere Feigheit zu bemänteln. Die Bundesrepublik ist in Gefahr. Warum leitet der Kanzler kein Verbotsverfahren gegen die rechtsextreme Partei ein? Der Staat muss dem organisierten Rechtsextremismus das Handwerk legen. Ansonsten wird er Geschichte sein. Um das mit Stresemann zu klären: »Es geht nicht an, dass wir es nie wagen, gegen Organisationen vorzugehen, die sich nie scheuen, in der gemeinsten Weise uns anzugreifen.«

Des Kanzlers Politik gegen die AfD fehlt es an der einen entscheidenden Zutat: Wehrhaftigkeit. Die, die er der Demokratie aus historischen Gründen schuldet. Mich erinnert dieses Spektakel an eine Gruppe von Touristen, die auf einen Löwen stößt. Statt die Gefahr zu sehen, reden sie sich ein, der Löwe sei doch ein ganz putziges Kätzchen. Als die Ersten zerfleischt werden, äußert der Kanzler, der Löwe habe schlechte Laune. Man solle bitte nicht so laut schreien, das könnte gefährlichere Tiere anlocken. Und alle Unverletzten, die sollen gegen den Löwen »zusammenstehen«. So sinkt das Land langsam und qualvoll dahin, ausgeweidet vom ultimativen Raubtier – dem Faschismus.

Das Parteiverbot ist ein scharfes Schwert. Es wartet auf Situationen wie unsere, um eine faschistische Partei zu richten. Nur der Staat verfügt über die Machtmittel, den politischen Rechtsextremismus zu besiegen. Als der Neonazi Michael Kühnen mit seiner Wählerliste seine Stadt vor Frankfurt von Ausländern befreien wollte, kam es nicht zu dieser Verlagerung der Verantwortung. Das Stadtparlament rief in der »Langener Erklärung« die Bundesregierung dazu auf, ihr im »Kampf gegen die Neonazis« beizustehen.

Der Kanzler weiß gar nicht, was Neonazis sind. Er glaubt, in der Deportationskonferenzrunde schlecht gelaunte ehemalige Sozialdemokraten wie Thilo Sarrazin zu erspähen. Wir anderen sehen den Albtraum eines neuen »Zeitalters der Verantwortungslosigkeit« anbrechen. Mit diesem Titel drückt Konrad Heiden seine gesammelten Beobachtungen und Erkenntnisse zu den Gründen für den Aufstieg der NSDAP aus.

Kann sich die Demokratie aufraffen, die Gewalt abzuschrecken, während die Verfassungsfeinde das Fundament aufbohren? Sie verstehen nur die Sprache der Härte. Die Hölle ist leer. Die Teufel sitzen im Bundestag und spielen fröhlich Abgeordnete. Die Politikschauspieler werden nicht freiwillig in das Erdloch zurückkriechen, aus dem sie geklettert kamen. Die Politik muss schon die Entschlossenheit aufbringen, ihre Partei zu liquidieren.

Es wird nur immer offensichtlicher, wie unser Schicksal am seidenen Faden einer Handvoll führender Politiker hängt, die nicht den Mut aufbringen, gegen die Verfassungsfeindlichkeit der Satanspartei einzustehen. Diese zehn oder zwanzig Menschen fassen den Entschluss für oder gegen unser Leben. Den, der unser Schicksal bestimmt. Wir baumeln an einem Faden – direkt über dem Abgrund. Die gute Nachricht: *Der Staat hat noch gar nicht begonnen, sich gegen die AfD zu wehren.* Die schlechte: Er hat es eigentlich auch nicht mehr vor. Vielleicht ahnen die Menschen an Weihnachten 1932 noch nicht, welch eine Katastrophe auf sie zurollt. Unsere Welt ahnt nicht nichts. Sie ist durch das Beispiel Weimar vollumfänglich im Bilde. *Sie will nicht ahnen.* Stefan Zweig saldiert für seine Zeit: »... nie ... hat eine Generation einen solchen moralischen Rückfall aus solcher geistigen Höhe erlitten wie die unsere.« Dies schon wieder nicht für möglich zu halten, darin liegt unser ganzer Hochmut.

Die Demokratie damals ist nicht gescheitert, weil sie zu viele Feinde gehabt hätte. Sie hatte zu wenig Freunde. Sie ging unter, weil die letzten Freunde die Waffen sinken ließen und sich kaum noch dem faschistischen Ansturm widersetzten. Christopher Isherwood schildert die gespenstische Atmosphäre am Wahlabend 1933 in dem Roman *Leb wohl, Berlin*: »Ich dachte an Natalia: Sie ist entkommen – vielleicht gerade rechtzeitig. Mag die Entscheidung noch so oft hinausgeschoben werden, am Ende gehen all diese Leute ihrem Untergang entgegen. Dieser Abend ist die Generalprobe einer Katastrophe. Es ist so, als gehe an diesem Abend eine Epoche zu Ende.«

Stresemann schlägt mit den letzten Worten seiner letzten Rede eine völlig andere Politik an: »Darum bin ich der Meinung, dass kein Zweifel darüber bestehen darf ..., dass wir mit Entschiedenheit zum Ausdruck bringen gegenüber dem Treiben dieser Gesellschaft: Bis hierher und nicht weiter.«

Wehrhafte Demokratie meint diesen Abwehrkampf des Staates gegen seine Feinde – nicht mit »Gesellschaft«, sondern mit Gerichten und Polizei. Die RAF wurde auch nicht mit der Zivilgesellschaft abgewehrt. Damals prangte das Bild des Kanzlers Schmidt von der Titelseite der *BILD*, der relativ martialisch versprach: »Wir besiegen die Terroristen!«

Je länger die Verantwortlichen damit abwarten, desto tiefer treiben sie den Verrat an der Demokratie. Bei der Frage eines Verbots gibt es Zweifler, Zög'rer, Zauderer. Was wir jetzt brauchen: einen echten Feind des Faschismus, keinen kostümierten. Jemanden, der durchgreift. Jemanden, der sein Schicksal an den Kampf gegen die AfD knüpft. Jemanden, der das Verbot nicht nur als politische, sondern als persönliche Mission sieht. Eine Figur aus dem Umkreis der Innenminister der Länder?

Als Kanzler Adenauer sich anschickt, die SRP zu verbieten, sitzen lauter Hasenfüße am Kabinettstisch. Die Herren Minister sind der Auffassung, das Parteiverbot sei nicht geboten und undemokratisch. Den Innenminister Robert Lehr ficht das nicht weiter an. Für ihn geht es nicht darum, Weltanschauungen zu verbieten. Für ihn geht es darum, die SRP von der Macht fernzuhalten. Sollen sich die Wähler doch eine andere Partei für ihre Proteststimmen aussuchen. Aber eine demokratische.

Seine Regierung reicht den Antrag allein ein, und das Gericht schickt die Polizei in die Parteizentralen und Privatwohnungen der rechtsextremen SRP, wo die Beweise erst beschlagnahmt werden, die das Gericht brauchte, um die Verfassungsmäßigkeit der SRP zu »prüfen«. Es ist Lehrs Hartnäckigkeit und Unerbittlichkeit zu verdanken, dass die SRP keine neuen Spielräume für den Faschismus schuf. Der Unterschied zwischen Erfolg und Misserfolg liegt oftmals in der Geschichte nur in Penetranz. Lehr würde sich im Grabe umdrehen, könnte er sehen, was seine Amtsnachfolger heute bereit sind zu erdulden.

Lehrs Geduldsfaden reißt bereits, als die SRP die Regierung als »Verbrecherbande« beschimpft. Er reist ins Krisengebiet und lässt sich die Landstriche zeigen, in denen die SRP stärkste Kraft ist. Am 1. Mai 1951 schildert er seine Eindrücke im Kabinett. Die Bevölkerung sei »beeindruckt und gegen den Staat mit Erfolg aufgewühlt«. Die Verleumdungen, an die wir alle uns gewöhnt haben, haben für ihn mit der Meinungsfreiheit nichts zu tun: »Sie offenbaren vielmehr die Tendenz, das Vertrauen zu den Repräsentanten der Bundesrepublik in der Bevölkerung von Grund auf zu erschüttern«, damit ihr die Grundordnung »als Ganzes fragwürdig erscheine«.

Wir können uns einreden, so schlimm werde es schon nicht werden. Die Konservativen sagen sich 1933 auch: »In zwei Monaten haben wir Hitler in die Ecke gedrückt, dass er quietscht!« Aber was geschieht in den zwei Monaten? Am 30. Januar wird Hitler Reichskanzler. Am 1. Februar wird der Reichstag aufgelöst. Am 3. Februar stellt Hitler seinen Geheimplan der Armee vor, die Reichswehr aufzurüsten und Lebensraum im Osten zu schaffen: »Wie soll politische Macht, wenn sie gewonnen ist … gebraucht werden?«, fragt er in die ungläubige Runde. Die NSDAP weiß, wozu. Die AfD auch. Keiner traut seinen Ohren. Hitler verkündet die »Umkehrung der gegenwärtigen innenpolitischen Zustände in Deutschland. … Wer sich nicht bekehren lässt, muss gebeugt werden.« Er wolle die »Erkämpfung« neuer Absatzmärkte. Nicht die Bevölkerungen könne man, sondern nur den »Boden germanisieren«.

Am 4. Februar werden mittels Notverordnung Versammlungs- und Pressefreiheit ausgehebelt. Am 8. Februar wird der Preußische Landtag aufgelöst, Gemeindeorgane und missliebige Personen verhaftet. Am 22. Februar wird eine »Hilfspolizei« gegründet, die aus SA-, SS- und paramilitärischen Verbänden besteht. Am 27. Februar brennt schon der Reichstag. Am 28. Februar werden überflüssige Grundrechte wie die Freiheit, das Recht auf Eigentum, Meinungsäußerung und der Schutz vor willkürlichen Hausdurchsuchungen abgeschafft. Am 3. März wird die Grundlage für die Gestapo geschaffen. Am 5. März müssen die Deutschen ein letztes Mal zur Wahlurne – 44 Prozent für die NSDAP. Wieder keine Mehrheit! Und das, obwohl die funkelnagelneue »Hilfspolizei« die anderen Parteien am Wahlkampf gehindert hat. Am 8. März werden der KPD alle Mandate aberkannt. Damit ist der NSDAP die 2/3-Mehrheit für das Ermächtigungsgesetz sicher.

Am 11. März wird das Propagandaministerium gegründet. Am 21. März gibt Hitler den Nachfolger von Bismarck. Am selben Tag wird das erste Konzentrationslager in Oranienburg errichtet, damit auch die Feinde sich besser verneigen können. Am 22. März wird das KZ Dachau errichtet. Am 23. März wird Hitler Diktator. Am 31. März sind alle Landesparlamente aufgelöst.

Die NSDAP hat die zwei Monate, die ihr die Konservativen geben, ganz gut genutzt, um den Staat dann auch wirklich total zu beherrschen. Die neue NSDAP ist auf dem Marsch durch die Institutionen. Als nächste Station malt sie sich das Kanzleramt aus. Der nächste Halt ist aber ihre Endstation – in Karlsruhe. Die Richter dort werden die pseudogermanische Blue-Men-Group das Fürchten lehren. Die vier Punkte, die dort gegen die Staatsfeinde beantragt werden, lauten:

1. Die Alternative für Deutschland einschließlich ihrer Jugendorganisation Junge Alternative, ihrer innerparteilichen Organisationen und der kommunalpolitischen Vereinigungen ihrer Landesverbände ist verfassungswidrig.
2. Die Alternative für Deutschland einschließlich ihrer Jugendorganisation Junge Alternative, ihrer innerparteilichen Organisationen und der kommunalpolitischen Vereinigungen ihrer Landesverbände wird aufgelöst.
3. Es ist verboten, Ersatzorganisationen für die Alternative für Deutschland einschließlich ihrer Jugendorganisation Junge Alternative, ihrer innerparteilichen Organisationen und der kommunalpolitischen Vereinigungen ihrer Landesverbände zu schaffen oder bestehende Organisationen als Ersatzorganisationen fortzusetzen.
4. Das Vermögen der Alternative für Deutschland einschließlich ihrer Jugendorganisation Junge Alternative, ihrer innerparteilichen Organisationen und der kommunalpolitischen Vereinigungen ihrer Landesverbände wird zugunsten der Bundesrepublik Deutschland für gemeinnützige Zwecke eingezogen.

Ein AfD-Verbot könnte scheitern, heißt es. Die Demokratie auch. Die Bundesrepublik kann untergehen. Sie ist sterblich. Zumeist verbreiten all jene Angst vor dem Verfahren, die das Beweismaterial gegen die AfD gar nicht kennen oder sogar ein Interesse an einer starken terroristischen Rechtsfront haben. Sollte der Antrag scheitern, kann er Jahr für Jahr neu gestellt werden. Solange es notwendig ist. Wir machen es uns unnötig schwer. In anderen Ländern müssen rechtsextreme Parteien nicht mittels umständlicher Verfahren erst verboten werden. Sie sind es qua Verfassung. In Österreich besteht dank dem »Verbotsgesetz« von 1947, das die NSDAP auflöst, das Verbot der NDP in den 1980er-Jahren in einem simplen Verwaltungsakt. Die NDP verfolgte einen »biologisch-rassistischen Volksbegriff«. Man warf ihr den Gebrauch »sonst ungebräuchliche[r] Begriffe, die auch die Nationalsozialisten verwendeten«, vor. Die Bundesrepublik halst sich dagegen ein umständliches Antrags- und Beweisverfahren auf. Das sollte mit Blick auf Demokratieschutz überdacht werden.

Andere Länder gehen weiter. Nach der Ermordung eines Musikers in Griechenland durch einen Anhänger der rechtsextremen »Goldenen Morgenröte« verhängt ein Gericht in Athen Urteile gleich gegen 68 Angeklagte, darunter die gesamte Parteiführung. Die Richter betrachten die vermeintliche Partei als kriminelle Vereinigung und verurteilen sieben der Anführer, sowie 15 weitere Personen wegen Verschwörung. Als Lübcke hingerichtet wird, geschieht gegen die AfD nichts.

Nach der Ermordung der Politikerin Jo Cox in England verbietet die Innenministerin die »National Action«-Partei kurzerhand als terroristische Organisation. Sie erklärt, die Partei habe »eine abscheuliche Ideologie« befördert, Hass geschürt und Gewalt verherrlicht. »Ihr Verbot wird verhindern«, so Amber Rudd, »dass ihre Mitgliedschaft wächst, die Verbreitung giftiger Propaganda stoppen und gefährdete Jugendliche vor einer Radikalisierung durch ihre toxischen Ansichten schützen.« Nach demselben Prinzip wird in den Niederlanden die

Centre Party ’86 verboten. Die zuständige Staatsanwaltschaft weigert sich, die überhaupt als Partei anzuerkennen. Das Gericht verurteilt auf der Grundlage einer kriminellen Organisation, die sich systematisch der »Anstiftung zum Fremdenhass« schuldig gemacht hat.

Oliver Welke, Moderator der Satiresendung *heute show*, meint, es riecht nach Angst, »mitten im Spiel die Regeln zu ändern«. Die Metapher der Demokratie als Fußballspiel mag dem ehemaligen Fußballmoderator gelungen erscheinen. Aber wenn Politiker schon von AfD-Wahlhelfern erschossen werden, wenn Parteihooligans die Straßen verwüsten und Brandsätze gegen Synagogen werfen, riecht ein Verbotsantrag nicht nach Angst. Er riecht nach Konsequenz.

Ein erfolgreiches Verfahren würde die Partei zerstören. Zuerst werden ihre Strukturen aufgelöst, die Abgeordneten und Mitarbeitenden entlassen, die Kreisverbände und Jugendorganisationen liquidiert. Es wäre strafbar, Mitglied der AfD zu sein oder sie zu unterstützen. Sie würde jedenfalls nicht mehr seelenruhig in Talkshows und »Sommerinterviews« herumsitzen. Für Richterinnen, Lehrer und andere Personen im Beamtenverhältnis, die sich *an einem Angriff auf den Staat* beteiligt haben, gäbe es arbeitsrechtliche Konsequenzen. Schließlich haben sie sich mitschuldig gemacht.

Was würden die AfDler tun? Splitterorganisationen gründen? Alle Ersatzorganisationen schließt ein Verbot ausdrücklich aus. Was tun sie dann? Wie Nawalny per App zur Wahl der »Werteunion« gegen das »Regime« aufrufen? Oder der »Grauen Panther«? Meine Furcht vor derartigen Schreckensszenarien ist begrenzt. Kriecht die blaue Brut in die CDU zurück? Die 371 000 CDU-Mitglieder dürften wenig begeistert von den militanten Holocaust-Leugnern und Pegidafans sein. Was würden sie also tun, diese ganzen Menschen, die die freie Gesellschaft aus tiefstem Herzen ablehnen? Nach Russland auswandern?

Schlimm wäre, wenn ein Verbot ihr Vertrauen in die Demokratie erschütterte. Wobei, welches Vertrauen? Sie empfinden das

»korrupte System« doch als Diktatur. Sollen wir ihre verfassungsfeindlichen Umtriebe aushalten aus Angst vor ihrem Unmut? Viel wichtiger wäre: Was ist mit all denen, die ihr Vertrauen in die Demokratie setzen und es verlieren, weil der Staat Rechtsextreme in den Bundestag lässt? Was ist mit denen, die der Staat im Stich lässt?

Wen die Angst plagt, was die AfD-Anhänger alles anstellen könnten, wenn ihre Partei verboten wird, sollte sich lieber Sorgen machen, was die Truppe anrichtet, wenn sie Polizei und Armee befehligt. Das Grundgesetz lässt dort keinen Spielraum für Verfassungsfeindlichkeit. Wir schaffen ihn. Den rechtsextremen Rädelsführern wurden die Türen geöffnet. Jetzt reicht es nicht mehr, Schlösser zu wechseln. Wir müssen die Regierung wachrütteln, auch die FDP, für die die AfD ohnehin der größte Fressfeind ist. Nicht nur die AfD scheiterte 2013 an der Fünfprozenthürde. Ist Christian Lindner bewusst, dass sie es war, die seiner Partei die entscheidenden 0,24 Prozent ausgerissen hatte? Die FDP muss auch bei der kommenden Wahl um einen Einzug in den Bundestag fürchten.

Die Abwehr von Faschismus ist Staatsauftrag. Das Verfassungsgericht darf nicht blockiert werden. Die Richter müssen ihre Arbeit machen können. Das Ergebnis der Prüfung ist absehbar. Die AfD weiß, was sie da ausgebrütet hat. Und dass ein Verbotsantrag ihr jähes Ende bedeutet. Selbst der CDU-Ministerpräsident Nordrhein-Westfalens nennt die AfD öffentlich eine »Nazipartei«. Mit welcher Berechtigung lässt der Staat sie gewähren? Noch haben wir es nicht mit Müdigkeit zu tun. Aber in manchen Landstrichen beginnt die Einschüchterungspolitik zu wirken: Bei den Kommunalwahlen in Thüringen am letzten Maiwochenende 2024 traten in 91 Orten keine Kandidat:innen mehr an. In den Ortschaften wurden leere Stimmzettel ausgeteilt. Städte, die keine Bürgermeisterinnen finden, Kommunalpolitiker, die die Anfeindungen nicht länger aushalten, zivilgesellschaftliche Helfer, die resignieren, Vereine, die sich aus Angst vor dem Verlust der Gemeinnützigkeit nicht politisch engagieren. In

Teilen des Landes ist der Glaube an den Zusammenhalt stark rechtsextrem gesprungen. Werden Menschen bald aus Thüringen fliehen?

Unsere Demokratie ist ein gefesselter Riese. Dabei können wir ihn ganz leicht befreien. Wovor haben wir Angst? Das Urteil zum SRP-Verbot zitiert einen Zeugen namens Wiechmann, der einen Racheschwur des Höckes der SRP mitbekommen hatte: »Man kann eine gut organisierte und disziplinierte Macht wie die SRP nicht verbieten, sie wird ihre Macht auch nach einem Verbot weiter entfalten, ja, dann vielleicht in einem für Bonn noch gefährlicherem Maße. Sollte es zu einem Verbot kommen, dann armes Bonn!«

Es kam anders. Das Verfassungsgericht ließ sich nicht beirren. Die SRP entfaltete gar nichts mehr. Sie wurde aufgelöst. Die AfD wird ihrem geliebten Vaterland einen zweiten Dreißigjährigen Krieg an den Hals schwören. Und klanglos untergehen. Sie gehört nicht ins Parlament. Sie ist nicht reif für die Demokratie, schon gar nicht für die politische Verantwortung.

Was die Zeit von den 20 Entscheidungsträgern erforderte, möchte ich zuletzt nach politischer Schönheit und aggressivem Humanismus mit einem dritten Widerspruchspaar auf einen Begriff bringen: *autoritärer Humanismus*. Demokratien sind am überzeugendsten, wenn sie stark sind. Nichts wäre so überzeugend wie eine Innenministerin, die sich in die Bresche wirft, so wie Robert Lehr es tat, um die Feinde rauszurollen. Wir sind keine lauwarmen Scholz-Demokraten. Lehr heißt der Lehrer. Keine Kuschelpolitik, sondern: Nulltoleranzpolitik! Den Todfeind Faschismus »demokratisch« behandeln heißt, wie zu Winston Churchills Zeiten, ihn aufzufressen, bevor er einen frisst.

Übersicht

Die fünf Themenblöcke auf *afd-verbot.de* nach Verfassungsfeindlichkeit gegliedert:

1 Gewaltenteilung	2 Demokratiefeindlichkeit	3 Ausgrenzung
Angriff auf Unabhängigkeit der Gerichte	Leugnung der Legitimität einer demokratisch gewählten Regierung	Verstoß gegen die Menschenwürde und das Diskriminierungsverbot
Übergriffige Machtausweitung der Exekutive	Diffamierung demokratischer Parteien	Abwertung, Diffamierung, Verleumdung von Menschen
Entmachtung des Parlaments	Leugnung der Legitimität der Verfassung oder des politischen Systems	Sexismus
Angriff auf die Verfassung	Leugnung der Legitimität der Judikative	Homophobie, Transphobie
Aushebelung des Rechtsstaatsprinzips	Diffamierung des Parlaments	Kriminalisierung und Herabwürdigung von Bevölkerungsgruppen
Angriff auf den Föderalismus	Angriff auf das Pluralitätsprinzip	Versuch der Ausbürgerung von Menschen
Angriff auf den Staat	Angriff auf das Wahlrecht	Rechtlosstellung vulnerabler Gruppen
Angriff auf Transparenz und Rechenschaftspflicht der Regierung	Demokratiefeindlichkeit	Pauschale Agitation gegen Muslime
Anschlag auf das friedliche Miteinander der Völker	Rechtsextremismus	Antisemitismus

4 Freiheit & Individuum	5 Holocaust
Verstoß gegen Grund- und Menschenrechte	Verschweigen der Menschheitsverbrechen des Nationalsozialismus
Schwerwiegender Angriff auf die Pressefreiheit	Verharmlosung des Holocaust
Angriff auf die Kunstfreiheit	Leugnung der NS-Verbrechen
Wissenschaftsfeindlichkeit	Billigen der NS-Verbrechen
Bedrohung der Zivilgesellschaft	Glorifizierung der NS-Verbrechen
Totalitäre Tendenzen oder Autoritarismus	Bekenntnis zum Nationalsozialismus
Instrumentalisierung von Menschen	
Verstoß gegen die ungestörte Religionsausübung	
Verachtung von Andersdenkenden	
Schwerer Verstoß gegen das Recht auf Leben	